სიბნელიდან ბატონობამდე: 40 დღე სიბნელის ფარული მარწუხებისგან გასათავისუფლებლად

გლობალური ლოცვის საღამო ცნობიერების, ხსნისა და ძალაუფლების შესახებ

ინდივიდებისთვის, ოჯახებისთვის და ერებისთვის, რომლებიც მზად არიან იყვნენ თავისუფლები

ავტორი

Zacharias Godseagle; Ambassador Monday O. Ogbe and Comfort Ladi Ogbe

დასათაურება

წიგნის შესახებ – სიბნელიდან ბატონობამდე 1
უკანა ყდის ტექსტი 4
ერთაბზაციანი მედია პრომო (პრესა/ელ. ფოსტა/რეკლამის ანოტაცია) 6
მიძღვნა 8
მადლიერება 10
მკითხველისთვის 12
როგორ გამოვიყენოთ ეს წიგნი 14
წინასიტყვაობა 17
წინასიტყვაობა 20
შესავალი 22
თავი 1: ბნელი სამეფოს წარმოშობა 26
თავი 2: როგორ მოქმედებს ბნელი სამეფო დღეს 30
თავი 3: საწყისი წერტილები – როგორ ხდებიან ადამიანები დამოკიდებულნი 34
თავი 4: გამოვლინებები - საკუთრებიდან ობსესიამდე 37
თავი 5: სიტყვის ძალა – მორწმუნეთა ავტორიტეტი 40
დღე 1: სისხლის ხაზები და კარიბჭეები — ოჯახური ჯაჭვების გაწყვეტა 44
დღე 2: სიზმრების შემოსევები — როდესაც ღამე ბრძოლის ველად იქცევა 48
დღე 3: სულიერი მეუღლეები - უწმინდური კავშირები, რომლებიც აკავშირებენ ბედს 52
დღე 4: დაწყევლილი საგნები – კარები, რომლებიც ბილწავენ 56
დღე 5: მოხიბლული და მოტყუებული — მკითხაობის სულისგან გათავისუფლება 60
დღე 6: თვალის კარიბჭე – სიბნელის პორტალების დახურვა 64
დღე 7: სახელების უკან მდგომი ძალა — უწმინდური ვინაობის უარყოფა 68
დღე 8: ცრუ სინათლის გამოაშკარავება - ახალი ეპოქის ხაფანგები და ანგელოზური მოტყუებები 72

დღე 9: სისხლის სამსხვერპლო — აღთქმები, რომლებიც სიცოცხლეს მოითხოვენ 76

დღე 10: უნაყოფობა და მოტეხილობა — როდესაც საშვილოსნო ბრძოლის ველად იქცევა 80

დღე 11: აუტოიმუნური დარღვევები და ქრონიკული დაღლილობა - უხილავი ომი შინაგანი 85

დღე 12: ეპილეფსია და ფსიქიკური ტანჯვა — როდესაც გონება ბრძოლის ველად იქცევა 89

დღე 13: შიშის სული — უხილავი ტანჯვის გალიის გარდევევა 94

დღე 14: სატანური ნიშნები - უწმინდური ნიშნის წამლა 98

დღე 15: სარკის სამყარო — რეფლექსიების ციხიდან გაქცევა 102

დღე 16: სიტყვიერი წყევლის ბორკილების გაწყვეტა — შენი სახელის, შენი მომავლის დაბრუნება 106

დღე 17: კონტროლიდან და მანიპულაციიდან გათავისუფლება 110

დღე 18: მიუტევებლობისა და სიმწარის ძალის დამარცხება 115

დღე 19: სირცხვილისა და დაგმობისგან განკურნება ..119

დღე 20: ოჯახური ჯადოქრობა — როდესაც სიბნელე ერთი სახურავის ქვეშ ცხოვრობს 124

დღე 21: იეზაბელის სული — ცდუნება, კონტროლი და რელიგიური მანიპულაცია 129

დღე 22: პითონები და ლოცვები — შეზღუდვის სულისკვეთების დარღვევა 134

დღე 23: უსამართლობის ტახტები — ტერიტორიული სიმაგრეების დანგრევა 138

დღე 24: სულის ფრაგმენტები — როდესაც შენი ნაწილები აკლია 142

დღე 25: უცნაური ბავშვების წყევლა — როდესაც ბედისწერა დაბადებისას იცვლება 146

დღე 26: ძალაუფლების დაფარული საკურთხევლები — ელიტური ოკულტური შეთანხმებებისგან გათავისუფლება 151

დღე 27: უწმინდური ალიანსები - მასონობა, ილუმინატები და სულიერი ინფილტრაცია 155

დღე 28: კაბალა, ენერგეტიკული ქსელები და მისტიკური „სინათლის" ცდუნება 160

დღე 29: ილუმინატების ფარდა — ელიტური ოკულტური ქსელების გამოაშკარავება 164

დღე 30: მისტერიული სკოლები — უძველესი საიდუმლოებები, თანამედროვე ბონდაჟი 169

დღე 31: კაბალა, წმინდა გეომეტრია და ელიტური სინათლის მოტყუება 174

დღე 32: გველის სული თქვენს შიგნით — როდესაც ხსნა ძალიან გვიან მოდის 180

დღე 33: გველის სული თქვენს შიგნით — როდესაც ხსნა ძალიან გვიან მოდის 185

დღე 34: მასონები, კოდები და წყევლა — როდესაც ძმობა მონობად იქცევა 190

დღე 35: ჯადოქრები სკამებზე — როდესაც ბოროტება ეკლესიის კარებიდან შემოდის 195

დღე 36: კოდირებული შელოცვები — როდესაც სიმღერები, მოდა და ფილმები პორტალებად იქცევა 200

დღე 37: ძალაუფლების უხილავი საკურთხევლები - მასონები, კაბალა და ოკულტური ელიტები 205

დღე 38: საშვილოსნოს აღთქმები და წყლის სამეფოები — როდესაც ბედისწერა შებილწულია დაბადებამდე..........210

დღე 39: წყლით მონათვლა მონობაში — როგორ აღებენ კარებს ჩვილები, ინიციალები და უხილავი აღთქმები......216

დღე 40: მშობიარობიდან მშობიარობამდე — შენი ტკივილი შენი განკარგულებაა 222

360°-იანი ყოველდღიური დეკლარაცია ხსნისა და ბატონობის შესახებ – ნაწილი 1 226

360°-იანი ყოველდღიური დეკლარაცია ხსნისა და ბატონობის შესახებ – მე-2 ნაწილი 228

360°-იანი ყოველდღიური დეკლარაცია ხსნისა და ბატონობის შესახებ - ნაწილი 3 233

დასკვნა: გადარჩენიდან შვილობამდე — თავისუფლების შენარჩუნება, თავისუფლად ცხოვრება, სხვების გათავისუფლება 238

როგორ დავიბადოთ ხელახლა და დავიწყოთ ახალი ცხოვრება ქრისტესთან ერთად 242

ჩემი ხსნის მომენტი 245

ქრისტეში ახალი ცხოვრების მოწმობა 246

დაუკავშირდით ღვთის არწივის მსახურებას 248

რეკომენდებული წიგნები და რესურსები 250

დანართი 1: ლოცვა ეკლესიაში ფარული ჯადოქრობის, ოკულტური პრაქტიკის ან უცნაური საკურთხევლის აღმოსაჩენად 265

დანართი 2: მედიის უარყოფისა და წმენდის პროტოკოლი 266

დანართი 3: მასონობა, კაბალა, კუნდალინი, ჯადოქრობა, ოკულტური უარყოფის დამწერლობა 267

დანართი 4: საცხებელი ზეთის გააქტიურების სახელმძღვანელო 269

დანართი 6: ვიდეო რესურსები სულიერი ზრდისთვის საჭირო ჩვენებებით 271

ამით თამაში არ შეიძლება 272

საავტორო უფლებების გვერდი

იბნელიდან ბატონობამდე: 40 დღე სიბნელის დაფარული მარწუხებისგან გასათავისუფლებლად - გლობალური მილოცვა ცნობიერების, ხსნისა და ძალაუფლების შესახებ,

ავტორი: ზაქარიას გოდსიგლი , კომფორტ ლედი Ogbe & Ambassador Monday O. Ogbe

საავტორო უფლება © 2025, **ზაქარიას გოდსიგლი და ღვთის არწივის მსახურება** – GEM.

ყველა უფლება დაცულია.

ამ პუბლიკაციის არცერთი ნაწილის რეპროდუცირება, საძიებო სისტემაში შენახვა ან გადაცემა ნებისმიერი ფორმით ან ნებისმიერი საშუალებით - ელექტრონული, მექანიკური, ფოტოასლის გადაღებით, ჩაწერით, სკანირებით ან სხვაგვარად - არ შეიძლება გამომცემლების წინასწარი წერილობითი ნებართვის გარეშე, გარდა კრიტიკულ სტატიებში ან მიმოხილვებში მოცემული მოკლე ციტატების შემთხვევისა.

ეს წიგნი წარმოადგენს არამხატვრულ და რელიგიურ ლიტერატურას. კონფიდენციალურობის დასაცავად, საჭიროების შემთხვევაში, შეცვლილია ზოგიერთი სახელი და საიდენტიფიკაციო დეტალი.

წმინდა წერილის ციტატები აღებულია:

- ახალი ცოცხალი თარგმანი *(NLT)* , © 1996, 2004, 2015 Tyndale House Foundation. გამოყენებულია ნებართვით. ყველა უფლება დაცულია.

ყდის დიზაინი GEM TEAM-ის მიერ
ინტერიერის განლაგება GEM TEAM-ის მიერ

გამოქვეყნებულია:
ზაქარიას გოდსიგლი და God's Eagle Ministries – GEM
www.otakada.org [1]| ambassador@otakada.org
პირველი გამოცემა, 2025 წელი.
დაბეჭდილია ამერიკის შეერთებულ შტატებში.

1. http://www.otakada.org

წიგნის შესახებ – სიბნელიდან ბატონობამდე

სიბნელიდან ბატონობამდე: 40 **დღე სიბნელის დაფარული მარწუხებისგან გასათავისუფლებლად** - ***გლობალური ლოცვა ცნობიერების, ხსნისა და ძალაუფლების შესახებ*** - ***ინდივიდებისთვის, ოჯახებისა და ერებისთვის, რომლებიც მზად არიან თავისუფლებისთვის*** ეს მხოლოდ რელიგიური წირვა არ არის - ეს არის 40-დღიანი გლობალური ხსნის შეხვედრა **პრეზიდენტებისთვის, პრემიერ-მინისტრებისთვის, პასტორებისთვის, ეკლესიის მუშაკებისთვის, აღმასრულებელი დირექტორებისთვის, მშობლებისთვის, მოზარდებისთვის და ყველა მორწმუნისთვის**, ვინც უარს ამბობს ჩუმად დამარცხებაში ცხოვრებაზე.

ეს ძლიერი 40-დღიანი ლოცვა ეხება ***სულიერ ომს, წინაპრების საკურთხევლებისგან განთავისუფლებას, სულიერ კავშირების გაწყვეტას, ოკულტურ გამოვლინებებს და ყოფილი ჯადოქრების, ყოფილი სატანისტების*** და იმ ადამიანების გლობალურ ჩვენებებს, რომლებმაც დაძლიეს სიბნელის ძალები.

იქნება ეს **ქვეყნის ლიდერი** , **ეკლესიის მწყემსი** , **ბიზნესის მმართველი** თუ **ლოცვის კარადაში ოჯახისთვის ბრძოლა** , ეს წიგნი გამოავლენს იმას, რაც დაფარული იყო, დაუპირისპირდება იმას, რაც იგნორირებული იყო და გათავისუფლების საშუალებას მოგცემთ.

40-დღიანი გლობალური წირვა ცნობიერების, ხსნისა და ძალაუფლების შესახებ

ამ გვერდებზე თქვენ შეხვდებით:

- სისხლის ხაზის წყევლა და წინაპრების აღთქმები
- სულიერი მეუღლეები, ზღვის სულები და ასტრალური მანიპულირება
- მასონობა, კაბალა, კუნდალინის გამოღვიძება და ჯადოქრობის საკურთხევლები
- ბავშვის მიძღვნა, პრენატალური ინიციაციები და დემონური მტვირთავები
- მედიის ინფილტრაცია, სექსუალური ტრავმა და სულის ფრაგმენტაცია
- საიდუმლო საზოგადოებები, დემონური ხელოვნური ინტელექტი და ცრუ აღორძინების მოძრაობები

თითოეული დღე მოიცავს:
- ***რეალურ ისტორიას ან გლობალურ ნიმუშს***
- ***წმინდა წერილზე დაფუძნებულ ხედვას***
- ***ჯგუფურ და პირად გამოყენებას***
- ***ხსნის ლოცვას + რეფლექსიის დღიურს***

ეს წიგნი თქვენთვისაა , თუ თქვენ:

- პრეზიდენტი **ან პოლიტიკის შემქმნელი,** რომელიც თქვენი ერის სულიერ სიცხადესა და დაცვას ეძებს
- პასტორი , **შუამავალი ან ეკლესიის მუშაკი,** რომელიც ებრძვის უხილავ ძალებს, რომლებიც ეწინააღმდეგებიან ზრდასა და სიწმინდეს.
- აღმასრულებელი **დირექტორი ან ბიზნეს ლიდერი** აუხსნელი ომისა და საბოტაჟის წინაშე დგას
- მოზარდი **ან სტუდენტი,** რომელსაც აწუხებს სიზმრები, ტანჯვა ან უცნაური მოვლენები

- მშობელი **ან მზრუნველი,** რომელიც ამჩნევს სულიერ ნიმუშებს თქვენს სისხლის ხაზში
- ქრისტიანი **ლიდერი,** რომელიც დაიღალა დაუსრულებელი ლოცვის ციკლებით, რომლებიც გარღვევის გარეშე მიმდინარეობს
- ან უბრალოდ **მორწმუნე, რომელიც მზადაა გადარჩენიდან გამარჯვებულ ბატონობამდე გადავიდეს**

რატომ ეს წიგნი?

რადგან იმ დროში, როდესაც სიბნელე სინათლის ნიღაბს ატარებს, **ხსნა აღარ არის არჩევითი** . ძალაუფლება

კი **ინფორმირებულებს, აღჭურვილებსა და დანებებულებს ეკუთვნით** .

დაწერილია ზაქარიას გოდსიგლის , ელჩი მონდეი ო. ოგბეს და კომფორტ ლედის მიერ ოგბე , ეს უბრალოდ სწავლებაზე მეტია - ეს **გლობალური გამოღვიძების ზარია** ეკლესიისთვის, ოჯახისთვის და ერებისთვის, რომ აღდგნენ და წინააღმდეგობა გაუწიონ - არა შიშით, არამედ **სიბრძნითა და ავტორიტეტით** .

შეუძლებელია იმის მოწაფეობა, რაც ჯერ არ მოგიტანია. და ვერ ივლი ბატონობის ქვეშ, სანამ სიბნელის მარწუხებს არ გათავისუფლდები.

დაარღვიე ციკლები. დაუპირისპირდი დაფარულს. დაიბრუნე შენი ბედი — დღითი დღე.

უკანა ყდის ტექსტი

იბნელიდან ბატონობამდე

40 დღე სიბნელის დაფარული მარწუხებისგან გასათავისუფლებლად

გლობალური ლოცვის საღამო ცნობიერების, ხსნისა და ძალაუფლების შესახებ

ხართ **პრეზიდენტი** , **პასტორი** , **მშობელი** თუ **მლოცველი** — სასოწარკვეთილი თავისუფლებისა და გარღვევის ძიებაში?

წინაპრების აღთქმების, ოკულტური მონობის, საზღვაო სულების, სულის ფრაგმენტაციის, მედიის ინფილტრაციის და სხვა უხილავი ბრძოლის ველებზე . ყოველი დღე ავლენს რეალურ ჩვენებებს, გლობალურ გამოვლინებებს და ქმედით ხსნის სტრატეგიებს.

თქვენ აღმოაჩენთ:

- როგორ იხსნება სულიერი კარიბჭეები და როგორ დავხუროთ ისინი
- განმეორებითი დაგვიანების, ტანჯვისა და მონობის ფარული ფესვები
- ძლიერი ყოველდღიური ლოცვები, რეფლექსიები და ჯგუფური აპლიკაციები
- როგორ შევიდეთ **ბატონობაში** და არა მხოლოდ ხსნაში

აფრიკაში **ჯადოქრობის სამსხვერპლოებიდან** დაწყებული ჩრდილოეთ ამერიკაში **ახალი ეპოქის მოტყუებით დამთავრებული...** ევროპაში **საიდუმლო**

საზოგადოებებიდან ლათინურ ამერიკაში სისხლის აღთქმებამდე - ეს წიგნი ყველაფერს ააშკარავებს.

„სიბნელიდან ბატონობისკენ" თავისუფლებისკენ მიმავალი თქვენი გზამკვლევია, დაწერილი პასტორებისთვის, ლიდერებისთვის, ოჯახებისთვის, მოზარდებისთვის, პროფესიონალებისთვის, აღმასრულებელი დირექტორებისთვის და ყველასთვის, ვინც დაიღალა გამარჯვების გარეშე ომების ველოსიპედით გავლაში.

„შენ არ შეგიძლია ისწავლო ის, რაც არ მიგიცია. და ვერ ივლი ბატონობაში მანამ, სანამ არ გათავისუფლდები სიბნელის მარწუხებიდან."

ერთაბზაციანი მედია პრომო (პრესა/ელ. ფოსტა/რეკლამის ანოტაცია)

„?**იბნელიდან ბატონობამდე: 40 დღე სიბნელის ფარული მარწუხებისგან გასათავისუფლებლად**“ არის გლობალური რელიგიური ლიტერატურა, რომელიც ავლენს, თუ როგორ აღწევს მტერი ცხოვრებაში, ოჯახებსა და ერებში სამსხვერპლოების, სისხლის ხაზების, საიდუმლო საზოგადოებების, ოკულტური რიტუალებისა და ყოველდღიური კომპრომისების მეშვეობით. ყველა კონტინენტიდან აღებული ისტორიებითა და ბრძოლებში გამოცდილი ხსნის სტრატეგიებით, ეს წიგნი განკუთვნილია პრეზიდენტებისა და პასტორებისთვის, აღმასრულებელი დირექტორებისა და მოზარდებისთვის, დიასახლისებისა და სულიერი მეომრებისთვის - ყველასთვის, ვისაც სასოწარკვეთილი აქვს ხანგრძლივი თავისუფლება. ის არა მხოლოდ საკითხავია - არამედ ჯაჭვების გასატეხადაც.

შემოთავაზებული თეგები

- ხსნისადმი მიძღვნილი ლოცვა
- სულიერი ომი
- ექს-ოკულტური ჩვენებები
- ლოცვა და მარხვა
- თაობათა წყევლის დარღვევა
- თავისუფლება სიბნელისგან
- ქრისტიანული სულიერი ავტორიტეტი

- ზღვის სპირტები
- კუნდალინის მოტყუება
- საიდუმლო საზოგადოებები გამოაშკარავდნენ
- 40-დღიანი მიწოდება

 # ჰეშთეგები კამპანიებისთვის
#სიბნელიდანდომინიონამდე
#ხსნისმოძღვრება
#გატეხეთჯაჭვები
#თავისუფლებაქრისტესმეშვეობით
#გლობალურიგამოღვიძება
#გამოაშკარავებულიდაფარულიბრძოლები
#ილოცეთაშესვენებისთვის
#სულიერიომისწიგნი
#სიბნელიდანსინათლემდე
#სამეფოსხელმწიფო
#აღარშეკრულობა
#ექსოკულტურიჩვენებები
#კუნდალინისგაფრთხილება
#ზღვისსპირტებიგამოვლენილია
#თავისუფლების40 დღე

მიძღვნა

?ას, ვინც სიბნელიდან თავის საოცარ ნათელში გამოგვიხმო -

იესო ქრისტეს , ჩვენს მხსნელს, სინათლის მატარებელსა და დიდების მეფეს.

ყველა სულისთვის, ვინც ჩუმად ტირის — უხილავი ჯაჭვებით არის გამომწყვდეული, ოცნებებით აწანჯული, ხმებით გაწამებული და სიბნელეს ებრძვის იმ ადგილებში, სადაც არავინ ხედავს — ეს მოგზაურობა თქვენთვისაა.

კედელზე მდგომი პასტორებისთვის, შუამავლებისთვის და მცველებისთვის , ღამით **ლოცულობენ** დედებისთვის და

მამებისთვის, რომლებიც **უარს ამბობენ** დანებებაზე,

პატარა ბიჭისთვის , რომელიც ძალიან ბევრს ხედავს და **პატარა გოგონასთვის** , რომელიც ნაადრევად არის ბოროტების მსხვერპლი,

აღმასრულებელი დირექტორებისთვის , პრეზიდენტებისთვის **და** გადაწყვეტილების **მიმღები პირებისთვის, რომლებიც უხილავ ტვირთს ატარებენ** საზოგადოებრივი ხელისუფლების უკან,

ეკლესიის მუშაკისთვის, რომელიც საიდუმლო ტყვეობას ებრძვის და **სულიერი მეომრისთვის** , რომელიც წინააღმდეგობას ბედავს -

ეს არის თქვენი მოწოდება, აღდგეთ.

და მადლობა მამაცებს, რომლებმაც თავიანთი ისტორიები გაგვიზიარეს. თქვენმა ნაიარევებმა ახლა სხვები გაათავისუფლა.

დაე, ამ ლოცვამ გაანათოს გზა ჩრდილებში და მრავალი მიიყვანა ბატონობისკენ, განკურნებისა და წმინდა ცეცხლისკენ.

თქვენ არ ხართ დავიწყებული. თქვენ არ ხართ უძლური. თქვენ თავისუფლებისთვის დაიბადეთ.

— *Zacharias Godseagle , Ambassador Monday O. Ogbe & Comfort Ladi ოგბე*

მადლიერება

❓ პირველეს ყოვლისა, ჩვენ ვაღიარებთ **ყოვლისშემძლე ღმერთს - მამას, ძეს და სულიწმინდას**, სინათლისა და ჭეშმარიტების შემოქმედს, რომელმაც გაგვახილა თვალები დახურული კარების, ფარდების, ამბიონებისა და პლატფორმების მიღმა მიმდინარე უხილავი ბრძოლების მიმართ. ჩვენ მთელ დიდებას მივაგებთ იესო ქრისტეს, ჩვენს მხსნელსა და მეფეს.

მსოფლიოს მასშტაბით მამაც მამაც მამაკაცებსა და ქალებს, რომლებმაც გაგვიზიარეს თავიანთი ტანჯვის, ტრიუმფისა და ტრანსფორმაციის ისტორიები - თქვენმა გამბედაობამ თავისუფლების გლობალური ტალღა გააღვივა. გმადლობთ დუმილის დარღვევისთვის.

გალავანზე მდგომ მსახურებსა და მცველებს, რომლებიც დაფარულ ადგილებში შრომობდნენ — ასწავლიდნენ, შუამდგომლობდნენ, ხსნიდნენ და არჩევდნენ — ჩვენ პატივს ვცემთ თქვენს შეუპოვრობას. თქვენი მორჩილება აგრძელებს ციხესიმაგრეების დანგრევას და მაღალ ადგილებში მოტყუების გამოვლენას.

ჩვენს ოჯახებს, ლოცვის პარტნიორებს და დამხმარე გუნდებს, რომლებიც ჩვენთან ერთად იდგნენ, სანამ სულიერ ნანგრევებში ვთხრიდით ჭეშმარიტების აღმოსაჩენად - მადლობა თქვენი ურყევი რწმენისა და მოთმინებისთვის.

მკვლევარებისთვის, YouTube-ის ჩვენებებისთვის, ინფორმატორებისთვის და სამეფოს მეომრებისთვის,

რომლებიც თავიანთი პლატფორმების საშუალებით სიბნელეს ამხელენ - თქვენმა გაბედულებამ ეს ნამუშევარი გამჭრიახობით, გამოცხადებითა და სასწრაფოდ აღზარდა.

ქრისტეს სხეულისადმი : ეს წიგნი თქვენიცაა. დაე, მან თქვენში გააღვიძოს წმინდა გადაწყვეტილება, იყოთ ფხიზლად, გამჭრიახი და უშიშარი. ჩვენ არ ვწერთ როგორც ექსპერტები, არამედ როგორც მოწმეები. ჩვენ არ ვდგავართ როგორც მოსამართლეები, არამედ როგორც გამოსყიდულები.

და ბოლოს, **ამ ლოცვის მკითხველებს** - მაძიებლებს, მეომრებს, მოძღვრებს, ხსნის მსახურებს, გადარჩენილებს და ჭეშმარიტების მოყვარულებს ყველა ერიდან - დაე, ყოველი გვერდი ძალას განიჭებდეთ, რომ **გადახვიდეთ სიბნელე ბატონობისკენ** .

— Zacharias Godseagle

— Ambassador Monday O. Ogbe

— Comfort Ladi ოგბე

მკითხველისთვის

?ს მხოლოდ წიგნი არ არის. ეს მოწოდებაა.

მოწოდება იმის გამოსავლენად, რაც დიდი ხანია დაფარულია - თაობების, სისტემებისა და სულების ჩამომყალიბებელი უხილავი ძალების წინაშე დგომისკენ. იქნება ეს **ახალგაზრდა მაძიებელი** , **პასტორი, რომელიც ბრძოლებიდან დაიღალა და ვერ დაასახელებთ** , **ბიზნესლიდერი, რომელიც ღამის შიშებს ებრძვის** თუ **სახელმწიფოს მეთაური, რომელიც დაუნდობელ ეროვნულ სიბნელეს ებრძვის** , ეს ლოცვა თქვენი **გზამკვლევია ჩრდილიდან გამოსასვლელად** .

ინდივიდისთვის : თქვენ გიჟი არ ხართ. ის, რასაც გრძნობთ - თქვენს სიზმრებში, თქვენს ატმოსფეროში, **თქვენს** სისხლის ხაზში - შეიძლება მართლაც სულიერი იყოს. ღმერთი მხოლოდ მკურნალი არ არის; ის მხსნელია.

ოჯახისთვის : ეს 40-დღიანი მოგზაურობა დაგეხმარებათ იმ შაბლონების იდენტიფიცირებაში, რომლებიც დიდი ხანია აწუხებთ თქვენს სისხლის ხაზს - დამოკიდებულებები, ნაადრევი სიკვდილი, განქორწინება, უნაყოფობა, ფსიქიკური ტანჯვა, უეცარი სიღარიბე - და მოგაწვდით მათ დასაძლევად საჭირო ინსტრუმენტებს **.**

ლიდერებსა **და პასტორებს** : დაე, ამან გააღვიძოს უფრო ღრმა გამჭრიახობა და გამბედაობა, რათა სულების სამყაროს ამბიონიდან დაუპირისპირდეთ და არა მხოლოდ ტრიბუნიდან. ხსნა არჩევითი არ არის. ეს დიდი მისიის ნაწილია.

აღმასრულებელ **დირექტორებს, მეწარმეებსა და პროფესიონალებს** : სულიერი შეთანხმებები საბჭოებშიც მოქმედებს. მიუძღვენით თქვენი ბიზნესი ღმერთს. დაანგრიეთ წინაპრების სამსხვერპლოები, რომლებიც შენიღბულია საქმიანი იღბლით, სისხლისმღვრელი შეთანხმებებით ან მასონების კეთილგანწყობით. ააშენეთ სუფთა ხელებით.

მეთვალყურეებისა **და შუამავლებისთვის** : თქვენი სიფხიზლე უშედეგო არ ყოფილა. ეს რესურსი თქვენს ხელში იარაღია — თქვენი ქალაქისთვის, თქვენი რეგიონისთვის, თქვენი ერისთვის.

პრეზიდენტებისა **და პრემიერ-მინისტრებისადმი** , თუ ეს ოდესმე თქვენს მაგიდამდე მოაღწია: ერები მხოლოდ პოლიტიკით არ იმართებიან. ისინი იმართებიან სამსხვერპლოებით - რომლებიც ფარულად ან საჯაროდ არის აღმართული. სანამ დაფარული საფუძვლები არ მოგვარდება, მშვიდობა მიუწვდომელი დარჩება. დაე, ამ ლოცვამ თაობათა რეფორმაციისკენ გიბიძგოთ.

სასოწარკვეთილებაში მყოფ ახალგაზრდა **მამაკაცს ან ქალს, რომელიც ამას კითხულობს: ღმერთი გხედავს. მან აგირჩია. და სამუდამოდ გიყვანს.**

ეს შენი მოგზაურობაა. დღე-დღე. ჯაჭვი-ჯაჭვი.

სიბნელიდან დომინიონამდე — შენი დროა.

როგორ გამოვიყენოთ ეს წიგნი

? **იბნელიდან ბატონობამდე: 40 დღე სიბნელის დაფარული მარწუხებისგან გასათავისუფლებლად** - ეს უბრალოდ ლოცვაზე მეტია - ეს არის განთავისუფლების სახელმძღვანელო, სულიერი დეტოქსიკაცია და საომარი მოქმედებების სასწავლო ბანაკი. კითხულობთ თუ არა მარტო, ჯგუფთან ერთად, ეკლესიაში თუ სხვების წინამძღოლობისას, აი, როგორ მიიღოთ მაქსიმალური სარგებელი ამ ძლიერი 40-დღიანი მოგზაურობიდან:

ყოველდღიური რიტმი

ყოველი დღე მიჰყვება თანმიმდევრულ სტრუქტურას, რათა დაგეხმაროთ სულის, სულისა და სხეულის ჩართვაში:

- **მთავარი ერთგული სწავლება** – გამოცხადებითი თემა, რომელიც ავლენს დაფარულ სიბნელეს.
- **გლობალური კონტექსტი** - როგორ ვლინდება ეს ციხესიმაგრე მთელ მსოფლიოში.
- **რეალური ცხოვრებისეული ისტორიები** – სხვადასხვა კულტურის წარმომადგენლებისგან მიღებული რეალური ხსნის შემთხვევები.
- **მოქმედების გეგმა** – პირადი სულიერი ვარჯიშები, უარის თქმა ან განცხადებები.
- **ჯგუფური აპლიკაცია** – გამოიყენება მცირე ჯგუფებში, ოჯახებში, ეკლესიებში ან მაცხოვრის ჯგუფებში.
- **ძირითადი ინფორმაცია** – დასამახსოვრებელი და

სალოცავი დასკვნა.
- **რეფლექსიის დღიური** – გულისმიერი კითხვები თითოეული ჭეშმარიტების სიღრმისეულად დასამუშავებლად.
- **ხსნის ლოცვა** - მიზანმიმართული სულიერი ომის ლოცვა ციხესიმაგრეების დასამსხვრევად.

რა დაგჭირდებათ

- შენი **ბიბლია**
- სპეციალური **დღიური ან რვეული**
- **საცხებელი ზეთი** (სურვილისამებრ, მაგრამ ძლიერი ლოცვის დროს)
- მზადყოფნა, **ილოცოთ და იმარხულოთ** სულიწმინდის ხელმძღვანელობით
- **პასუხისმგებლობის პარტნიორი ან ლოცვის გუნდი** უფრო სერიოზული შემთხვევებისთვის

როგორ გამოვიყენოთ ჯგუფებთან ან ეკლესიებთან

- შეხვდით **ყოველდღიურად ან ყოველკვირეულად**, რათა ერთად განიხილოთ თქვენი აზრები და წაიკითხოთ ლოცვა.
- წაახალისეთ წევრები, რომ ჯგუფური სესიების დაწყებამდე შეავსონ **რეფლექსიის დღიური**.
- გამოიყენეთ **ჯგუფური განაცხადის** განყოფილება დისკუსიის, აღსარების ან კორპორატიული განთავისუფლების მომენტების წამოსაწყებად.
- დანიშნეთ გაწვრთნილი ლიდერები უფრო ინტენსიური გამოვლინებების მოსაგვარებლად.

პასტორებისთვის, ლიდერებისა და ხსნის მსახურებისთვის

- ყოველდღიური თემები ასწავლეთ ამბიონიდან ან

ხსნის მომზადების სკოლებში.

- აღზარდეთ თქვენი გუნდი, რათა გამოიყენოს ეს ლოცვა კონსულტაციის სახელმძღვანელოდ.
- საჭიროებისამებრ, მოარგეთ სექციები სულიერი რუკების შედგენის, აღორძინების შეხვედრების ან ქალაქის ლოცვის კამპანიის დროს.

დანართები შესასწავლად

წიგნის ბოლოს თქვენ იხილავთ ძლიერ დამატებით რესურსებს, მათ შორის:

1. **სრული ხსნის ყოველდღიური დეკლარაცია** - ხმამაღლა წარმოთქვით ეს ყოველ დილით და საღამოს.
2. **მედიისგან უარის თქმის სახელმძღვანელო** – გაწმინდეთ თქვენი ცხოვრება გართობის სფეროში სულიერი დაბინძურებისგან.
3. **ლოცვა ეკლესიებში დაფარული საკურთხევლების აღმოსაჩენად** – შუამავლებისა და ეკლესიის მუშაკებისთვის.
4. **მასონობა, კაბალა, კუნდალინი და ოკულტური უარყოფის დამწერლობა** - ძლიერი მონანიების ლოცვები.
5. **მასობრივი ხსნის საკონტროლო სია** – გამოიყენეთ ჯვაროსნული ლაშქრობების, სახლის საძმოების ან პირადი რეტრიტების დროს.
6. **ვიდეო ბმულები ჩვენების შესახებ**

წინასიტყვაობა

?იმდინარეობს ომი — უხილავი, უთქმელი, მაგრამ სასტიკად რეალური — რომელიც მძვინვარებს მამაკაცების, ქალების, ბავშვების, ოჯახების, თემებისა და ერების სულებს.

ეს წიგნი დაიბადა არა თეორიიდან, არამედ ცეცხლიდან. მტირალი ხსნის ოთახებიდან. ჩრდილებში ჩურჩულით ნათქვამი და სახურავებიდან ყვირილით ნათქვამი ჩვენებებიდან. ღრმა შესწავლიდან, გლობალური შუამავლობიდან და ზედაპირული ქრისტიანობისადმი წმინდა იმედგაცრუებიდან, რომელიც ვერ უმკლავდება მორწმუნეებში ჯერ კიდევ ჩაფლულ **სიბნელის ფესვებს** .

ძალიან ბევრი ადამიანი მივიდა ჯვარზე, მაგრამ კვლავ ჯაჭვებს ატარებენ. ძალიან ბევრი მოძღვარი ქადაგებს თავისუფლებას, ფარულად კი ვნების, შიშის ან წინაპრების აღთქმების დემონები აწამებენ. ძალიან ბევრი ოჯახია ხაფანგში - სიღარიბის, გარყვნილების, დამოკიდებულების, უნაყოფობის, სირცხვილის - ციკლებში და **არ იცის რატომ** . და ძალიან ბევრი ეკლესია თავს არიდებს დემონებზე, ჯადოქრობაზე, სისხლიან სამსხვერპლოებზე ან ხსნაზე საუბარს, რადგან ეს „ძალიან ინტენსიურია".

მაგრამ იესო არ გაურბოდა სიბნელეს — ის **მას დაუპირისპირდა** .

მან არ უგულებელყო დემონები — მან **ისინი განდევნა**

.

და ის არ მომკვდარა მხოლოდ იმისთვის, რომ შენთვის ეპატიებინა — ის მოკვდა იმისთვის, რომ **გაგთავისუფლებოდა** .

ეს 40-დღიანი გლობალური ლოცვა არ არის ბიბლიის შემთხვევითი შესწავლა. ეს არის **სულიერი ოპერაციული ოთახი** . თავისუფლების დღიური. ჯოჯოხეთიდან გამოსვლის რუკა მათთვის, ვინც თავს ხსნასა და ჭეშმარიტ თავისუფლებას შორის გაჭედილ მდგომარეობაში გრძნობს. იქნება ეს პორნოგრაფიით შეპყრობილი მოზარდი, გველების სიზმრებით შეპყრობილი პირველი ლედი, წინაპრების დანაშაულის გრძნობით შეპყრობილი პრემიერ-მინისტრი, საიდუმლო ტყვეობის დამმალავი წინასწარმეტყველი თუ დემონური სიზმრებისგან გამოღვიძებული ბავშვი - ეს მოგზაურობა თქვენთვისაა.

თქვენ იხილავთ ისტორიებს მთელი მსოფლიოდან — აფრიკიდან, აზიიდან, ევროპიდან, ჩრდილოეთ და სამხრეთ ამერიკიდან — რომლებიც ადასტურებენ ერთ ჭეშმარიტებას: **ეშმაკი არ არის მიკერძოებული** . მაგრამ არც ღმერთი. და რაც მან გააკეთა სხვებისთვის, მას შეუძლია გააკეთოს თქვენთვის.

ეს წიგნი დაწერილია შემდეგი მიზნებისთვის:

- პიროვნული განთავისუფლების მაძიებელი **პირები**
- **ოჯახები, რომლებსაც** თაობათაშორისი განკურნება სჭირდებათ
- **პასტორებსა** და ეკლესიის მუშაკებს აღჭურვილობა სჭირდებათ
- **ბიზნეს ლიდერები** სულიერ ომს ატარებენ მაღალ თანამდებობებზე, რომლებიც სულიერ ომს მართავენ
- **ერები** ჭეშმარიტი აღორძინების მოლოდინში არიან
- **ახალგაზრდები** , რომლებმაც უნებურად გააღეს

კარები

- **ხსნის მსახურები** , რომლებსაც სტრუქტურა და სტრატეგია სჭირდებათ
- და **ისინიც კი, ვინც დემონების არ სჯერათ** - სანამ ამ გვერდებზე საკუთარ ისტორიას არ წაიკითხავენ

თქვენ დაძაბულობაში აღმოჩნდებით. გამოწვევების წინაშე აღმოჩნდებით. მაგრამ თუ გზაზე დარჩებით, თქვენც **გარდაიქმნებით** .

თქვენ უბრალოდ არ გათავისუფლდებით.

თქვენ **ბატონობით ივლით** .

დავიწყოთ.

— ***ზაქარიას გოდსიგლი , ელჩი მონდეი ო. ოგბე და კომფორტ ლადი ოგბე***

წინასიტყვაობა

?რებში აჟიოტაჟია. სულების სამყაროში რყევა. ამბიონებიდან პარლამენტებამდე, მისაღები ოთახებიდან მიწისქვეშა ეკლესიებამდე, ყველგან ხალხი იღვიძებს შემზარავი ჭეშმარიტების წინაშე: ჩვენ არასაკმარისად შევაფასეთ მტრის გავლენა და არასწორად გავიგეთ ქრისტეში არსებული ჩვენი ავტორიტეტი.

„სიბნელიდან ბატონობამდე“ მხოლოდ ლოცვა არ არის; ეს არის გამაფრთხილებელი ზარი. წინასწარმეტყველური სახელმძღვანელო. სამაშველო რგოლი ტანჯულისთვის, შებოჭილისთვის და გულწრფელი მორწმუნისთვის, რომელიც ფიქრობს: „რატომ ვარ ისევ ბორკილებში?“

როგორც ადამიანი, რომელიც სხვადასხვა ერში აღორძინებისა და ხსნის მომსწრეა, პირადად ვიცი, რომ ეკლესიას ცოდნა არ აკლია - ჩვენ გვაკლია სულიერი **ცნობიერება** , **გამბედაობა** და **დისციპლინა** . ეს ნაშრომი ამ უფსკრულის ხიდს ამყარებს. ის 40-დღიან მოგზაურობაში აერთიანებს გლობალურ მოწმობებს, მკვეთრ ჭეშმარიტებას, პრაქტიკულ მოქმედებას და ჯვრის ძალას, რომელიც მტვერს ჩამოწმენდს მიძინებულ ცხოვრებას და დაღლილ ადამიანებს ცეცხლს გააღვივებს.

ეს წიგნი თქვენთვისაა პასტორისთვის, რომელიც ბედავს საკურთხევლებთან დაპირისპირებას, ახალგაზრდა ადამიანისთვის, რომელიც ჩუმად ებრძვის დემონურ ოცნებებს, ბიზნესის მფლობელისთვის, რომელიც უხილავ აღთქმებშია გახვეული და

ლიდერისთვის, რომელმაც იცის, რომ რაღაც *სულიერად არასწორია, მაგრამ ვერ ასახელებს მას.*

მოგიწოდებთ, პასიურად ნუ წაიკითხავთ. ყოველი გვერდი თქვენს სულს გააღვივებს. ყოველი ისტორია ომს შობს. ყოველი განცხადება თქვენს პირს ცეცხლით საუბარს ასწავლის. და როდესაც ამ 40 დღეს გაივლით, ნუ იზეიმებთ მხოლოდ თქვენს თავისუფლებას - გახდით სხვების თავისუფლების ჭურჭელი.

რადგან ჭეშმარიტი ბატონობა მხოლოდ სიბნელისგან თავის დაღწევა არ არის...

ეს არის შემობრუნება და სხვების სინათლისკენ მიყვანა.

ქრისტეს ძალაუფლებასა და ძალაში,

ელჩი ოგბე

შესავალი

„?იბნელიდან ბატონობამდე: 40 დღე სიბნელის დაფარული მარწუხებისგან გასათავისუფლებლად“ უბრალოდ კიდევ ერთი ლოცვა არ არის - ეს გლობალური გამოფხიზლების ზარია.

მთელ მსოფლიოში — სოფლის სოფლებიდან დაწყებული პრეზიდენტის სასახლეებით, ეკლესიის საკურთხევლებითა და საკრებულო ოთახებით დამთავრებული — კაცები და ქალები თავისუფლებას ითხოვენ. არა მხოლოდ ხსნას. **ხსნას. სიცხადეს. გარღვევას. მთლიანობას. მშვიდობას. ძალაუფლებას.**

მაგრამ აი, სიმართლე: შენ არ შეგიძლია განდევნო ის, რასაც იტან. ვერ გათავისუფლდები იმისგან, რასაც ვერ ხედავ. ეს წიგნი შენი სინათლეა ამ სიბნელეში.

40 დღის განმავლობაში თქვენ გაეცნობით სწავლებებს, ისტორიებს, ჩვენებებსა და სტრატეგიულ ქმედებებს, რომლებიც გამოავლენს სიბნელის ფარულ ოპერაციებს და გაძლევთ ძალას, გადალახოთ ისინი - სულით, სულით და სხეულით.

იქნებით თუ არა პასტორი, აღმასრულებელი დირექტორი, მისიონერი, შუამავალი, მოზარდი, დედა თუ სახელმწიფოს მეთაური, ამ წიგნის შინაარსი თქვენს წინაშე აღმოჩნდება. არა იმისთვის, რომ შერცხვენოთ, არამედ იმისთვის, რომ გაგათავისუფლოთ და მოგამზადოთ სხვების თავისუფლებისკენ წასაყვანად.

ეს არის **გლობალური ლოცვა ცნობიერების, ხსნისა და ძალის შესახებ** — რომელიც ფესვგადგმულია წმინდა

წერილში, გამახვილებულია რეალური ცხოვრებისეული ისტორიებით და გაჟღენთილია იესოს სისხლით.

როგორ გამოვიყენოთ ეს საეკლესიო წიგნი

1. **დაიწყეთ 5 საფუძვლო თავით**
   . ეს თავები საფუძველს უყრის. არ გამოტოვოთ ისინი. ისინი დაგეხმარებათ გაიგოთ სიბნელის სულიერი არქიტექტურა და ის უფლებამოსილება, რომელიც მოგეცათ მასზე მაღლა ასასვლელად.
2. **განზრახ გაიარეთ ყოველი დღე.**
   ყოველდღიური ჩანაწერი მოიცავს მთავარ თემას, გლობალურ გამოვლინებებს, რეალურ ისტორიას, წმინდა წერილებს, სამოქმედო გეგმას, ჯგუფური გამოყენების იდეებს, ძირითად ხედვას, დღიურის მინიშნებებს და ძლიერ ლოცვას.
3. **დაასრულეთ ყოველი დღე** წიგნის ბოლოს მოცემული **ყოველდღიური 360°-იანი დეკლარაციით**
   , ეს ძლიერი დეკლარაცია შექმნილია თქვენი თავისუფლების გასაძლიერებლად და თქვენი სულიერი კარიბჭის დასაცავად.
4. **გამოიყენეთ ეს მარტო თუ ჯგუფურად.**
   იქნება ეს ინდივიდუალურად თუ ჯგუფურად, სახლში ზიარებით, შუამავლობით თუ ხსნის მსახურებით - მიეცით სულიწმიდას საშუალება, წარმართოს ტემპი და პერსონალიზირება გაუკეთოს ბრძოლის გეგმას.
5. **მოემზადეთ წინააღმდეგობისა და გარღვევის**
   წინააღმდეგობისთვის. მაგრამ ასევე მოვა თავისუფლებაც. ხსნა პროცესია და იესო ვალდებულია თქვენთან ერთად იაროს იგი.

საბაზისო თავები (**წაიკითხეთ პირველ დღემდე**)

1. ბნელი სამეფოს წარმოშობა

ლუციფერის აჯანყებიდან დემონური იერარქიებისა და ტერიტორიული სულების გაჩენამდე, ეს თავი სიბნელის ბიბლიურ და სულიერ ისტორიას ასახავს. იმის გაგება, თუ საიდან დაიწყო ის, დაგეხმარებათ გაიგოთ, თუ როგორ მოქმედებს ის.

2. როგორ მოქმედებს ბნელი სამეფო დღეს

აღთქმებიდან და სისხლიანი მსხვერპლშეწირვებიდან დაწყებული სამსხვერპლოებით, საზღვაო სულებითა და ტექნოლოგიური ინფილტრაციით დამთავრებული, ეს თავი ავლენს უძველესი სულების თანამედროვე სახეებს - მათ შორის იმას, თუ როგორ შეიძლება მედიამ, ტენდენციებმა და რელიგიამაც კი შენიღბვა იმოქმედოს.

3. საწყისი წერტილები: როგორ ეჩვევიან ადამიანები

არავინ იბადება შემთხვევით მონობაში. ეს თავი განიხილავს ისეთ კარებს, როგორიცაა ტრავმა, წინაპრების სამსხვერპლოები, ჯადოქრობის ზემოქმედება, სულის კავშირები, ოკულტური ცნობისმოყვარეობა, მასონობა, ცრუ სულიერება და კულტურული პრაქტიკები.

4. გამოვლინებები: შეპყრობილობიდან აკვიატებამდე

როგორ გამოიყურება მონობა? კოშმარებიდან დაწყებული ქორწინების შეფერხებით, უნაყოფობით, დამოკიდებულებით, გაბრაზებით და „წმინდა სიცილით" დამთავრებული, ეს თავი ავლენს, თუ როგორ შენიღბავენ დემონები თავს პრობლემებად, საჩუქრებად ან პიროვნებებად.

5. სიტყვის ძალა: მორწმუნეთა ავტორიტეტი

40-დღიან ომს დაწყებამდე, თქვენ უნდა გესმოდეთ თქვენი კანონიერი უფლებები ქრისტეში. ეს თავი გაგაცნობთ სულიერ კანონებს, საბრძოლო იარაღს, წმინდა წერილების პროტოკოლებს და ხსნის ენას.

დასკვნითი წახალისება დაწყებამდე

ღმერთი არ გიხმობთ სიბნელის *სამართავად* .

ის გიხმობთ მასზე **ბატონობისკენ** .

არა ძალით, არა ძალაუფლებით, არამედ მისი სულით.

დაე, ეს მომდევნო 40 დღე უბრალოდ ლოცვაზე მეტი იყოს.

დაე, ეს იყოს პანაშვიდი ყველა საკურთხევლისთვის, რომელიც ოდესღაც გაკონტროლებდა... და კორონაცია იმ ბედისწერაში, რომელიც ღმერთმა გიბოძა.

შენი სამფლობელოს მოგზაურობა ახლა იწყება.

თავი 1: ბნელი სამეფოს წარმოშობა

„�*ადგან ჩვენი ბრძოლა არ არის სისხლისა და ხორცის წინააღმდეგ, არამედ სამთავროების წინააღმდეგ, ხელმწიფების წინააღმდეგ, ამ ქვეყნიერების სიბნელის მპყრობელთა წინააღმდეგ, ზეციერთა ბოროტების სულების წინააღმდეგ.*“ - ეფესელთა 6:12

დიდი ხნით ადრე, სანამ კაცობრიობა დროის ასპარეზზე გავიდოდა, ზეცაში უხილავი ომი დაიწყო. ეს არ იყო ხმლებისა და თოფების ომი, არამედ აჯანყება - უზენაესი ღმერთის სიწმინდისა და ავტორიტეტის წინააღმდეგ ღალატი . ბიბლია ამ საიდუმლოს სხვადასხვა მონაკვეთის მეშვეობით ავლენს, რომლებიც მიანიშნებს ღვთის ერთ-ერთი ულამაზესი ანგელოზის - **ლუციფერის** , მანათობელის - დაცემაზე, რომელმაც გაბედა ღვთის ტახტზე მაღლა აეყვანა თავი (ესაია 14:12–15, ეზეკიელი 28:12–17).

ამ კოსმიურმა აჯანყებამ წარმოშვა **ბნელი სამეფო** — სულიერი წინააღმდეგობისა და მოტყუების სფერო, რომელიც შედგებოდა დაცემული ანგელოზებისგან (ახლანდელი დემონების), სამთავროებისა და ღვთის ნებისა და ღვთის ხალხის წინააღმდეგ გაერთიანებულ ძალებისგან.

სიბნელის დაცემა და ფორმირება

�������� ��������� ბოროტი არ იყო. ის სიბრძნითა და სილამაზით სრულყოფილი იყო შექმნილი. მაგრამ მის გულში სიამაყე შევიდა და სიამაყე ამბოხებად

იქცა. მან ზეციური ანგელოზების მესამედი მოატყუა, რათა მას გაჰყოლოდნენ (გამოცხადება 12:4) და ისინი ზეციდან განიდევნენ. მათი კაცობრიობისადმი სიძულვილი შურში იბადება - რადგან კაცობრიობა ღვთის ხატად შეიქმნა და მას მმართველობა მიეცა.

ასე დაიწყო ომი **სინათლის სამეფოსა** და **სიბნელის სამეფოს შორის** — უხილავი კონფლიქტი, რომელიც ყველა სულს, ყველა სახლსა და ყველა ერს შეეხება.

ბნელი სამეფოს გლობალური გამოხატულება

���������� �����, ��� უხილავია, ამ ბნელი სამეფოს გავლენა ღრმად არის ჩადებული:

- **კულტურული ტრადიციები** (წინაპრების თაყვანისცემა, სისხლიანი მსხვერპლშეწირვა, საიდუმლო საზოგადოებები)
- **გართობა** (ქვეცნობიერი შეტყობინებები, ოკულტური მუსიკა და შოუები)
- **მმართველობა** (კორუფცია, სისხლის შეთანხმებები, ფიცი)
- **ტექნოლოგია** (დამოკიდებულების, კონტროლის, გონების მანიპულირების ინსტრუმენტები)
- **განათლება** (ჰუმანიზმი, რელატივიზმი, ცრუ განმანათლებლობა)

აფრიკული ჯუჯუდან დასავლურ „ნიუ ეიჯ" მისტიციზმამდე, ახლო აღმოსავლური ჯინების თაყვანისცემიდან სამხრეთ ამერიკულ შამანიზმამდე, ფორმები განსხვავებულია, მაგრამ **სული იგივეა** - მოტყუება, ბატონობა და განადგურება.

რატომ არის ეს წიგნი მნიშვნელოვანი ახლა

❖❖❖❖❖❖ ❖❖❖❖❖❖ ❖❖❖❖ ხრიკი ის არის, რომ ადამიანებმა დაიჯერონ, რომ ის არ არსებობს — ან უარესი, რომ მისი გზები უვნებელია.

ეს ლოცვა **სულიერი ინტელექტის სახელმძღვანელოა** — ფარდის აწევა, მისი სქემების გამოაშკარავება და მორწმუნეების გაძლიერება კონტინენტებზე:

- **ამოიცანით** შესვლის წერტილები
- **უარი თქვით** ფარულ აღთქმებზე
- **წინააღმდეგობა გაუწიეთ** ავტორიტეტს
- **დაიბრუნეთ** ის, რაც მოიპარეს

თქვენ ბრძოლაში დაიბადეთ

❖❖ ❖❖ ❖❖❖❖ ❖❖❖❖❖ ❖❖❖❖❖❖❖❖❖❖❖❖. თქვენ დაიბადეთ ბრძოლის ველზე და არა სათამაშო მოედანზე. მაგრამ კარგი ამბავი ის არის, რომ **იესომ უკვე მოიგო ომი!**

„მან განაიარაღა მმართველები და ხელისუფლებები და აშკარა სირცხვილით შეაშინა ისინი, რადგან მასში გაიმარჯვა მათზე" - კოლასელთა 2:15

შენ მსხვერპლი არ ხარ. შენ ქრისტეს მეშვეობით მხოლოდ გამარჯვებულზე მეტი ხარ. მოდი, გამოვავლინოთ სიბნელე და თამამად წავიდეთ სინათლისკენ.

ძირითადი ინფორმაცია

სიბნელის სათავე სიამაყე, ამბოხება და ღვთის მმართველობის უარყოფაა. იგივე თესლი დღესაც მოქმედებს ადამიანებისა და სისტემების გულებში. სულიერი ომის გასაგებად, პირველ რიგში უნდა გავიგოთ, თუ როგორ დაიწყო ამბოხება.

რეფლექსიის ჟურნალი

- სულიერი ომი ცრურწმენად ვთქვი?
- რომელი კულტურული ან ოჯახური პრაქტიკები მაქვს ნორმალიზებული, რაც შესაძლოა უძველეს აჯანყებას უკავშირდებოდეს?
- მართლა მესმის ის ომი, რომელშიც დავიბადე?

განმანათლებლობის ლოცვა

ზეციერო მამაო, გამიმხილე აჯანყების დაფარული ფესვები ჩემს გარშემო და ჩემს შიგნით. გამოამჟღავნე სიბნელის ტყუილი, რომელიც შესაძლოა უნებლიედ მქონოდა მიღებული. დაე, შენი ჭეშმარიტება ბრწყინავდეს ყველა ბნელ ადგილას. მე ვირჩევ სინათლის სამეფოს. მე ვირჩევ სიარულის ჭეშმარიტებაში, ძალასა და თავისუფლებაში. იესოს სახელით. ამინ.

თავი 2: როგორ მოქმედებს ბნელი სამეფო დღეს

„?*ათა სატანამ არ ისარგებლოს ჩვენზე, რადგან მისი ზრახვები ჩვენთვის უცნობი არ არის*“ - 2 კორინთელთა 2:11

სიბნელის სამეფო უწესრიგოდ არ მოქმედებს. ეს არის კარგად ორგანიზებული, ღრმად ფენიანი სულიერი ინფრასტრუქტურა, რომელიც ასახავს სამხედრო სტრატეგიას. მისი მიზანია: შეღწევა, მანიპულირება, კონტროლი და საბოლოო ჯამში განადგურება. ისევე, როგორც ღვთის სამეფოს აქვს წოდება და წესრიგი (მოციქულები, წინასწარმეტყველები და ა.შ.), ასევეა სიბნელის სამეფოც - სამთავროებით, ძალაუფლებით, სიბნელის მმართველებითა და სულიერი ბოროტებით მაღალ ადგილებში (ეფესელთა 6:12).

ბნელი სამეფო მითი არ არის. ეს არ არის ფოლკლორი ან რელიგიური ცრურწმენა. ეს არის სულიერი აგენტების უხილავი, მაგრამ რეალური ქსელი, რომლებიც მანიპულირებენ სისტემებს, ადამიანებს და ეკლესიებსაც კი სატანის დღის წესრიგის შესასრულებლად. მიუხედავად იმისა, რომ ბევრი წარმოიდგენს ჩანგლებსა და წითელ რქებს, ამ სამეფოს რეალური მოქმედება გაცილებით დახვეწილი, სისტემატური და ბოროტია.

1. მოტყუება მათი ვალუტაა

მტერი ტყუილებით ვაჭრობს. ედემის ბაღიდან (დაბადება 3) თანამედროვე ფილოსოფიებამდე, სატანის ტაქტიკა ყოველთვის ღვთის სიტყვაში ეჭვის დათესვაზე

იყო ორიენტირებული. დღეს მოტყუება შემდეგი სახით ვლინდება:

- *ახალი ეპოქის სწავლებები შენიღბული, როგორც განმანათლებლობა*
- *კულტურული სიამაყის სახით შენიღბული ოკულტური პრაქტიკები*
- *ჯადოქრობა, რომელიც მომხიბვლელია მუსიკაში, ფილმებში, მულტფილმებსა და სოციალური მედიის ტენდენციებში*

ადამიანები გაუცნობიერებლად მონაწილეობენ რიტუალებში ან მოიხმარენ მედიას, რომელიც გარჩევის გარეშე აღებს სულიერ კარებს.

2. ბოროტების იერარქიული სტრუქტურა

ისევე, როგორც ღვთის სამეფოს აქვს წესრიგი, ბნელი სამეფო მოქმედებს განსაზღვრული იერარქიის მიხედვით:

- **სამთავროები** - ტერიტორიული სულები, რომლებიც გავლენას ახდენენ ერებსა და მთავრობებზე
- **ძალები** - აგენტები, რომლებიც ბოროტებას დემონური სისტემების მეშვეობით ახორციელებენ.
- **სიბნელის მმართველები** - სულიერი სიბრმავის, კერპთაყვანისმცემლობისა და ცრუ რელიგიის კოორდინატორები
- **სულიერი ბოროტება მაღალ ადგილებში** - ელიტური დონის არსებები, რომლებიც გავლენას ახდენენ გლობალურ კულტურაზე, სიმდიდრესა და ტექნოლოგიაზე.

თითოეული დემონი სპეციალიზირებულია გარკვეულ დავალებებში - შიშში, დამოკიდებულებაში, სექსუალურ გარყვნილებაში, დაბნეულობაში, სიამაყესა და განხეთქილებაში.

3. კულტურული კონტროლის ინსტრუმენტები

ეშმაკს ფიზიკურად გამოჩენა აღარ სჭირდება. ახლა კულტურას უწევს მძიმე სამუშაოს შესრულება. მისი დღევანდელი სტრატეგიები მოიცავს:

- **ქვეცნობიერი შეტყობინებები**: მუსიკა, შოუები, ფარული სიმბოლოებითა და შებრუნებული შეტყობინებებით სავსე რეკლამები
- **დესენსიბილიზაცია**: ცოდვის (ძალადობის, სიშიშვლის, გინების) განმეორებითი ზემოქმედება მანამ, სანამ ეს „ნორმალურად" არ იქცევა.
- **გონების კონტროლის ტექნიკები**: მედიაჰიპნოზის, ემოციური მანიპულირებისა და დამოკიდებულების გამომწვევი ალგორითმების მეშვეობით

ეს შემთხვევითი არ არის. ეს არის სტრატეგიები, რომლებიც შექმნილია მორალური შეხედულებების შესუსტების, ოჯახების დანგრევისა და ჭეშმარიტების ხელახლა განსაზღვრის მიზნით.

4. **თაობათაშორისი შეთანხმებები და სისხლის ხაზები**

სიზმრების, რიტუალების, მიძღვნების ან წინაპრების შეთანხმებების მეშვეობით, ბევრი ადამიანი უნებლიედ ერწყმის სიბნელეს. სატანა ამით სარგებლობს:

- ოჯახის სამსხვერპლოები და წინაპრების კერპები
- სულების გამოძახების ცერემონიები
- ფარული ოჯახური ცოდვები ან წყევლა, რომელიც მემკვიდრეობით გადაეცემა

ეს ქმნის ტანჯვის იურიდიულ საფუძველს მანამ, სანამ აღთქმა იესოს სისხლით არ დაირღვევა .

5. ცრუ სასწაულები, ცრუ წინასწარმეტყველები

ბნელი სამეფო უყვარს რელიგია — განსაკუთრებით თუ მას აკლია სიმართლე და ძალა. ცრუ წინასწარმეტყველები, მაცდური სულები და ყალბი სასწაულები ატყუებენ მასებს:

„რადგან თავად სატანა სინათლის ანგელოზად გარდაიქმნება" - 2 კორინთელთა 11:14

დღეს ბევრი მიჰყვება ხმებს, რომლებიც ყურებს უღიტინებს, მაგრამ სულს უბოძებს.

ძირითადი ინფორმაცია

ეშმაკი ყოველთვის ხმამაღალი არ არის — ზოგჯერ ის კომპრომისზე ჩურჩულებს. ბნელი სამეფოს საუკეთესო ტაქტიკაა დაარწმუნოს ხალხი, რომ ისინი თავისუფლები არიან, მაშინ როცა ისინი ფარულად მონები არიან.

რეფლექსიის ჟურნალი:

- სად გინახავთ ეს ოპერაციები თქვენს თემში ან ქვეყანაში?
- არის თუ არა თქვენს მიერ ნორმალიზებულ შოუები, მუსიკა, აპლიკაციები ან რიტუალები, რომლებიც შესაძლოა სინამდვილეში მანიპულირების იარაღები იყოს?

შეგნებისა და მონანიების ლოცვა:

უფალო იესო, გამიხილე თვალები, რომ დავინახო მტრის მოქმედებები. გამოაშკარავე ყველა ტყუილი, რომელიც მჯეროდა. მაპატიე ყველა კარისთვის, რომელიც გავაღე, შეგნებულად თუ შეუგნებლად. მე ვარღვევ შეთანხმებას სიბნელესთან და ვირჩევ შენს ჭეშმარიტებას, შენს ძალას და შენს თავისუფლებას. იესოს სახელით. ამინ.

თავი 3: საწყისი წერტილები – როგორ ხდებიან ადამიანები დამოკიდებულნი

„*უ მისცემთ ეშმაკს დასაყრდენს*" - ეფესელთა 4:27

ყველა კულტურაში, თაობასა და ოჯახში არსებობს ფარული ღიობები - კარიბჭეები, საიდანაც სულიერი სიბნელე შედის. ეს შესასვლელი წერტილები თავიდან შეიძლება უვნებლად მოგეჩვენოთ: ბავშვობის თამაში, ოჯახური რიტუალი, წიგნი, ფილმი, გადაუჭრელი ტრავმა. მაგრამ გახსნის შემდეგ, ისინი დემონური გავლენის ლეგალურ საფუძვლად იქცევა.

საერთო შესვლის წერტილები

1. **სისხლის ხაზის აღთქმები** – წინაპრების ფიცი, რიტუალები და კერპთაყვანისმცემლობა, რომელიც ბოროტ სულებთან წვდომას მემკვიდრეობით გადასცემს.
2. **ოკულტიზმის ადრეული ზემოქმედება - როგორც ბოლივიელი** *ლურდეს ვალდივიას* ისტორიაშია , ბავშვები, რომლებიც ჯადოქრობის, სპირიტიზმის ან ოკულტური რიტუალების ზემოქმედების ქვეშ იმყოფებიან, ხშირად სულიერად დასუსტებულები ხდებიან.
3. **მედია და მუსიკა** – სიმღერებსა და ფილმებს, რომლებიც ადიდებენ სიბნელეს, სენსუალურობას ან ამბოხებას, შეუძლიათ დახვეწილად მოიწვიონ სულიერი გავლენა.
4. **ტრავმა და ძალადობა** – სექსუალურმა

ძალადობამ, ძალადობრივმა ტრავმამ ან უარყოფამ შეიძლება სული ჩაგვრის სულებისთვის გახსნას.

5. **სექსუალური ცოდვა და სულის კავშირები** - უკანონო სექსუალური კავშირები ხშირად ქმნის სულიერ კავშირებს და სულების გადაცემას.
6. **ახალი ეპოქა და ცრუ რელიგია** - კრისტალები, იოგა, სულიერი გიდები, ჰოროსკოპები და „თეთრი ჯადოქრობა" შენიღბული მოწვევებია.
7. **სიმწარე და მიუტევებლობა** – ეს დემონურ სულებს ტანჯვის კანონიერ უფლებას აძლევს (იხილეთ მათე 18:34).

გლობალური ჩვენების მთავარი მოვლენა: *ლურდეს ვალდივია (ბოლივია)*

სულ რაღაც 7 წლის ასაკში ლურდს ჯადოქრობა დედამისმა, დიდი ხნის ოკულტისტმა, შეატყობინა. მისი სახლი სავსე იყო სიმბოლოებით, სასაფლაოებიდან ამოღებული ძვლებითა და მაგიური წიგნებით. მან განიცადა ასტრალური პროექცია, ხმები და ტანჯვა, სანამ საბოლოოდ იპოვიდა იესოს და გათავისუფლდებოდა. მისი ისტორია მრავალთაგან ერთ-ერთია, რომელიც ადასტურებს, თუ როგორ უხსნის ლურდს კარს სულიერი ტყვეობისკენ ადრეული კონტაქტისა და თაობათა გავლენისგან.

უფრო დიდი ექსპლოიტების ცნობარი:

ისტორიები იმის შესახებ, თუ როგორ აღებნენ ადამიანები კარებს „უწყინარი" ქმედებებით — მხოლოდ იმისთვის, რომ სიბნელეში გაებათ — შეგიძლიათ იხილოთ *„დიდი ექსპლოიტები 14"*-სა და *„სიბნელის ძალისგან გათავისუფლებაში"* (იხილეთ დანართი) .

ძირითადი ინფორმაცია

მტერი იშვიათად შემოიჭრება. ის კარის გაღებას ელოდება. ის, რაც უდანაშაულოდ, მემკვიდრეობით ან გასართობად გეჩვენებათ, ზოგჯერ შეიძლება სწორედ ის კარიბჭე იყოს, რომელიც მტერს სჭირდება.

რეფლექსიის ჟურნალი

- ჩემი ცხოვრების რომელი მომენტები შეიძლება ყოფილიყო სულიერი საწყისი წერტილი?
- არსებობს თუ არა „უწყინარი" ტრადიციები ან ნივთები, რომელთაგანაც უნდა მივატოვო თავი?
- უნდა უარი ვთქვა ჩემი წარსულიდან ან ოჯახის ხაზიდან რაიმეზე?

დანებების ლოცვა

მამაო, მე ვხურავ ყველა კარს, რომელიც შეიძლება მე ან ჩემმა წინაპრებმა გავუღოთ სიბნელეს. უარს ვამბობ ყველა შეთანხმებაზე, სულიერ კავშირზე და რაიმე უწმინდურებასთან შეხებაზე. ვწყვეტ ყოველ ჯაჭვს იესოს სისხლით. ვაცხადებ, რომ ჩემი სხეული, სული და სული მხოლოდ ქრისტეს ეკუთვნის. იესოს სახელით. ამინ.

თავი 4: გამოვლინებები - საკუთრებიდან ობსესიამდე

„ როდესაც უწმინდური სული გამოდის ადამიანიდან, დადის ურწყავ ადგილებში განსასვენებლად და ვერ პოულობს. მაშინ ამბობს: „დავბრუნდები იმ სახლში, საიდანაც გამოვედი“" - მათე 12:43

როგორც კი ადამიანი ბნელი სამეფოს გავლენის ქვეშ მოექცევა, მისი გამოვლინებები განსხვავდება მინიჭებული დემონური წვდომის დონის მიხედვით. სულიერი მტერი არ კმაყოფილდება სტუმრობით - მისი საბოლოო მიზანი დასახლება და ბატონობაა.

მანიფესტაციის დონეები

1. **გავლენა** - მტერი გავლენას იძენს აზრების, ემოციებისა და გადაწყვეტილებების მეშვეობით.
2. **ჩაგვრა** - არსებობს გარეგანი ზეწოლა, სიმძიმე, დაბნეულობა და ტანჯვა.
3. **ობსესია** - ადამიანი ფიქსირდება ბნელ ფიქრებზე ან კომპულსიურ ქცევაზე.
4. **შეპყრობა** – იშვიათ, მაგრამ რეალურ შემთხვევებში, დემონები იპყრობენ ადამიანის ნებას, ხმას ან სხეულს და აკონტროლებენ მის ნებას.

გამოვლინების ხარისხი ხშირად დაკავშირებულია სულიერი კომპრომისის სიღრმესთან.

მანიფესტაციის გლობალური შემთხვევების კვლევები

- **აფრიკა:** სულიერი ქმრის/ცოლის, სიგიჟის, რიტუალური მონობის შემთხვევები.
- **ევროპა:** ახალი ეპოქის ჰიპნოზი, ასტრალური პროექცია და გონების ფრაგმენტაცია.
- **აზია:** წინაპრების სულის კავშირები, რეინკარნაციის ხაფანგები და სისხლის ხაზის აღთქმები.
- **სამხრეთ ამერიკა:** შამანიზმი, სულიერი გიდები, ფსიქიკური კითხვის დამოკიდებულება.
- **ჩრდილოეთ ამერიკა:** ჯადოქრობა მედიაში, „უწყინარი" ჰოროსკოპები, ნივთიერების კარიბჭეები.
- **ახლო აღმოსავლეთი:** ჯინებთან შეხვედრები, სისხლიანი ფიცი და წინასწარმეტყველური ყალბი წინასწარმეტყველებები.

თითოეული კონტინენტი ერთი და იგივე დემონური სისტემის უნიკალურ შენიღბვას წარმოადგენს - და მორწმუნეებმა უნდა ისწავლონ ამ ნიშნების ამოცნობა.

დემონური აქტივობის საერთო სიმპტომები

- განმეორებადი კოშმარები ან ძილის დამბლა
- ხმები ან ფსიქიკური ტანჯვა
- იძულებითი ცოდვა და განმეორებითი უკუქცევა
- აუხსნელი დაავადებები, შიში ან გაბრაზება
- ზებუნებრივი ძალა ან ცოდნა
- სულიერი საკითხების მიმართ უეცარი ზიზღი

ძირითადი ინფორმაცია

ის, რასაც ჩვენ „ფსიქიკურ", „ემოციურ" ან „სამედიცინო" პრობლემებს ვუწოდებთ, ზოგჯერ შეიძლება სულიერი იყოს. ყოველთვის არა - მაგრამ ხშირად იმდენად ხშირად, რომ გარჩევა გადამწყვეტია.

რეფლექსიის ჟურნალი

- შევნიშნე თუ არა განმეორებადი ბრძოლები, რომლებიც სულიერი ხასიათის ჩანს?
- ჩემს ოჯახში არსებობს თუ არა თაობათაშორისი დესტრუქციული ნიმუშები?
- როგორი სახის მედიას, მუსიკას ან ურთიერთობებს ვუშვებ ჩემს ცხოვრებაში?

დანებების ლოცვა

უფალო იესო, მე უარს ვამბობ ყოველ ფარულ შეთანხმებაზე, ღია კარსა და უღვთო აღთქმაზე ჩემს ცხოვრებაში. ვწყვეტ კავშირებს ყველაფერთან, რაც შენგან არ არის - შეგნებულად თუ შეუგნებლად. მე მოვუწოდებ სულიწმინდის ცეცხლს, რომ შთანთქოს სიბნელის ყოველი კვალი ჩემს ცხოვრებაში. გამათავისუფლე სრულად. შენი ძლევამოსილი სახელით. ამინ.

თავი 5: სიტყვის ძალა – მორწმუნეთა ავტორიტეტი

„*ჰა, მე გაძლევთ თქვენ ხელმწიფებას, რომ დათრგუნოთ გველები, მორიელები და მტრის ყოველი ძალა; და არაფერი დაგიშავებთ*“ - ლუკა 10:19

ბევრი მორწმუნე სიბნელის შიშში ცხოვრობს, რადგან არ ესმის, თუ რა სინათლეს ატარებენ ისინი. თუმცა, წმინდა წერილი ავლენს, რომ **ღვთის სიტყვა მხოლოდ მახვილი არ არის** (**ეფესელთა 6**:17) - ის ცეცხლია (იერემია 23:29), ჩაქუჩი, თესლი და თავად სიცოცხლე. სინათლესა და სიბნელეს შორის ბრძოლაში ისინი, ვინც იცნობენ და აცხადებენ სიტყვას, არასდროს არიან მსხვერპლნი.

რა არის ეს ძალა?

მორწმუნეების ძალაუფლება **დელეგირებული უფლებამოსილებაა** . პოლიციელის მსგავსად, რომელსაც სამკერდე ნიშანი აქვს, ჩვენ არ ვდგავართ ჩვენს ძალებზე, არამედ **იესოს სახელითა** და ღვთის სიტყვით. როდესაც იესომ სატანა დაამარცხა უდაბნოში, ის არ ყვიროდა, არ ტიროდა და არ პანიკაში იყო - მან უბრალოდ თქვა: „*დაწერილია*“.

ეს არის ყველა სულიერი ომის ნიმუში.

რატომ რჩება ბევრი ქრისტიანი დამარცხებული

1. **უმეცრება** - მათ არ იციან, რას ამბობს სიტყვა მათი ვინაობის შესახებ.
2. **დუმილი** - ისინი არ აცხადებენ ღვთის სიტყვას სიტუაციებში.
3. **შეუსაბამობა** - ისინი ცოდვის ციკლში ცხოვრობენ,

რაც ძირს უთხრის თავდაჯერებულობას და წვდომას.

გამარჯვება არ ნიშნავს უფრო ხმამაღლა ყვირილს; ეს ნიშნავს **უფრო ღრმა რწმენას** და **თამამად გამოცხადებას**.

ძალაუფლება მოქმედებაში – გლობალური ისტორიები

- **ნიგერია**: კულტიზმის ტყვეობაში მყოფი პატარა ბიჭი გადარჩა მას შემდეგ, რაც დედამისი გამუდმებით სცხებდა მის ოთახს და ყოველ ღამე კითხულობდა 91-ე ფსალმუნს.
- **ამერიკის შეერთებული შტატები**: ყოფილმა ვიკანმა ქალმა ჯადოქრობა მიატოვა მას შემდეგ, რაც კოლეგა თვეების განმავლობაში ყოველდღიურად, მის სამუშაო სივრცეში, ჩუმად აცხადებდა წმინდა წერილებს.
- **ინდოეთი**: მორწმუნემ ესაიას 54:17-ის ჭეშმარიტება გამოაცხადა, როდესაც მუდმივი შავი მაგიის თავდასხმები განიცადა — თავდასხმები შეწყდა და თავდამსხმელმა აღიარა.
- **ბრაზილია**: ქალი თვითმკვლელობის აზრებს ყოველდღიურად კითხულობდა რომაელთა 8-ე თავის კითხვით და ზებუნებრივ სიმშვიდეში დაიწყო სიარული.

სიტყვა ცოცხალია. მას არ სჭირდება ჩვენი სრულყოფილება, მხოლოდ ჩვენი რწმენა და აღსარება.

როგორ გამოვიყენოთ სიტყვა ომში

1. **დაიმახსოვრეთ წმინდა წერილის მონაკვეთები**, რომლებიც დაკავშირებულია ვინაობასთან, გამარჯვებასთან და დაცვასთან.

2. **ხმამაღლა წარმოთქვით სიტყვა** , განსაკუთრებით სულიერი შეტევების დროს.
3. **გამოიყენეთ ის ლოცვაში** , გამოაცხადეთ ღვთის აღთქმები სიტუაციებთან დაკავშირებით.
4. **იმარხულეთ + ილოცეთ** , სიტყვა თქვენი წამყვანის რანგში იყოს (მათე 17:21).

ომისთვის საფუძვლების წმინდა წერილები

- *2 კორინთელთა 10:3–5* – ციხესიმაგრეების დანგრევა
- *ესაია 54:17* – არც ერთი იარაღი, რომელიც შექმნილია, არ გაიმარჯვებს
- *ლუკა 10:19* – ძალაუფლება მტერზე
- *ფსალმუნი 91* – ღვთაებრივი დაცვა
- *გამოცხადება 12:11* – სისხლითა და მოწმობით დამარცხებულნი

ძირითადი ინფორმაცია

ღვთის სიტყვა თქვენს პირში ისეთივე ძლიერია, როგორც სიტყვა ღვთის პირში — როდესაც ის რწმენით არის წარმოთქმული.

რეფლექსიის ჟურნალი

- ვიცი თუ არა ჩემი სულიერი უფლებები, როგორც მორწმუნემ?
- რომელ წმინდა წერილებს ვეყრდნობი დღეს აქტიურად?
- დავუშვი თუ არა შიშს ან უმეცრებას ჩემი ავტორიტეტის ჩახშობის უფლება?

გაძლიერების ლოცვა

მამაო, გამიხილე თვალები ქრისტეში არსებული ავტორიტეტის მიმართ. მასწავლე შენი სიტყვის გამოყენება გაბედულად და რწმენით. სადაც შიშს ან

უმეცრებას დავუშვი მეფობა, მოვიდეს გამოცხადება. დღეს ვდგავარ, როგორც ღვთის შვილი, შეიარაღებული სულის მახვილით. ვიტყვი სიტყვას. გამარჯვებული ვიქნები. არ შემეშინდება მტრის - რადგან უფრო დიდია ის, ვინც ჩემშია. იესოს სახელით. ამინ.

დღე 1: სისხლის ხაზები და კარიბჭეები — ოჯახური ჯაჭვების გაწყვეტა

„ *ვენმა მამებმა შესცოდეს და აღარ არიან, ჩვენ კი მათ სასჯელს ვიღებთ"* - გოდება 5:7

შეიძლება გადარჩენილი იყო, მაგრამ შენს სისხლის ხაზს ისტორია აქვს - და სანამ ძველი აღთქმები არ დაირღვევა, ისინი აგრძელებენ ლაპარაკს.

ყველა კონტინენტზე არსებობს ფარული სამსხვერპლოები, წინაპრების შეთანხმებები, საიდუმლო აღთქმები და მემკვიდრეობით მიღებული უსამართლობები, რომლებიც აქტიური რჩება მანამ, სანამ მათ კონკრეტულად არ გადაწყდება. ის, რაც ბებია-ბაბუებით დაიწყო, შესაძლოა დღესაც ირჩევდეს დღევანდელი ბავშვების ბედს.

გლობალური გამოსახულებები

- **აფრიკა** – ოჯახის ღმერთები, ორაკულები, თაობათა ჯადოქრობა, სისხლიანი მსხვერპლშეწირვა.
- **აზია** – წინაპრების თაყვანისცემა, რეინკარნაციის კავშირები, კარმის ჯაჭვები.
- **ლათინური ამერიკა** - სანტერია, სიკვდილის სამსხვერპლოები, შამანური სისხლიანი ფიცი.
- **ევროპა** – მასონობა, წარმართული ფესვები, სისხლისმიერი შეთანხმებები.
- **ჩრდილოეთ ამერიკა** - ახალი ეპოქის მემკვიდრეობა, მასონური წარმომავლობა,

ოკულტური ობიექტები.

წყევლა გრძელდება მანამ, სანამ ვინმე არ წამოდგება და არ იტყვის: „აღარ!“

უფრო ღრმა მოწმობა – ფესვებიდან განკურნება

დასავლეთ აფრიკიდან ერთმა ქალმა, *„დიდი ექსპლოიტების“ მე-14 თავის წაკითხვის შემდეგ* , გააცნობიერა, რომ მისი ქრონიკული მუცლის მოშლა და აუხსნელი ტანჯვა დაკავშირებული იყო მისი ბაბუის, როგორც სალოცავის მღვდლის თანამდებობასთან. მან ქრისტე წლების წინ მიიღო, მაგრამ ოჯახურ აღთქმებს არასდროს იცავდა.

სამდღიანი ლოცვისა და მარხვის შემდეგ, იგი გალატელთა 3:13-ის გამოყენებით გარკვეული მემკვიდრეობის განადგურებისა და აღთქმების უარყოფისკენ აიძულეს. იმავე თვეში მან დაორსულდა და სრული ვადით გააჩინა შვილი. დღეს ის სხვებს ხელმძღვანელობს განკურნებისა და ხსნის მსახურებაში.

ლათინურ ამერიკაში კიდევ ერთმა მამაკაცმა, წიგნიდან *„ სიბნელის ძალაუფლებისგან განთავისუფლებულმა“* , თავისუფლება მასონობის წყევლის უარყოფის შემდეგ იპოვა, რომელიც მისი დიდი ბაბუისგან ფარულად გადაეცა. როდესაც მან დაიწყო ისეთი წმინდა წერილების გამოყენება, როგორიცაა ესაიას 49:24–26 და ხსნის ლოცვებით დაკავება, მისი ფსიქიკური ტანჯვა შეწყდა და მის სახლში სიმშვიდე აღდგა.

ეს ისტორიები დამთხვევა არ არის - ისინი მოქმედებაში ჭეშმარიტების დადასტურებაა.

სამოქმედო გეგმა - ოჯახის ინვენტარი

1. ჩამოწერეთ ყველა ცნობილი ოჯახური რწმენა, პრაქტიკა და კუთვნილება - რელიგიური, მისტიკური თუ საიდუმლო საზოგადოებები.
2. სთხოვე ღმერთს დაფარული სამსხვერპლოებისა და შეთანხმებების გამოცხადება.

3. ლოცვით გაანადგურეთ და გადააგდეთ ნებისმიერი ობიექტი, რომელიც დაკავშირებულია კერპთაყვანისმცემლობასთან ან ოკულტურ პრაქტიკებთან.
4. იჩქარეთ და გამოიყენეთ ქვემოთ მოცემული წმინდა წერილები სამართლებრივი საფუძვლის გადასალახად:
    ◦ *ლევიანები 26:40–42*
    ◦ *ესაია 49:24–26*
    ◦ *გალატელთა 3:13*

������� ��������� �� განაცხადი

- რა გავრცელებული ოჯახური ჩვეულებებია ხშირად უგულებელყოფილი, როგორც უვნებელი, მაგრამ შეიძლება სულიერად საშიში იყოს?
- სთხოვეთ წევრებს ანონიმურად (საჭიროების შემთხვევაში) გაუზიარონ ერთმანეთს ნებისმიერი სიზმარი, ობიექტი ან განმეორებადი ციკლები მათი სისხლის ხაზში.
- ჯგუფური ლოცვა უარის თქმის შესახებ — თითოეულ ადამიანს შეუძლია წარმოთქვას იმ ოჯახის ან საკითხის სახელი, რომელზეც უარის თქმაა საჭირო.

მსახურების ინსტრუმენტები: მოიტანეთ საცხებელი ზეთი. შესთავაზეთ ზიარება. უხელმძღვანელეთ ჯგუფს ჩანაცვლების აღთქმის ლოცვაში — თითოეული ოჯახის ხაზი ქრისტესთვის მიუძღვენით.

ძირითადი ინფორმაცია

ხელახლა დაბადება შენს სულს იხსნის. ოჯახური აღთქმების დარღვევა შენს ბედს იცავს.

რეფლექსიის ჟურნალი

- რა ხდება ჩემს ოჯახში? რა უნდა შეწყდეს ჩემში?
- არის თუ არა ჩემს სახლში ნივთები, სახელები ან ტრადიციები, რომლებიც უნდა მოვიშორო?
- რომელი კარები გააღეს ჩემმა წინაპრებმა, რომლებიც ახლა მე უნდა დავხურო?

განთავისუფლების ლოცვა

უფალო იესო, გმადლობ შენი სისხლისთვის, რომელიც უკეთეს რამეებს ლაპარაკობს. დღეს მე უარს ვამბობ ყოველ დაფარულ სამსხვერპლოზე, ოჯახურ აღთქმასა და მემკვიდრეობით მონობაზე. ვწყვეტ ჩემი სისხლის ხაზის ჯაჭვებს და ვაცხადებ, რომ ახალი ქმნილება ვარ. ჩემი სიცოცხლე, ოჯახი და ბედი ახლა მხოლოდ შენ გეკუთვნის. იესოს სახელით. ამინ.

დღე 2: სიზმრების შემოსევები — როდესაც ღამე ბრძოლის ველად იქცევა

„*ოცა ხალხს ეძინა, მოვიდა მისი მტერი, დათესა ღვარძლი ხორბალში და წავიდა*“ - მათე 13:25

ბევრისთვის უდიდესი სულიერი ომი სიფხიზლის დროს არ მიმდინარეობს - ეს ძილის დროს ხდება.

სიზმრები არ არის უბრალოდ ტვინის შემთხვევითი აქტივობა. ისინი სულიერი პორტალებია, რომელთა მეშვეობითაც ხდება გაფრთხილებების, თავდასხმების, შეთანხმებებისა და ბედისწერის გაცვლა. მტერი ძილს იყენებს ჩუმ ბრძოლის ველად შიშის, ვნების, დაბნეულობისა და შეფერხების დასათესად - და ეს ყველაფერი წინააღმდეგობის გარეშე, რადგან ადამიანების უმეტესობამ არ იცის ომის შესახებ.

გლობალური გამოსახულებები

- **აფრიკა** - სულიერი მეუღლეები, გველები, სიზმარში ჭამა, მასკარადები.
- **აზია** - წინაპრების შეხვედრები, სიკვდილის სიზმრები, კარმული ტანჯვა.
- **ლათინური ამერიკა** – ცხოველური დემონები, ჩრდილები, ძილის დამბლა.
- **ჩრდილოეთ ამერიკა** – ასტრალური პროექცია, უცხოპლანეტური სიზმრები, ტრავმის გამეორებები.
- **ევროპა** – გოთური გამოვლინებები, სექს-დემონები (ინკუბუსი/სუკკუბუსი), სულის ფრაგმენტაცია.

თუ სატანას შეუძლია თქვენი სიზმრების კონტროლი, მას შეუძლია გავლენა მოახდინოს თქვენს ბედზე.

ჩვენება - ღამის ტერორიდან მშვიდობამდე

დიდი ბრიტანეთიდან ჩამოსულმა ახალგაზრდა ქალმა წიგნის *„ყოფილი სატანისტი: ჯეიმსის გაცვლა“ წაკითხვის შემდეგ ელექტრონული ფოსტით მოგვწერა* . მან გააზიარა, თუ როგორ აწუხებდა წლების განმავლობაში სიზმრები, რომლებზეც დევნიდნენ, ძაღლების მიერ ნაკბენებს აძლევდნენ ან უცნობ მამაკაცებთან სძინავთ - რასაც რეალურ ცხოვრებაში ყოველთვის უკუსვლა მოჰყვებოდა. მისი ურთიერთობები ჩაიშალა, სამუშაო შესაძლებლობები გაქრა და ის მუდმივად დაღლილი იყო.

მარხვისა და იობის 33:14–18-ის მსგავსი წმინდა წერილების შესწავლის შედეგად, მან აღმოაჩინა, რომ ღმერთი ხშირად სიზმრებით საუბრობს — მაგრამ მტერიც ასე იქცევა. მან დაიწყო ზეთით თავის ცხება, გაღვიძებისთანავე ხმამაღლა უარყოფდა ბოროტ სიზმრებს და აწარმოებდა სიზმრების დღიურს. თანდათანობით მისი სიზმრები უფრო ნათელი და მშვიდი გახდა. დღეს ის ხელმძღვანელობს დახმარების ჯგუფს ახალგაზრდა ქალებისთვის, რომლებიც სიზმრების შეტევებით იტანჯებიან.

ნიგერიელმა ბიზნესმენმა, YouTube-ზე ჩვენების მოსმენის შემდეგ, მიხვდა, რომ მისი ოცნება, სადაც ყოველ ღამე საჭმელს მიირთმევდნენ, ჯადოქრობას უკავშირდებოდა. ყოველ ჯერზე, როცა სიზმარში საჭმელს მიირთმევდა, მის ბიზნესში ყველაფერი ცუდად მიდიოდა. მან ისწავლა სიზმარში საკვების დაუყოვნებლივ უარყოფა, ძილის წინ ენებზე ლოცვა და ახლა ამის ნაცვლად ღვთაებრივ სტრატეგიებსა და გაფრთხილებებს ხედავს.

სამოქმედო გეგმა - გააძლიერეთ თქვენი ღამის საათები

1. **დაძინებამდე:** ხმამაღლა წაიკითხეთ წმინდა წერილი. თაყვანისცემა. სცხეთ ზეთი თავზე.

2. **სიზმრების დღიური:** გაღვიძებისთანავე ჩაიწერეთ ყველა სიზმარი - კარგი იქნება თუ ცუდი. სთხოვეთ სულიწმიდას განმარტება.
3. **უარყოფა და უარის თქმა:** თუ სიზმარი სექსუალურ აქტივობას, გარდაცვლილ ნათესავებს, ჭამას ან მონობას ეხება - დაუყოვნებლივ უარი თქვით მასზე ლოცვაში.
4. **წმინდა წერილის ომი:**
   - *ფსალმუნი 4:8* — მშვიდი ძილი
   - *იობი 33:14–18* — ღმერთი სიზმრებით საუბრობს
   - *მათე 13:25* — მტერი თესავს სარეველა
   - *ესაია 54:17* — შენს წინააღმდეგ არანაირი იარაღი არ არის შექმნილა

ჯგუფური განაცხადი

- ანონიმურად გააზიარეთ ბოლოდროინდელი სიზმრები. მიეცით ჯგუფს საშუალება, გაარჩიონ კანონზომიერებები და მნიშვნელობები.
- ასწავლეთ წევრებს, თუ როგორ უარყონ ბოროტი სიზმრები სიტყვიერად და როგორ დააფიქსირონ კარგი სიზმრები ლოცვაში.
- ჯგუფური დეკლარაცია: „იესოს სახელით, ჩვენ ვკრძალავთ დემონურ ტრანზაქციებს ჩვენს სიზმრებში!“

სამინისტროს ინსტრუმენტები:

- თან იქონიეთ ფურცელი და კალამი სიზმრების დღიურის ჩასაწერად.
- აჩვენეთ, თუ როგორ უნდა სცხოთ სახლი და საწოლი.
- შესთავაზეთ ზიარება, როგორც აღთქმის ბეჭედი ღამისთვის.

ძირითადი ინფორმაცია

სიზმრები ან ღვთაებრივი შეხვედრების კარიბჭეა, ან დემონური ხაფანგები. გარჩევის უნარი მთავარია.

რეფლექსიის ჟურნალი

- რა სახის სიზმრები მაქვს მუდმივად ნანახი?
- გამოვნახო თუ არა დრო ჩემს სიზმრებზე ფიქრისთვის?
- ნუთუ ჩემი სიზმრები მაფრთხილებდნენ რაიმეზე, რაც უგულებელვყავი?

ღამის გუშაგის ლოცვა

მამაო, შენ გიძღვნი ჩემს სიზმრებს. ნურავინ შემოაღწევს ბოროტ ძალას ჩემს ძილში. უარვყოფ ყოველგვარ დემონურ შეთანხმებას, სექსუალურ შებილწვას ან მანიპულირებას ჩემს სიზმრებში. ძილის დროს ვიღებ ღვთაებრივ ვიზიტს, ზეციურ მითითებებს და ანგელოზების დაცვას. დაე, ჩემი ღამეები სავსე იყოს მშვიდობით, გამოცხადებითა და ძალით. იესოს სახელით, ამინ.

დღე 3: სულიერი მეუღლეები - უწმინდური კავშირები, რომლებიც აკავშირებენ ბედს

„*ადგან შენი შემოქმედია შენი ქმარი - ყოვლისშემძლე უფალი არის მისი სახელი...*“ — ესაია 54:5

„*ისინი თავიანთ ვაჟებსა და ასულებს ეშმაკებს სწირავდნენ.*“ — ფსალმუნი 106:37

მიუხედავად იმისა, რომ ბევრი ქორწინებაში გარღვევას ითხოვს, ისინი ვერ აცნობიერებენ, რომ ისინი უკვე **სულიერ ქორწინებაში იმყოფებიან** — ისეთ ქორწინებაში, რომელზეც არასდროს მიუციათ თანხმობა.

ეს არის **აღთქმები, რომლებიც დადებულია სიზმრების, სექსუალური ძალადობის, სისხლის რიტუალების, პორნოგრაფიის, წინაპრების ფიცის ან დემონური გადაცემის გზით** . სულიერი მეუღლე - ინკუბუსი (მამრობითი სქესის) ან სუკუბუსი (მდედრობითი სქესის) - იღებს ადამიანის სხეულზე, ინტიმურობასა და მომავალზე კანონიერ უფლებას, ხშირად ბლოკავს ურთიერთობებს, ანგრევს სახლებს, იწვევს მუცლის მოშლას და ხელს უწყობს დამოკიდებულების განვითარებას.

გლობალური გამოვლინებები

- **აფრიკა** – ზღვის სულები (მამი ვატა), სულიერი ცოლები/ქმრები წყლის სამეფოებიდან.
- **აზია** - ზეციური ქორწინებები, კარმული სულის მეწყვილეების წყევლა, რეინკარნირებული

მეუღლეები.

- **ევროპა** – ჯადოქრების გაერთიანებები, მასონობის ან დრუიდის ფესვების მქონე დემონური შეყვარებულები.
- **ლათინური ამერიკა** – სანტერიის ქორწინებები, სასიყვარულო შელოცვები, პაქტზე დაფუძნებული „სულიერი ქორწინებები".
- **ჩრდილოეთ ამერიკა** - პორნოგრაფიით გამოწვეული სულიერი პორტალები, ახალი ეპოქის სექსუალური სულები, უცხოპლანეტელების მიერ გატაცებები, როგორც ინკუბუსთან შეხვედრების გამოვლინებები.

რეალური ისტორიები – ბრძოლა ქორწინების თავისუფლებისთვის

ტოლუ, ნიგერია

ტოლუ 32 წლის იყო და მარტოხელა. ყოველ ჯერზე, როცა ნიშნობდა, მამაკაცი მოულოდნელად ქრებოდა. ის გამუდმებით ოცნებობდა რთულ ცერემონიებზე დაქორწინებაზე. *„დიდი ექსპლოიტები 14" -ში* მან მიხვდა, რომ მისი საქმე ემთხვეოდა იქ წარმოდგენილ ჩვენებას. მან სამდღიანი მარხვა და ღამის საომარი ლოცვები შეასრულა შუაღამისას, რითაც გაწყვიტა სულთან კავშირები და განდევნა ზღვის სული, რომელმაც ის დაიპყრო. დღეს ის დაქორწინებულია და სხვებს კონსულტაციებს უწევს.

ლინა, ფილიპინები

ლინა ხშირად გრძნობდა ღამით „დასწრებას". ეგონა, რომ რაღაცას წარმოიდგენდა, სანამ ფეხებსა და ბარძაყებზე ყოველგვარი ახსნა-განმარტების გარეშე სილურჯეები არ გაუჩნდა. მისმა მოძღვარმა სულიერი მეუღლე შენიშნა. მან აღიარა, რომ წარსულში აბორტი და პორნოგრაფიისადმი დამოკიდებულება ჰქონდა, შემდეგ კი განთავისუფლება განიცადა. ახლა ის ახალგაზრდა

ქალებს ეხმარება თავის თემში მსგავსი ტენდენციების იდენტიფიცირებაში.

სამოქმედო გეგმა – შეთანხმების დარღვევა

1. **აღიარეთ** და მოინანიეთ სექსუალური ცოდვები, სულიერ კავშირები, ოკულტური გამოვლინებები ან წინაპრების რიტუალები.
2. ლოცვაში **უარყავით ყველა სულიერი ქორწინება — სახელით, თუ ეს გამოცხადდება.**
3. **იმარხულეთ** 3 დღის განმავლობაში (ან როგორც ხელმძღვანელობთ) ესაიას 54-ე თავისა და ფსალმუნის 18-ე მუხლის საფუძვლებად.
4. **გაანადგურეთ** ფიზიკური ნიშნები: ბეჭდები, ტანსაცმელი ან საჩუქრები, რომლებიც დაკავშირებულია წარსულ საყვარლებთან ან ოკულტურ კავშირებთან.
5. **ხმამაღლა გამოაცხადეთ** :

მე არ ვარ დაქორწინებული არცერთ სულზე. მე იესო ქრისტესთან ვარ დადებული აღთქმა. უარვყოფ ჩემს სხეულში, სულსა და სულში არსებულ ყოველგვარ დემონურ კავშირს!

წმინდა წერილის ხელსაწყოები

- ესაია 54:4–8 – ღმერთი, როგორც შენი ნამდვილი ქმარი
- ფსალმუნი 18 – სიკვდილის თოკების გაწყვეტა
- 1 კორინთელთა 6:15–20 – თქვენი სხეული უფლისაა
- ოსია 2:6–8 – უღვთო აღთქმების დარღვევა

ჯგუფური განაცხადი

- ჰკითხეთ ჯგუფის წევრებს: ოდესმე გქონიათ სიზმრები ქორწილებზე, უცნობებთან სექსზე ან ღამით ჩრდილოვან ფიგურებზე?

- უხელმძღვანელეთ ჯგუფურ ჯგუფს, რომელიც უარყოფს სულიერ მეუღლეებს.
- როლური თამაში „განქორწინების სასამართლო ზეცაში“ — თითოეული მონაწილე ლოცვით წარადგენს სულიერ განქორწინების მოთხოვნას ღმერთის წინაშე.
- გამოიყენეთ საცხებელი ზეთი თავზე, მუცელსა და ტერფებზე, როგორც განწმენდის, გამრავლებისა და მოძრაობის სიმბოლოები.

ძირითადი ინფორმაცია

დემონური ქორწინებები რეალურია. მაგრამ არ არსებობს სულიერი კავშირი, რომლის დარღვევაც იესოს სისხლით ვერ მოხერხდება.

რეფლექსიის ჟურნალი

- განმეორებით მინახავს ქორწინების ან სექსის სიზმრები?
- ჩემს ცხოვრებაში არის თუ არა უარყოფის, დაგვიანების ან აბორტის ნიმუშები?
- მზად ვარ სრულად ჩავაბარო ჩემი სხეული, სექსუალობა და მომავალი ღმერთს?

ხსნის ლოცვა

ზეციერო მამაო, მე ვინანიებ ყოველ სექსუალურ ცოდვას, ცნობილს თუ უცნობს. უარვყოფ და ვაღიარებ ყველა სულიერ მეუღლეს, ზღვის სულს ან ოკულტურ ქორწინებას, რომელიც ჩემს სიცოცხლეს ითვისებს. იესოს სისხლის ძალით ვარღვევ ყოველ აღთქმას, ოცნების თესლს და სულის კავშირს. ვაცხადებ, რომ ვარ ქრისტეს პატარძალი, მისი დიდებისთვის გამოყოფილი. თავისუფლად დავდივარ იესოს სახელით. ამინ.

დღე 4: დაწყევლილი საგნები – კარები, რომლებიც ბილწავენ

> "რც სიბილწე შეიტანო სახლში, რათა შენც მის მსგავსად არ დაწყევლილხარ" - მეორე რჯული 7:26

ფარული ჩანაწერი, რომელსაც ბევრი უგულებელყოფს

ყველა ნივთი უბრალოდ ნივთი არ არის. ზოგი რამ ისტორიას ატარებს. ზოგი კი სულებს. დაწყევლილი ნივთები მხოლოდ კერპები ან არტეფაქტები არ არის - ისინი შეიძლება იყოს წიგნები, სამკაულები, ქანდაკებები, სიმბოლოები, საჩუქრები, ტანსაცმელი ან თუნდაც მემკვიდრეობით მიღებული რელიქვიები, რომლებიც ოდესღაც ბნელ ძალებს ეძღვნებოდა. ის, რაც თქვენს თაროზე, მაჯაზე, კედელზეა, შეიძლება თქვენს ცხოვრებაში ტანჯვის შესასვლელი წერტილი იყოს.

გლობალური დაკვირვებები

- **აფრიკა**: კალაბასები, თილისმები და სამაჯურები, რომლებიც მიბმული იყო ჯადოქრებთან ან წინაპრების თაყვანისცემასთან.
- **აზია**: ამულეტები, ზოდიაქოს ქანდაკებები და ტაძრის სუვენირები.
- **ლათინური ამერიკა**: სანტერიას ყელსაბამები, თოჯინები, სანთლები სულების წარწერებით.
- **ჩრდილოეთ ამერიკა**: ტაროს კარტები, უიჯას დაფები, სიზმრების დამჭერიები, საშინელებათა ჟანრის მემორაბილია.
- **ევროპა**: წარმართული რელიქვიები, ოკულტური

წიგნები, ჯადოქრების თემატიკის აქსესუარები.

ევროპაში მცხოვრებმა წყვილმა ბალიში შვებულებიდან დაბრუნების შემდეგ უეცარი ავადმყოფობა და სულიერი ჩაგვრა განიცადა. მათ არ იცოდნენ, რომ მათ ადგილობრივი ზღვის ღვთაებისადმი მიძღვნილი ქანდაკება იყიდეს. ლოცვისა და გამჭრიახობის შემდეგ, ისინი ამოიღეს ნივთი და დაწვეს. სიმშვიდე მაშინვე აღდგა.

კიდევ ერთი ქალი, რომელიც *„დიდი ექსპლოიტების"* ჩვენებებიდან იყო, აუხსნელ კოშმარებს იხსენებდა, სანამ არ გაირკვა, რომ მისი დეიდისგან ნაჩუქარი ყელსაბამი სინამდვილეში სულიერი მონიტორინგის მოწყობილობა იყო, რომელიც სალოცავში იყო ნაკურთხი.

სახლს მხოლოდ ფიზიკურად კი არა, სულიერადაც უნდა ასუფთავებდე.

ჩვენება: „თოჯინა, რომელიც მიყურებდა"

ლურდ ვალდივიამ, რომლის ისტორიაც სამხრეთ ამერიკიდან ადრე განვიხილეთ, ერთხელ ოჯახური ზეიმის დროს ფაიფურის თოჯინა მიიღო. დედამისმა ის ოკულტური რიტუალით აკურთხა. იმ ღამიდან, როდესაც თოჯინა მის ოთახში შეიყვანეს, ლურდსმა ხმები გაიგო, ძილის დამბლა განიცადა და ღამით ფიგურები დაინახა.

მხოლოდ მას შემდეგ, რაც ქრისტიანმა მეგობარმა მასთან ერთად ილოცა და სულიწმინდამ თოჯინის წარმომავლობა გაუმხილა, მან ის მოიშორა. დემონური ძალა მაშინვე წავიდა. ამან დაიწყო მისი გამოღვიძება - ჩაგვრიდან ხსნამდე.

სამოქმედო გეგმა – სახლისა და გულის აუდიტი

1. **გაიარეთ** თქვენი სახლის ყველა ოთახი საცხებელი ზეთითა და სიტყვით.
2. **სთხოვეთ სულიწმინდას,** გამოკვეთოს ის საგნები ან ნიჭი, რომლებიც ღვთისგან არ არის.
3. **დაწვით ან გადააგდეთ** ის ნივთები, რომლებიც

დაკავშირებულია ოკულტიზმით, კერპთაყვანისმცემლობით ან უზნეობით.

4. **დახურეთ ყველა კარი** ისეთი წმინდა წერილებით, როგორიცაა:
    - *მეორე რჯული 7:26*
    - *საქმეები 19:19*
    - *2 კორინთელთა 6:16–18*

ჯგუფური დისკუსია და გააქტიურება

- გაგვიზიარეთ ნებისმიერი ნივთი ან საჩუქარი, რომელიც ოდესღაც გქონდათ და რომელმაც უჩვეულო გავლენა მოახდინა თქვენს ცხოვრებაზე.
- ერთად შეადგინეთ „სახლის დასუფთავების საკონტროლო სია“.
- დაავალეთ პარტნიორებს, რომ ერთმანეთის სახლში ილოცონ (ნებართვით).
- მოიწვიეთ ადგილობრივი განმათავისუფლებელი მსახური, რომ წაიკითხოს წინასწარმეტყველური სახლის განწმენდის ლოცვა.

მსახურების ინსტრუმენტები: საცხებელი ზეთი, ღვთისმსახურების მუსიკა, ნაგვის პარკები (ნამდვილი გადასაგდებად) და ცეცხლგამძლე კონტეინერი განადგურებადი ნივთებისთვის.

ძირითადი ინფორმაცია

ის, რასაც თქვენს სივრცეში უშვებთ, შეიძლება სულების თქვენს ცხოვრებაში შემოსვლის უფლებამოსილებას ანიჭებდეს.

რეფლექსიის ჟურნალი

- ჩემს სახლში ან გარდერობში არსებულ რომელ ნივთებს აქვთ გაურკვეველი სულიერი წარმოშობა?
- სენტიმენტალური ღირებულების გამო რამეს შევინარჩუნე, რისგანაც ახლა უნდა

გავთავისუფლდე?

- მზად ვარ, ჩემი ადგილი სულიწმიდისთვის განვწმინდო?

განწმენდის ლოცვა

უფალო იესო, მე მოვუწოდებ შენს წმინდა სულს, გამოავლინოს ჩემს სახლში ყველაფერი, რაც შენგან არ არის. მე უარს ვამბობ ყოველ დაწყევლილ საგანზე, საჩუქარზე ან ნივთზე, რომელიც სიბნელესთან იყო დაკავშირებული. მე ვაცხადებ ჩემს სახლს წმინდა მიწად. დაე, შენი მშვიდობა და სიწმინდე დამკვიდრდეს აქ. იესოს სახელით. ამინ.

დღე 5: მოხიბლული და მოტყუებული — მკითხაობის სულისგან გათავისუფლება

„ესენი უზენაესი ღმერთის მონები არიან, რომლებიც გვაუწყებენ ხსნის გზას." — *საქმეები 16:17 (NKJV)*

„მაგრამ პავლე, ძალიან გაღიზიანებული, მიუბრუნდა და უთხრა სულს: „გიბრძანებ იესო ქრისტეს სახელით, გამოხვიდე მისგან." და გამოვიდა იმავე საათში." — *საქმეები 16:18*

წინასწარმეტყველებასა და მკითხაობას შორის ზღვარი ძალიან თხელია — და დღეს ბევრი მას ისე კვეთს, რომ ამის შესახებ არც კი იცის.

YouTube-ის წინასწარმეტყველებიდან დაწყებული, რომლებიც „პირად სიტყვებს" ითხოვენ, სოციალური მედიის ტაროს მკითხველებით დამთავრებული, რომლებიც წმინდა წერილებს ციტირებენ, მსოფლიო სულიერი ხმაურის ბაზარად იქცა. სამწუხაროდ, ბევრი მორწმუნე უნებლიედ დაბინძურებული ნაკადულებიდან სვამს.

მკითხაობის სული წმინდა სულს ბაძავს. ის აპატიებს, აცდუნებს, მანიპულირებს ემოციებზე და კონტროლის ქსელში ახვევს თავის მსხვერპლს. მისი მიზანია **სულიერად ჩათრეული, მოტყუებული და დამონებული.**

მკითხაობის გლობალური გამოხატულებები

- **აფრიკა** – ორაკულები, იფას მღვდლები, წყლის სულების მედიუმები, წინასწარმეტყველური

თაღლითები.

- **აზია** – პალმის მკითხველები, ასტროლოგები, წინაპრების მხილველები, რეინკარნაციის „წინასწარმეტყველები“.
- **ლათინური ამერიკა** - სანტერიის წინასწარმეტყველები, შელოცვების შემქმნელები, ბნელი ძალების მქონე წმინდანები.
- **ევროპა** – ტაროს კარტი, ნათელხილვა, საშუალო წრეები, ახალი ეპოქის არხინგი.
- **ჩრდილოეთ ამერიკა** – „ქრისტიანი“ ექსტრასენსები, ნუმეროლოგია ეკლესიებში, ანგელოზების ბარათები, სულიწმიდის სახით შენიღბული სულიერი მეგზურები.

საშიში არა მხოლოდ ისაა, რასაც ამბობენ, არამედ მათ უკან მდგომი **სულიც** .

მოწმობა: ნათელმხილველიდან ქრისტემდე

ამერიკელმა ქალმა YouTube-ზე ჩვენება მისცა, თუ როგორ გადაიქცა „ქრისტიანი წინასწარმეტყველიდან“ იმ დასკვნამდე, რომ მკითხაობის სულის ქვეშ მოქმედებდა. მან ხილვები ნათლად დაინახა, დეტალური წინასწარმეტყველური სიტყვები წარმოთქვა და ინტერნეტში დიდი რაოდენობით ხალხი მიიზიდა. თუმცა, ის ასევე ებრძოდა დეპრესიას, კოშმარებს და ყოველი სესიის შემდეგ ჩურჩულით მოსმენილ ხმებს.

საქმეების 16-ე თავის სწავლების ყურებისას , სასწორი ჩამოვარდა. მიხვდა, რომ არასდროს დამორჩილებია სულიწმიდას - მხოლოდ თავის ნიჭს. ღრმა მონანიებისა და ხსნის შემდეგ, მან გაანადგურა ანგელოზების ბარათები და რიტუალებით სავსე მარხვის დღიური. დღეს ის ქადაგებს იესოს და არა „სიტყვებს“.

მოქმედების გეგმა - სულების გამოცდა

1. **ქრისტესკენ** მიზიდავს თუ იმ **ადამიანისკენ** , **ვინც**

მას მაძლევს?

2. გამოსცადეთ ყოველი სული *1 იოანეს 4:1–3-ის მიხედვით.*
3. მოინანიეთ ნებისმიერი მონაწილეობა ექსტრასენსულ, ოკულტურ ან ცრუ წინასწარმეტყველურ პრაქტიკებში.
4. გაწყვიტეთ ყველა სულიერი კავშირი ცრუ წინასწარმეტყველებთან, მკითხავებთან ან ჯადოქრობის ინსტრუქტორებთან (მათ შორის ონლაინ რეჟიმშიც კი).
5. გაბედულად განაცხადეთ:

„მე უარვყოფ ყოველ მატყუარა სულს. მე მხოლოდ იესოს ვეკუთვნი. ჩემი ყურები მის ხმაზეა მიპყრობილი!"

ჯგუფური განაცხადი

- განიხილეთ: ოდესმე მიგიყოლიათ წინასწარმეტყველი ან სულიერი მოძღვარი, რომელიც მოგვიანებით ცრუ აღმოჩნდა?
- ჯგუფური სავარჯიშო: უბიძგეთ წევრებს, უარი თქვან კონკრეტულ პრაქტიკებზე, როგორიცაა ასტროლოგია, სულის კითხვა, ექსტრასენსორული თამაშები ან სულიერი გავლენიანი პირები, რომლებიც ქრისტეში არ არიან ფესვგადგმული.
- მოიწვიე სულიწმინდა: გამოყავით 10 წუთი დუმილისა და მოსმენისთვის. შემდეგ გაუზიარეთ სხვებს, თუ ღმერთი გვიმხელს.
- მკითხაობასთან დაკავშირებული ციფრული/ფიზიკური ნივთების, მათ შორის წიგნების, აპლიკაციების, ვიდეოების ან ჩანაწერების დაწვა ან წაშლა.

მსახურების ინსტრუმენტები:

ხსნის ზეთი, ჯვარი (მორჩილების სიმბოლო), ურნა/ვედრო სიმბოლური ნივთების გადასაყრელად, სულიწმინდაზე ორიენტირებული თაყვანისცემის მუსიკა.

ძირითადი ინფორმაცია

ყველა ზებუნებრივი რამ ღვთისგან არ არის. ჭეშმარიტი წინასწარმეტყველება ქრისტესთან სიახლოვიდან მომდინარეობს და არა მანიპულაციებიდან ან სანახაობიდან.

რეფლექსიის ჟურნალი

- ოდესმე მიმიზიდავს თუ არა ექსტრასენსორული ან მანიპულაციური სულიერი პრაქტიკები?
- უფრო მეტად ვარ დამოკიდებული „სიტყვებზე", ვიდრე ღვთის სიტყვაზე?
- რომელი ხმების მოსმენა მივეცი, რომელთა გაჩუმება ახლა აუცილებელია?

����� �����

მამაო, მე ვეთანხმები მკითხაობის, მანიპულირებისა და ცრუ წინასწარმეტყველების ყველა სულს. ვნანობ, რომ შენი ხმისგან დამოუკიდებლად ვეძებ მიმართულებას. განმწმინდე ჩემი გონება, ჩემი სული და ჩემი სული. მასწავლე მხოლოდ შენი სულით სიარული. ვხურავ ყველა კარს, რომელიც ოკულტიზმისთვის გავხსენი, შეგნებულად თუ შეუცნობლად. ვაცხადებ, რომ იესო ჩემი მწყემსია და მხოლოდ მის ხმას ვისმენ. იესოს ძლევამოსილი სახელით, ამინ.

დღე 6: თვალის კარიბჭე – სიბნელის პორტალების დახურვა

„ხეულის სანთელი თვალია. თუ შენი თვალები სუფთაა, მთელი შენი სხეულიც ნათელი იქნება."
— მათე 6:22 (NIV)

„არაფერ ბოროტს არ დავიდგამ ჩემს თვალწინ..." —
ფსალმუნი 101:3 (KJV)

სულიერ სამყაროში **თქვენი თვალები კარიბჭეებია.** ის, რაც თქვენი თვალებიდან შემოდის, გავლენას ახდენს თქვენს სულზე - სიწმინდისკენ თუ დაბინძურებისკენ. მტერმა ეს იცის. სწორედ ამიტომ გახდა მედია, სურათები, პორნოგრაფია, საშინელებათა ფილმები, ოკულტური სიმბოლოები, მოდის ტენდენციები და მაცდური შინაარსი ბრძოლის ველად.

შენი ყურადღებისთვის ომი შენი სულისთვის ომია.

ის, რასაც ბევრი „უწყინარ გართობად" მიიჩნევს, ხშირად კოდირებული მოწვევაა — ვნებისკენ, შიშისკენ, მანიპულირებისკენ, სიამაყისკენ, ამპარტავნებისკენ, აჯანყებისკენ ან თუნდაც დემონური მიჯაჭვულობისკენ.

ვიზუალური სიბნელის გლობალური კარიბჭეები

- **აფრიკა** - რიტუალური ფილმები, ნოლივუდის თემები, რომლებიც ჯადოქრობასა და პოლიგამიას ნორმალიზებს.
- **აზია** – ანიმე და მანგა სულიერი პორტალებით, მაცდური სულებით, ასტრალური მოგზაურობით.
- **ევროპა** – გოთური მოდა, საშინელებათა ფილმები, ვამპირებით შეპყრობილობა, სატანური

ხელოვნება.

- **ლათინური ამერიკა** – ტელენოველები, რომლებიც ადიდებენ ჯადოქრობას, წყევლას და შურისძიებას.
- **ჩრდილოეთ ამერიკა** - მეინსტრიმული მედია, მუსიკალური ვიდეოები, პორნოგრაფია, „საყვარელი“ დემონური მულტფილმები.

რასაც გამუდმებით უყურებ, მის მიმართ დესენსიბილიზაციას განიცდი.

მოთხრობა: „მულტფილმი, რომელმაც ჩემი შვილი დაწყევლა“

აშშ-ში მცხოვრებმა დედამ შენიშნა, რომ მისი 5 წლის შვილი ღამით კივილს და შემაშფოთებელ სურათებს ხატავდა. ლოცვის შემდეგ, სულიწმინდამ მას მულტფილმი მიანიშნა, რომელსაც მისი შვილი ფარულად უყურებდა — მულტფილმი სავსე იყო შელოცვებით, მოლაპარაკე სულებითა და სიმბოლოებით, რომლებიც მას არ შეუმჩნევია.

მან წაშალა შოუები და სახლი და ეკრანები სცხო. რამდენიმე ღამის შუაღამის ლოცვისა და 91-ე ფსალმუნის წაკითხვის შემდეგ, შეტევები შეწყდა და ბიჭმა მშვიდად დაიწყო ძილი. ახლა ის ხელმძღვანელობს დამხმარე ჯგუფს, რომელიც მშობლებს ეხმარება შვილების ვიზუალური კარიბჭის დაცვაში.

სამოქმედო გეგმა – თვალის კარიბჭის გაწმენდა

1. ჩაატარეთ **მედია აუდიტი** : რას უყურებთ? კითხულობთ? სქროლავთ?
2. გააუქმეთ გამოწერები ან პლატფორმები, რომლებიც თქვენი რწმენის ნაცვლად თქვენს ხორცს კვებავს.
3. სცხეთ თვალებსა და ეკრანებს და გამოაცხადეთ ფსალმუნი 101:3.
4. ნაგავი ღვთისმოსავი რჩევით ჩაანაცვლეთ —

დოკუმენტური ფილმებით, თაყვანისცემით, სუფთა გართობით.
5. გამოაცხადეთ:

„არაფერ საძაგელს არ დავიდგამ თვალწინ. ჩემი ხილვა ღმერთს ეკუთვნის."

ჯგუფური განაცხადი

- გამოწვევა: 7-დღიანი თვალის კარიბჭის სწრაფი აღდგენა — ტოქსიკური მედიის გარეშე, უსაქმური გადახვევის გარეშე.
- გაზიარება: რომელი კონტენტის ყურება გითხრათ სულიწმინდამ, რომ შეწყვიტოთ?
- სავარჯიშო: დაადეთ ხელები თვალებზე და უარი თქვით ნებისმიერ შებილწვაზე, რომელიც ხილვით არის გამოწვეული (მაგ., პორნოგრაფია, საშინელებათა ლიტერატურა, ამაოება).
- აქტივობა: მოიწვიეთ წევრები, წაშალონ აპლიკაციები, დაწვან წიგნები ან გადააგდონ ის ნივთები, რომლებიც მათ მხედველობას აზიანებს.

ინსტრუმენტები: ზეითუნის ზეთი, ანგარიშვალდებულების აპლიკაციები, წმინდა წერილების სქრინსეივერები, თვალის კარიბჭის ლოცვის ბარათები.

ძირითადი ინფორმაცია

დემონებზე ძალაუფლებით ვერ ივლი, თუ ისინი გართობენ.

რეფლექსიის ჟურნალი

- რით ვაჭმევ თვალებს, რაც შესაძლოა ჩემს ცხოვრებაში სიბნელეს კვებავს?
- ბოლოს როდის ვიტირე იმაზე, რაც ღმერთს გულს ტკენს?
- მივეცი თუ არა სულიწმინდას სრული კონტროლი

ჩემს ეკრანთან გატარებულ დროზე?

სიწმინდის ლოცვა

უფალო იესო, გთხოვ, შენს სისხლს ჩამორეცხო ჩემი თვალები. მაპატიე იმისთვის, რაც ჩემი ეკრანების, წიგნებისა და წარმოსახვის საშუალებით შემოვუშვი. დღეს ვაცხადებ, რომ ჩემი თვალები სინათლისთვისაა და არა სიბნელისთვის. უარვყოფ ყოველგვარ ხატებას, ვნებას და გავლენას, რომელიც შენგან არ არის. განწმინდე ჩემი სული. დაიცავი ჩემი მზერა. და მაჩვენე ის, რასაც შენ ხედავ - სიწმინდითა და ჭეშმარიტებით. ამინ.

დღე 7: სახელების უკან მდგომი ძალა — უწმინდური ვინაობის უარყოფა

„?ა შეჰღაღადა იაბეცმა ისრაელის ღმერთს და უთხრა: „ნეტავ მაკურთხებდე...“ და ღმერთმა შეუსრულა მისი თხოვნა.“

— 1 მატიანე 4:10

„აღარ გერქვას აბრამი, არამედ აბრაამი...“ — *დაბადება 17:5*

სახელები მხოლოდ იარლიყები არ არის - ისინი სულიერი დეკლარაციებია. წმინდა წერილში სახელები ხშირად ასახავდა ბედისწერას, პიროვნებას ან თუნდაც მონობას. რაიმესთვის სახელის მინიჭება ნიშნავს მისთვის იდენტობისა და მიმართულების მინიჭებას. მტერი ამას ხვდება - სწორედ ამიტომ არის ბევრი ადამიანი გაუცნობიერებლად მოქცეული უმეცრების, ტკივილის ან სულიერი მონობის დროს მიცემული სახელების ქვეშ.

ისევე, როგორც ღმერთმა შეცვალა სახელები (აბრამი აბრაამად, იაკობი ისრაელად, სარაი სარად), ის კვლავ ცვლის ბედისწერას თავისი ხალხის სახელების შეცვლით.

სახელის დაბმის გლობალური კონტექსტები

- **აფრიკა** - ბავშვებს გარდაცვლილი წინაპრების ან კერპების სახელები ჰქვიათ („ოგბანჯე“, „დიკე“, „ იფუნანია “ მნიშვნელობებით არის დაკავშირებული).
- **აზია** - რეინკარნაციის სახელები დაკავშირებულია კარმულ ციკლებთან ან ღვთაებებთან.

- **ევროპა** – სახელები, რომლებიც წარმართულ ან ჯადოქრულ მემკვიდრეობასთანაა დაკავშირებული (მაგ., ფრეია, თორი, მერლინი).
- **ლათინური ამერიკა** – სანტერიის გავლენის მქონე სახელები, განსაკუთრებით სულიერი ნათლობების მეშვეობით.
- **ჩრდილოეთ ამერიკა** - სახელები აღებულია პოპკულტურიდან, აჯანყების მოძრაობებიდან ან წინაპრების მიძღვნიდან.

სახელებს მნიშვნელობა აქვთ — და მათ შეუძლიათ ძალაუფლების, კურთხევის ან მონობის მატარებელი იყვნენ.

ისტორია: „რატომ მომიწია ჩემი ქალიშვილისთვის სახელის შეცვლა“

„დიდი ექსპლოიტების“ მე-14 წიგნში ნიგერიელმა წყვილმა ქალიშვილს „ამაკა“ დაარქვა, რაც „ლამაზს“ ნიშნავს, თუმცა გოგონას იშვიათი დაავადება დაემართა, რამაც ექიმები გააოგნა. წინასწარმეტყველური კონფერენციის დროს დედამ გამოცხადება მიიღო: ამ სახელს ოდესღაც მისი ბებია, ჯადოქარი იყენებდა, რომლის სულიც ახლა ბავშვს იტაცებდა.

მათ მისი სახელი შეუცვალეს და „ ოლუვატამილორე “ (ღმერთმა დამლოცა) დაარქვეს, რასაც მოჰყვა მარხვა და ლოცვა. ბავშვი სრულად გამოჯანმრთელდა.

ინდოეთიდან კიდევ ერთი შემთხვევა ეხებოდა მამაკაცს, სახელად „კარმას“, რომელიც თაობათაშორის წყევლას ებრძოდა. ინდუისტურ კავშირებზე უარის თქმისა და სახელის „ჯონათანად“ შეცვლის შემდეგ, მან ფინანსური და ჯანმრთელობის პრობლემები განიცადა.

სამოქმედო გეგმა - თქვენი სახელის გამოკვლევა

1. გამოიკვლიეთ თქვენი სახელის სრული მნიშვნელობა - სახელი, მამის სახელი, გვარი.

2. ჰკითხეთ მშობლებს ან უფროსებს, რატომ დაარქვეს ეს სახელები.
3. უარი თქვით ლოცვაში ნეგატიურ სულიერ მნიშვნელობებზე ან მიძღვნებებზე.
4. გამოაცხადეთ თქვენი ღვთაებრივი ვინაობა ქრისტეში:

„მე ღვთის სახელით ვარ ცნობილი. ჩემი ახალი სახელი ზეცაშია დაწერილი" (გამოცხადება 2:17).

�������� ��������

- ჰკითხეთ წევრებს: რას ნიშნავს თქვენი სახელი? გქონიათ თუ არა მასთან დაკავშირებული სიზმრები?
- წარმოთქვით „სახელის დარქმევის ლოცვა" — წინასწარმეტყველურად გამოაცხადეთ თითოეული ადამიანის ვინაობა.
- ხელი დაადეთ მათ, ვისაც აღთქმებთან ან წინაპრების მონობასთან დაკავშირებული სახელებისგან გათავისუფლება სჭირდება.

ინსტრუმენტები: დაბეჭდეთ სახელის მნიშვნელობის ბარათები, მოიტანეთ საცხებელი ზეთი, გამოიყენეთ სახელის შეცვლის შესახებ წმინდა წერილები.

ძირითადი ინფორმაცია
შეუძლებელია შენი ნამდვილი ვინაობით იცხოვრო და ამავდროულად ყალბ ვინაობაზე პასუხი გასცე.

რეფლექსიის ჟურნალი

- რას ნიშნავს ჩემი სახელი — სულიერად და კულტურულად?
- ვგრძნობ, რომ ჩემს სახელთან თანხმობაში ვარ თუ მასთან კონფლიქტში?

- რა სახელს მიწოდებს ზეცა?

სახელის შეცვლის ლოცვა

მამაო, იესოს სახელით, გმადლობ შენ, რომ მომეცი ახალი ვინაობა ქრისტეში. მე ვწყვეტ ყოველგვარ წყევლას, აღთქმას ან დემონურ კავშირს, რომელიც დაკავშირებულია ჩემს სახელებთან. მე უარვყოფ ყოველ სახელს, რომელიც არ ემთხვევა შენს ნებას. მე ვიღებ სახელსა და ვინაობას, რომელიც ზეცამ მომცა - სავსე ძალით, მიზნითა და სიწმინდით. იესოს სახელით, ამინ.

დღე 8: ცრუ სინათლის გამოაშკარავება - ახალი ეპოქის ხაფანგები და ანგელოზური მოტყუებები

„?ა გასაკვირი არ არის! რადგან თავად სატანა იღებს ნათელ ანგელოზის სახეს.“ — 2 კორინთელთა 11:14

„საყვარელნო, ნუ ენდობით ყველა სულს, არამედ გამოსცადეთ სულები, რათა ნახოთ, ღვთისგან არიან თუ არა...“ — 1 იოანე 4:1

ყველა, ვინც ანათებს, ღმერთი არ არის.

დღევანდელ სამყაროში სულ უფრო მეტი ადამიანი ეძებს „სინათლეს“, „განკურნებას“ და „ენერგიას“ ღვთის სიტყვის გარეთ. ისინი მიმართავენ მედიტაციას, იოგას საკურთხევლებს, მესამე თვალის გააქტიურებას, წინაპრების გამოძახებას, ტაროს კითხვას, მთვარის რიტუალებს, ანგელოზურ არხებს და ქრისტიანულად ჟღერად მისტიციზმსაც კი. მოტყუება ძლიერია, რადგან ის ხშირად სიმშვიდეს, სილამაზეს და ძალას მოაქვს - თავიდან.

მაგრამ ამ მოძრაობების უკან დგანან მკითხაობის, ცრუ წინასწარმეტყველების სულები და უძველესი ღვთაებები, რომლებიც სინათლის ნიღაბს ატარებენ, რათა ადამიანების სულებზე კანონიერი წვდომა მოიპოვონ.

ცრუ სინათლის გლობალური გავრცელება

- **ჩრდილოეთ ამერიკა** – კრისტალები, სალბის გამწმენდი, მიზიდულობის კანონი, ექსტრასენსები,

უცხოპლანეტელების სინათლის კოდები.

- **ევროპა** - რებრენდირებული წარმართობა, ქალღმერთის თაყვანისცემა, თეთრი ჯადოქრობა, სულიერი ფესტივალები.
- **ლათინური ამერიკა** - სანტერია, რომელიც შერწყმულია კათოლიკე წმინდანებთან, სპირიტისტ მკურნალებთან (კურანდეროსებთან).
- **აფრიკა** – წინასწარმეტყველური ყალბი ვერსიები ანგელოზების სამსხვერპლოებისა და რიტუალური წყლის გამოყენებით.
- **აზია** – ჩაკრები, იოგას „განმანათლებლობა", რეინკარნაციის კონსულტაცია, ტაძრის სულები.

ამ პრაქტიკებმა შეიძლება დროებითი „სინათლე" შესთავაზოს, მაგრამ დროთა განმავლობაში ისინი სულს აბნელებენ.

მოწმობა: გათავისუფლება მატყუარა სინათლისგან

„დიდი ექსპლოიტების" მე-14 კლასებიდან მოყოლებული , მერსი (დიდი ბრიტანეთი) ანგელოზების სემინარებს ესწრებოდა და საკმევლის, კრისტალებისა და ანგელოზების ბარათების გამოყენებით „ქრისტიანულ" მედიტაციას ასრულებდა. მას სჯეროდა, რომ ღვთის სინათლეს ემსახურებოდა, მაგრამ მალევე ძილის დროს ხმები ესმოდა და ღამით აუხსნელი შიშის გრძნობა დაეწყო.

მისი ხსნა მაშინ დაიწყო, როდესაც ვიღაცამ მას ჯეიმსის ბირჟა აჩუქა *და მან* გააცნობიერა მსგავსება მის გამოცდილებასა და ყოფილი სატანისტის გამოცდილებას შორის, რომელიც ანგელოზების მოტყუებაზე საუბრობდა. მან მოინანია, გაანადგურა ყველა ოკულტური ობიექტი და სრული ხსნის ლოცვებს დაემორჩილა .

დღეს ის თამამად მოწმობს ეკლესიებში „ახალი ეპოქის“ მოტყუების წინააღმდეგ და სხვებსაც დაეხმარა მსგავსი გზების უარყოფაში.

მოქმედების გეგმა - სულების გამოცდა

1. **აღწერეთ თქვენი პრაქტიკები და შეხედულებები** - შეესაბამება ისინი წმინდა წერილს თუ უბრალოდ სულიერებას ჰგავს?
2. **უარი თქვით და გაანადგურეთ** ყველა ცრუ სინათლის მასალა: კრისტალები, იოგას სახელმძღვანელოები, ანგელოზების ბარათები, სიზმრების დამჭერი და ა.შ.
3. **ილოცეთ ფსალმუნის 119:105-ზე** — სთხოვეთ ღმერთს, რომ მისი სიტყვა თქვენი ერთადერთი სინათლე იყოს.
4. **გამოუცხადეთ ომი დაბნეულობას** — შებოჭეთ ნაცნობი სულები და ცრუ გამოცხადებები.

������� ���������

- **განიხილეთ** : თქვენ ან თქვენს ნაცნობს ხომ არ გაგიტაცებიათ ისეთი „სულიერი“ პრაქტიკები, რომლებიც იესოზე არ იყო ორიენტირებული?
- **როლური თამაში - გარჩევა** : წაიკითხეთ „სულიერი“ გამონათქვამების ამონარიდები (მაგ., „ენდე სამყაროს“) და შეადარეთ ისინი წმინდა წერილს.
- **ცხებისა და ხსნის სესია : დაამსხვრიეთ ცრუ სინათლისთვის განკუთვნილი სამსხვერპლოები და შეცვალეთ ისინი** *სამყაროს სინათლის* აღთქმით (იოანე 8:12).

სამინისტროს ინსტრუმენტები :

- საგნობრივი სწავლებისთვის თან იქონიეთ ახალი ეპოქის რეალური ნივთები (ან მათი ფოტოები).
- შესთავაზეთ ლოცვა ნაცნობი სულებისგან განთავისუფლებისთვის (იხილეთ საქმეები 16:16–18).

ძირითადი ინფორმაცია

სატანის ყველაზე საშიში იარაღი სიბნელე კი არა, ყალბი სინათლეა.

რეფლექსიის ჟურნალი

- სულიერი კარები გავაღე „მსუბუქი" სწავლებებით, რომლებიც წმინდა წერილში არ არის დაფუძნებული?
- სულიწმიდას ვენდობი თუ ინტუიციასა და ენერგიას?
- მზად ვარ, ღვთის ჭეშმარიტებისთვის ცრუ სულიერების ყველა ფორმა მივატოვო?

��������� �����

მამაო , ვნანობ ყველა იმ გზას, რომლითაც გავერთე ან ვურთიერთობდი ცრუ სინათლესთან. უარს ვამბობ ახალი ეპოქის ყველა ფორმაზე, ჯადოქრობასა და მატყუარა სულიერებაზე. ვწყვეტ ყოველგვარ კავშირს ანგელოზურ თაღლითებთან, სულიერ წინამძღოლებთან და ცრუ გამოცხადებასთან. ვიღებ იესოს, სამყაროს ჭეშმარიტ სინათლეს. ვაცხადებ, რომ არ მივყვები მხოლოდ შენს ხმას, იესოს სახელით. ამინ.

დღე 9: სისხლის სამსხვერპლო — აღთქმები, რომლებიც სიცოცხლეს მოითხოვენ

„?ა ააშენეს ბაალის მაღლობები... რათა თავიანთი ვაჟები და ასულები ცეცხლში გაეტარებინათ მოლექისთვის.“ — იერემია 32:35

„და სძლიეს მას კრავის სისხლით და თავიანთი მოწმობის სიტყვით...“ — გამოცხადება 12:11

არსებობს საკურთხევლები, რომლებიც არა მხოლოდ თქვენს ყურადღებას ითხოვენ - ისინი თქვენს სისხლს ითხოვენ.

უძველესი დროიდან დღემდე, სისხლის აღთქმები სიბნელის სამეფოს ძირითადი პრაქტიკა იყო. ზოგიერთი მათგანი შეგნებულად იდება ჯადოქრობის, აბორტის, რიტუალური მკვლელობების ან ოკულტური ინიციაციების მეშვეობით. სხვები მემკვიდრეობით მიიღება წინაპრების პრაქტიკიდან ან უნებლიეთ უერთდება სულიერი უმეცრების შედეგად.

სადაც არ უნდა დაიღვაროს უდანაშაულო სისხლი — იქნება ეს სალოცავებში, საძინებლებში თუ საკონფერენციო დარბაზებში — დემონური საკურთხეველი მეტყველებს.

ეს სამსხვერპლოები სიცოცხლეს იწირავენ, ბედისწერას წყვეტენ და დემონური ტანჯვისთვის კანონიერ საფუძველს ქმნიან.

სისხლის გლობალური საკურთხევლები

- **აფრიკა** – რიტუალური მკვლელობები, ფულის

რიტუალები, ბავშვების მსხვერპლშეწირვა, სისხლის ხელშეკრულებები დაბადებისას.
- **აზია** – ტაძრის სისხლის შესაწირავი, ოჯახური წყევლა აბორტის ან საომარი ფიცის მეშვეობით.
- **ლათინური ამერიკა** – სანტერია - ცხოველების მსხვერპლშეწირვა, მიცვალებულთა სულებისთვის სისხლის შეწირვა.
- **ჩრდილოეთ ამერიკა** – აბორტი-როგორც საიდუმლოს იდეოლოგია, დემონური სისხლიანი ფიცის დადების საძმოები.
- **ევროპა** - უძველესი დრუიდებისა და მასონების რიტუალები, მეორე მსოფლიო ომის ეპოქის სისხლისღვრის სამსხვერპლოები ჯერ კიდევ მოუნანიებელია.

ეს შეთანხმებები, თუ არ დაირღვება, ხშირად ციკლურად, სიცოცხლეს ითხოვს.

რეალური ისტორია: მამის თავგანწირვა

წიგნში *„სიბნელის ძალისგან განთავისუფლებული“* , ცენტრალური აფრიკიდან ჩამოსულმა ქალმა განთავისუფლების სესიის დროს აღმოაჩინა, რომ სიკვდილთან ხშირი შეხება მამამისის მიერ დადებულ სისხლიან ფიცს უკავშირდებოდა. მამამისმა მას სიცოცხლე დაჰპირდა მრავალწლიანი უშვილობის შემდეგ სიმდიდრის სანაცვლოდ.

მამის გარდაცვალების შემდეგ, მან ყოველწლიურად, დაბადების დღეზე, ჩრდილების დანახვა და თითქმის ფატალური შემთხვევების განცდა დაიწყო. მისი გარღვევა მაშინ მოხდა, როდესაც ყოველდღიურად საკუთარ თავზე ფსალმუნის 118:17-ის - *„არ მოვკვდები, არამედ ვიცოცხლებ...“* - გამოცხადება დაიწყო, რასაც მოჰყვებოდა განდგომილების ლოცვებისა და მარხვის სერია. დღეს ის ძლიერ შუამავლობით მსახურებას ხელმძღვანელობს.

კიდევ ერთი მონათხრობი „დიდი ექსპლოიტები 14"-დან აღწერს ლათინურ ამერიკაში მცხოვრებ მამაკაცს, რომელიც მონაწილეობდა ბანდის მიერ სისხლისღვრაში. წლების შემდეგ, ქრისტეს მიღების შემდეგაც კი, მისი ცხოვრება მუდმივ არეულობაში იყო - სანამ არ დაარღვია სისხლის აღთქმა ხანგრძლივი მარხვის, საჯარო აღსარებისა და წყალში ნათლობის გზით. ტანჯვა შეწყდა.

სამოქმედო გეგმა - სისხლის სამსხვერპლოების ჩახშობა

1. **მოინანიეთ** ნებისმიერი აბორტი, ფარული სისხლის შეთანხმებები ან მემკვიდრეობით სისხლისღვრა.
2. ხმამაღლა და სახელით **უარყავით ყველა ცნობილი და უცნობი სისხლის აღთქმა**.
3. **იმარხულეთ 3 დღის განმავლობაში** და მიიღეთ ყოველდღიური ზიარება, რითაც იესოს სისხლი თქვენს კანონიერ საფარველად გამოაცხადეთ.
4. **ხმამაღლა გამოაცხადეთ**:

„იესოს სისხლით ვარღვევ ყველა სისხლის აღთქმას, რომელიც ჩემი სახელით არის დადებული. მე გამოსყიდული ვარ!"

⁇⁇⁇⁇⁇⁇ ⁇⁇⁇⁇⁇⁇⁇⁇

- განიხილეთ განსხვავება ბუნებრივ სისხლისმიერ კავშირებსა და დემონურ სისხლის აღთქმებს შორის.
- სისხლის სამსხვერპლოების წარმოსადგენად გამოიყენეთ წითელი ლენტი/ძაფი, ხოლო წინასწარმეტყველურად გასაჭრელად - მაკრატელი.
- მოიწვიეთ ჩვენება იმ ადამიანისგან, ვინც სისხლით

დაკავშირებული ტყვეობისგან გათავისუფლდა.

სამინისტროს ინსტრუმენტები :

- ზიარების ელემენტები
- საცხებელი ზეთი
- მიწოდების დეკლარაციები
- სანთლის შუქზე საკურთხევლის გატეხვის ვიზუალური საშუალება, თუ შესაძლებელია

ძირითადი ინფორმაცია

სატანა სისხლით ვაჭრობს. იესომ შენი თავისუფლებისთვის თავისი თავისუფლებით ზედმეტი გადაიხადა.

რეფლექსიის ჟურნალი

- მე ან ჩემი ოჯახი მივიღეთ მონაწილეობა რაიმეში, რაც სისხლისღვრას ან ფიცს მოიცავდა?
- ჩემს სისხლის ხაზში ხშირია სიკვდილიანობა, მუცლის მოშლა ან ძალადობრივი სქემები?
- სრულად ვენდობი იესოს სისხლს, რომ უფრო ხმამაღლა ისაუბროს ჩემს ცხოვრებაზე?

ხსნის ლოცვა

უფალო იესო , გმადლობ შენი ძვირფასი სისხლისთვის, რომელიც აბელის სისხლზე უკეთესს მეტყველებს. ვნანობ სისხლის ნებისმიერ აღთქმას, რომელიც მე ან ჩემმა წინაპრებმა დავდეთ, შეგნებულად თუ შეუგნებლად. ახლა უარს ვამბობ მათზე. ვაცხადებ, რომ კრავის სისხლით ვარ დაფარული. დაე, ყოველი დემონური სამსხვერპლო, რომელიც ჩემს სიცოცხლეს მოითხოვს, გაჩუმდეს და დაიმსხვრეს. მე ცოცხალი ვარ, რადგან შენ ჩემთვის მოკვდი. იესოს სახელით, ამინ.

დღე 10: უნაყოფობა და მოტეხილობა — როდესაც საშვილოსნო ბრძოლის ველად იქცევა

„?ენს ქვეყანაში არავინ იქნება მუცელი და უშვილო; შენი დღეების რაოდენობას შევავსებ.“ — გამოსვლა 23:26

„უშვილო ქალს ოჯახს აძლევს და ბედნიერ დედად აქცევს. დიდება უფალს!“ — ფსალმუნი 113:9

უშვილობა სამედიცინო პრობლემაზე მეტია. ის შეიძლება იყოს სულიერი ციხესიმაგრე, რომელიც ღრმა ემოციურ, წინაპრულ და ტერიტორიულ ბრძოლებშიც კია ფესვგადგმული.

სხვადასხვა ერში, მტერი უნაყოფობას იყენებს ქალებისა და ოჯახების შესარცხვენად, იზოლირებისა და განადგურებისთვის. მიუხედავად იმისა, რომ ზოგიერთი მიზეზი ფიზიოლოგიურია, ბევრი მათგანი ღრმად სულიერია - დაკავშირებული თაობათა სამსხვერპლოებთან, წყევლასთან, სულიერ მეუღლეებთან, შეწყვეტილ ბედთან ან სულის ჭრილობებთან.

ყოველი უნაყოფო საშვილოსნოს უკან ზეცა დგას დაპირებით. თუმცა, ხშირად არსებობს ომი, რომელიც ჩასახვამდე უნდა წარმოიშვას - საშვილოსნოშიც და სულშიც.

უნაყოფობის გლობალური ნიმუშები

- **აფრიკა** – დაკავშირებულია პოლიგამიასთან,

წინაპრების წყევლასთან, სალოცავებთან დაკავშირებულ შეთანხმებებთან და სულიერ შვილებთან.

- **აზია** - კარმის რწმენა, წარსული ცხოვრების აღთქმები, თაობათა წყევლა, სირცხვილის კულტურა.
- **ლათინური ამერიკა** - ჯადოქრობით გამოწვეული საშვილოსნოს დახურვა, შურის შელოცვები.
- **ევროპა** – ხელოვნურ განაყოფიერებაზე ზედმეტი დამოკიდებულება, მასონობის მიერ ბავშვების მსხვერპლშეწირვა, აბორტის დროს დანაშაულის გრძნობა.
- **ჩრდილოეთ ამერიკა** - ემოციური ტრავმა, სულის ჭრილობები, მუცლის მოშლის ციკლები, ჰორმონების შემცვლელი მედიკამენტები.

������� ��������� - ცრემლებიდან ჩვენებებამდე

მარია ბოლივიიდან (**ლათინური ამერიკა**)

მარიას 5 მუცელი ჰქონდა გადატანილი. ყოველ ჯერზე ის ესიზმრებოდა, რომ ხელში მტირალი ბავშვი ეჭირა და მეორე დილით სისხლს ხედავდა. ექიმებს მისი მდგომარეობის ახსნა არ შეეძლოთ. „*დიდი ექსპლოიტების" ჩვენების წაკითხვის შემდეგ* , მან მიხვდა, რომ ბებიისგან მემკვიდრეობით უნაყოფობის საკურთხეველი ჰქონდა მიღებული, რომელმაც ყველა ქალის საშვილოსნო ადგილობრივ ღვთაებას მიუძღვნა.

მან 14 დღის განმავლობაში იმარხულა და 113-ე ფსალმუნს კითხულობდა. მისმა მოძღვარმა ზიარების გამოყენებით აღთქმის დარღვევაში უბიძგა. ცხრა თვის შემდეგ მან ტყუპები გააჩინა.

ნგოზი ნიგერიიდან (**აფრიკა**).

ნგოზი 10 წელი იყო დაქორწინებული და შვილი არ ჰყოლია. ხსნის ლოცვის დროს გაირკვა, რომ ის სულების სამყაროში საზღვაო ქმარზე იყო დაქორწინებული. ყოველ ოვულაციის ციკლში მას სექსუალური სიზმრები ენახა. შუაღამის ომის ლოცვების სერიის და წარსული ოკულტური ინიციაციის ნიშნობის ბეჭდის დაწვის წინასწარმეტყველური აქტის შემდეგ, მისი საშვილოსნო გაიხსნა.

სამოქმედო გეგმა - საშვილოსნოს გახსნა

1. **დაადგინეთ ფესვი** - წინაპრული, ემოციური, ოჯახური თუ სამედიცინო.
2. **მოინანიეთ წარსული აბორტები** , სულის კავშირები, სექსუალური ცოდვები და ოკულტური მიძღვნები.
3. **ყოველდღიურად სცხე შენს საშვილოსნო** და ამავდროულად გამოაცხადე გამოსვლის 23:26 და ფსალმუნის 113-ე მუხლები.
4. **იმარხულეთ** 3 **დღე** და ყოველდღიურად მიიღეთ ზიარება, უარყავით თქვენს საშვილოსნოზე მიბმული ყველა საკურთხეველი.
5. **ხმამაღლა ილაპარაკე** :

კურთხეულია ჩემი საშო. უარვყოფ უნაყოფობის ყოველგვარ აღთქმას. დაორსულდები და სრულ მშობიარობას მივაღწევ სულიწმიდის ძალით!

ჯგუფური განაცხადი

- მოიწვიეთ ქალები (და წყვილები), რათა უსაფრთხო, ლოცვით სავსე სივრცეში გაიზიარონ შეფერხების ტვირთი.
- გამოიყენეთ წითელი შარფები ან ქსოვილები, რომლებიც წელზე შეკრულია — შემდეგ კი წინასწარმეტყველურად გაიხსნება თავისუფლების ნიშნად.
- უხელმძღვანელეთ წინასწარმეტყველური „სახელის დარქმევის“ ცერემონიას — გამოაცხადეთ ბავშვები, რომლებიც ჯერ არ დაიბადებიან რწმენით .
- დაარღვიეთ სიტყვიერი წყევლა, კულტურული სირცხვილი და თვითსიძულვილი ლოცვის წრეებში.

სამინისტროს ინსტრუმენტები:

- ზეითუნის ზეთი (საშვილოსნოს სცხება)
- ზიარება
- მოსასხამები/შალები (სიმბოლოებს საფარს და სიახლეს)

ძირითადი ინფორმაცია

უნაყოფობა დასასრული არ არის — ეს მოწოდებაა ომისკენ, რწმენისა და აღდგენისკენ. ღვთის დაყოვნება უარყოფა არ არის.

რეფლექსიის ჟურნალი

- რა ემოციური ან სულიერი ჭრილობები მაქვს მიბმული ჩემს საშვილოსნოსთან?
- დავუშვი, რომ სირცხვილმა ან სიმწარემ ჩაანაცვლოს ჩემი იმედი?
- მზად ვარ, რწმენითა და მოქმედებით შევხვდე ძირეულ მიზეზებს?

განკურნებისა და ჩასახვის ლოცვა

მამაო, მე ვდგავარ შენს სიტყვაზე, რომელიც ამბობს, რომ არავინ იქნება უნაყოფო ამ ქვეყანაზე. მე უარვყოფ ყოველ ტყუილს, სამსხვერპლოს და სულს, რომელიც განკუთვნილია ჩემი ნაყოფიერების შესაფერხებლად. მე ვპატიობ საკუთარ თავს და სხვებს, ვინც ბოროტება თქვა ჩემს სხეულზე. მე ვიღებ განკურნებას, აღდგენას და სიცოცხლეს. მე ვაცხადებ ჩემს საშვილოსნოს ნაყოფიერს და ჩემს სიხარულს სრულს. იესოს სახელით. ამინ.

დღე 11: აუტოიმუნური დარღვევები და ქრონიკული დაღლილობა - უხილავი ომი შინაგანი

„*ავისივე წინააღმდეგ გაყოფილი სახლი ვერ გაძლებს.*" — მათე 12:25

„*ის ანიჭებს ძალას სუსტებს და ძალას მატებს უძლურებს.*" — ესაია 40:29

აუტოიმუნური დაავადებები არის დაავადება, რომლის დროსაც ორგანიზმი თავს ესხმის — საკუთარ უჯრედებს მტრებად აღიქვამს. ამ ჯგუფში შედის წითელი მგლურა, რევმატოიდული ართრიტი, გაფანტული სკლეროზი, ჰაშიმოტოს დაავადება და სხვა.

ქრონიკული დაღლილობის სინდრომი (CFS), ფიბრომიალგია და სხვა აუხსნელი დაღლილობის დარღვევები ხშირად აუტოიმუნურ პრობლემებს ემთხვევა. თუმცა, ბიოლოგიურ პათოლოგიას მიღმა, ბევრი ადამიანი, ვინც იტანჯება, ემოციურ ტრავმას, სულიერ ჭრილობებსა და სულიერ ტვირთს ატარებს.

სხეული ტირის — არა მხოლოდ წამლებს, არამედ მშვიდობასაც. ბევრი შინაგანად ომშია.

გლობალური მიმოხილვა

- **აფრიკა** - ტრავმასთან, დაბინძურებასთან და სტრესთან დაკავშირებული აუტოიმუნური დიაგნოზის შემთხვევების ზრდა.
- **აზია** - ფარისებრი ჯირკვლის დარღვევების მაღალი მაჩვენებლები წინაპრების ჩახშობასა და

სირცხვილის კულტურას უკავშირდება.

- **ევროპა და ამერიკა** – ქრონიკული დაღლილობისა და გადაწვის ეპიდემია შესრულებაზე ორიენტირებული კულტურისგან.
- **ლათინური ამერიკა** - დაავადებულებს ხშირად არასწორად უსვამენ დიაგნოზს; სტიგმა და სულიერი თავდასხმები სულის ფრაგმენტაციის ან წყევლის გზით.

დაფარული სულიერი ფესვები

- **თვითსიძულვილი ან სირცხვილი** — იმის შეგრძნება, რომ „საკმარისად კარგი არ ხარ".
- **საკუთარი თავის ან სხვების მიმართ მიუტევებლობა** — იმუნური სისტემა სულიერ მდგომარეობას ბაძავს.
- **დაუმუშავებელი მწუხარება ან ღალატი** — კარს უხსნის სულის დაღლილობას და ფიზიკურ კრახს.
- **ჯადოქრობის ან შურის ისრები** — გამოიყენება სულიერი და ფიზიკური ძალის გამოსაწურად.

რეალური ისტორიები - სიბნელეში გადატანილი ბრძოლები

ელენა ესპანეთიდან

ელენას ხანგრძლივი ძალადობრივი ურთიერთობის შემდეგ, რომელმაც ემოციურად გატეხა, მგლურას დიაგნოზი დაუსვეს. თერაპიისა და ლოცვის დროს გამოვლინდა, რომ მას შინაგანი სიძულვილი ჰქონდა ჩანერგილი და სჯეროდა, რომ უსარგებლო იყო. როდესაც მან საკუთარი თავის პატიება და სულის ჭრილობებისადმი წმინდა წერილის მეშვეობით ბრძოლა დაიწყო, მისი გამწვავებები მკვეთრად შემცირდა. ის მოწმობს სიტყვის განკურნების ძალასა და სულის განწმენდაზე.

ჯეიმსი აშშ-დან

ჯეიმსი, მონდომებული კორპორატიული აღმასრულებელი დირექტორი, 20-წლიანი განუწყვეტელი სტრესის შემდეგ ქრონიკული დაღლილობის სინდრომით გარდაიცვალა. გამოჯანმრთელების პერიოდში გამოვლინდა, რომ მისი ოჯახის მამაკაცებს თაობიდან თაობას დაუღალავი ბრძოლის წყევლა აწუხებდათ. ის შაბათის, ლოცვისა და აღსარების პერიოდში შევიდა და არა მხოლოდ ჯანმრთელობა, არამედ იდენტობაც აღიდგინა.

მოქმედების გეგმა – სულისა და იმუნური სისტემის განკურნება

1. **ილოცეთ ფსალმუნი 103:1–5** — განსაკუთრებით 3-5 მუხლები.
2. **ჩამოთვალეთ თქვენი შინაგანი შეხედულებები** — რას ეუბნებით საკუთარ თავს? მოიშორეთ ტყუილები.
3. **ღრმად აპატიეთ** - განსაკუთრებით საკუთარი თავი.
4. **მიიღეთ ზიარება** სხეულის აღთქმის აღსადგენად — იხილეთ ესაია 53.
5. **განისვენე ღმერთში** — შაბათი არჩევითი არ არის, ეს სულიერი ბრძოლაა გადაღლის წინააღმდეგ.

ვაცხადებ, რომ ჩემი სხეული ჩემი მტერი არ არის. ჩემში ყოველი უჯრედი ღვთაებრივ წესრიგსა და სიმშვიდეს უნდა შეესაბამებოდეს. მე ღვთის ძალასა და განკურნებას ვიღებ.

ჯგუფური განაცხადი

- სთხოვეთ წევრებს გაუზიარონ ერთმანეთს დაღლილობის ან ემოციური გამოფიტვის ის ნიმუშები, რომლებსაც მალავენ.
- შეასრულეთ „სულის გადმოტვირთვის“ სავარჯიშო — ჩამოწერეთ ტვირთი, შემდეგ კი სიმბოლურად

დაწვით ან დამარხეთ ისინი.
- ხელი დაადეთ აუტოიმუნური სიმპტომებით დაავადებულებს; დაიმკვიდრეთ წონასწორობა და სიმშვიდე.
- წაახალისეთ ემოციური გამღიზიანებლებისა და განკურნების შესახებ 7-დღიანი დღიურის წარმოება.

სამინისტროს ინსტრუმენტები:

- ეთერზეთები ან სურნელოვანი საცხი გამაგრილებლად
- ჟურნალები ან ბლოკნოტები
- ფსალმუნი 23-ის მედიტაციის საუნდტრეკი

ძირითადი ინფორმაცია

სულს ხშირად ესხმის თავს, სხეულში ვლინდება. განკურნება შიგნიდან გარეთ უნდა მოდიოდეს.

რეფლექსიის ჟურნალი

- თავს დაცულად ვგრძნობ საკუთარ სხეულში და ფიქრებში?
- წარსული წარუმატებლობის ან ტრავმის გამო სირცხვილს ან დანაშაულს ხომ არ ვგრძნობ?
- რა შემიძლია გავაკეთო, რომ დავიწყო სიმშვიდისა და დასვენების, როგორც სულიერი პრაქტიკის პატივისცემა?

აღდგენის ლოცვა

უფალო იესო , შენ ხარ ჩემი მკურნალი. დღეს მე უარვყოფ ყოველ ტყუილს, რომ მე გატეხილი, ჭუჭყიანი ან განწირული ვარ. ვპატიობ საკუთარ თავს და სხვებს. ვაკურთხებ ჩემი სხეულის ყოველ უჯრედს. ვიღებ სიმშვიდეს ჩემს სულში და ჰარმონიას ჩემს იმუნურ სისტემაში. შენი ჭრილობებით განვიკურნე. ამინ.

დღე 12: ეპილეფსია და ფსიქიკური ტანჯვა — როდესაც გონება ბრძოლის ველად იქცევა

„*უფალო, შეიწყალე ჩემი ძე, რადგან შეშლილი და ძლიერ იტანჯება; რადგან ხშირად ცეცხლშივარდება და ხშირად - წყალში.*" - მათე 17:15

„ღმერთმა არ მოგვცა შიშის სული, არამედ ძალის, სიყვარულისა და საღი აზროვნების." - 2 ტიმოთე 1:7

ზოგიერთი სევდა მხოლოდ სამედიცინო არ არის — ისინი სულიერი ბრძოლის ველებია, რომლებიც ავადმყოფობის სახელით არის შენიღბული.

ეპილეფსიას, კრუნჩხვებს, შიზოფრენიას, ბიპოლარულ აშლილობას და გონებაში ტანჯვის ნიმუშებს ხშირად უხილავი ფესვები აქვს. მიუხედავად იმისა, რომ მედიკამენტებს თავისი ადგილი აქვთ, გარჩევის უნარი კრიტიკულად მნიშვნელოვანია. ბიბლიის მრავალ მონათხრობში კრუნჩხვები და ფსიქიკური შეტევები დემონური ჩაგვრის შედეგი იყო.

თანამედროვე საზოგადოება მკურნალობს იმას, რასაც იესო ხშირად *განდევნიდა* .

გლობალური რეალობა

- **აფრიკა** - კრუნჩხვები ხშირად წყევლას ან წინაპრების სულებს მიეწერება.
- **აზია** - ეპილეფსია ხშირად იმალება სირცხვილისა და სულიერი სტიგმის გამო.
- **ლათინური ამერიკა** - შიზოფრენია დაკავშირებულია თაობათა ჯადოქრობასთან ან

შეწყვეტილ მოწოდებებთან.
- **ევროპა და ჩრდილოეთ ამერიკა** - ჭარბი დიაგნოზი და ჭარბი მედიკამენტები ხშირად ნიღბავს დემონურ ძირეულ მიზეზებს.

რეალური ისტორიები - ხსნა ცეცხლში
მუსა ჩრდილოეთ ნიგერიიდან

მუსა ბავშვობიდან ეპილეფსიური კრუნჩხვები ჰქონდა. მისმა ოჯახმა ყველაფერი სცადა — ადგილობრივი ექიმებიდან დაწყებული, ეკლესიის ლოცვებით დამთავრებული. ერთ დღეს, ხსნის წირვის დროს, სულიწმინდამ გამოავლინა, რომ მუსას ბაბუამ ის ჯადოქრობის სანაცვლოდ შესთავაზა. აღთქმის დარღვევისა და ცხების შემდეგ, მას აღარასდროს ჰქონია კრუნჩხვები.

დანიელი პერუდან

ბიპოლარული აშლილობის დიაგნოზის დასმის შემდეგ, დანიელს ძალადობრივი სიზმრები და ხმები აწუხებდა. მოგვიანებით მან აღმოაჩინა, რომ მამამისი მთებში საიდუმლო სატანურ რიტუალებში მონაწილეობდა. ხსნის ლოცვებმა და სამდღიანმა მარხვამ სიცხადე მოუტანა. ხმები შეწყდა. დღეს დანიელი მშვიდია, გამოჯანმრთელებულია და მსახურებისთვის ემზადება.

საყურადღებო ნიშნები

- კრუნჩხვების განმეორებითი ეპიზოდები ცნობილი ნევროლოგიური მიზეზის გარეშე.
- ხმები, ჰალუცინაციები, ძალადობრივი ან სუიციდური აზრები.
- დროის ან მეხსიერების დაკარგვა, აუხსნელი შიში ან ფიზიკური შეტევები ლოცვის დროს.
- სიგიჟის ან თვითმკვლელობის ოჯახური ნიმუშები.

სამოქმედო გეგმა - გონებაზე ძალაუფლების აღება

1. მოინანიეთ ყველა ცნობილი ოკულტური კავშირი, ტრავმა ან წყევლა.
2. ყოველდღიურად დაადეთ ხელები თავზე, რათა გამოაცხადოთ, რომ საღი აზრი გაქვთ (2 ტიმოთე 1:7).

3. **იმარხულეთ და ილოცეთ გონების შემბოჭავი სულებისთვის.**
4. **დაარღვიე წინაპრების ფიცი, მიძღვნა ან სისხლის ხაზით მიღებული წყევლა.**
5. **თუ შესაძლებელია, შეუერთდით ძლიერ ლოცვის პარტნიორს ან ხსნის გუნდს.**

მე უარვყოფ ყოველგვარ ტანჯვის, შეტევისა და დაბნეულობის სულს. იესოს სახელით ვიღებ საღ გონებას და სტაბილურ ემოციებს!

ჯგუფური მსახურება და გამოყენება

- ფსიქიკური დაავადების ან კრუნჩხვების ოჯახური ნიმუშების იდენტიფიცირება.
- ილოცეთ ტანჯულთათვის — შუბლზე წაისვით საცხებელი ზეთი.
- შუამავლებს ოთახში სიარულისკენ მოუწოდეთ და განაცხადონ: „მშვიდობა, დაწყნარდი!“ (მარკოზი 4:39).
- დაზარალებულებს მოუწოდეთ, დაარღვიონ სიტყვიერი შეთანხმებები: „მე არ ვარ შეშლილი. მე განვიკურნე და ჯანმრთელი ვარ“.

სამინისტროს ინსტრუმენტები:

- საცხებელი ზეთი
- განკურნების დეკლარაციის ბარათები
- თაყვანისცემის მუსიკა, რომელიც მშვიდობასა და იდენტობას ემსახურება

ძირითადი ინფორმაცია

ყველა ტანჯვა მხოლოდ ფიზიკური არ არის. ზოგიერთი მათგანი უძველეს აღთქმებსა და დემონურ სამართლებრივ საფუძვლებშია დაფუძნებული, რომლებიც სულიერად უნდა მოგვარდეს.

რეფლექსიის ჟურნალი

- ოდესმე ვტანჯულვარ ფიქრებში ან ძილში?
- არსებობს თუ არა მოუშუშებელი ტრავმები ან სულიერი კარები, რომლებიც უნდა დავხურო?
- რა ჭეშმარიტების გამოცხადება შემიძლია ყოველდღიურად, რათა ჩემი გონება ღვთის სიტყვაში ჩავდო?

სიჯანსაღის ლოცვა

უფალო იესო , შენ ხარ ჩემი გონების აღმდგენი. მე უარს ვამბობ ყოველგვარ აღთქმაზე, ტრავმაზე ან დემონურ სულზე, რომელიც ესხმის თავს ჩემს ტვინს, ემოციებსა და სიცხადეს. მე ვიღებ განკურნებას და საღ გონებას. მე ვფიცავ, რომ ვიცოცხლებ და არა მოვკვდები. მე ვიმოქმედებ სრული ძალით, იესოს სახელით. ამინ.

დღე 13: შიშის სული — უხილავი ტანჯვის გალიის გარღვევა

„ღმერთმა არ მოგვცა შიშის სული, არამედ ძალის, სიყვარულისა და საღი აზროვნების." — 2 ტიმოთე 1:7

„შიშს ტანჯვა მოაქვს..." — 1 იოანე 4:18

შიში მხოლოდ ემოცია არ არის — ის შეიძლება *სული იყოს* .

ის დაწყებამდე წარუმატებლობაზე ჩურჩულებს. ის უარყოფას აძლიერებს. ის მიზანს აფერხებს. ის ერებს პარალიზებას უწევს.

ბევრი მათგანი შიშით აშენებულ უხილავ ციხეებშია: სიკვდილის, წარუმატებლობის, სიღარიბის, ადამიანების, ავადმყოფობის, სულიერი ომისა და უცნობის შიშით.

მრავალი შფოთვითი შეტევის, პანიკური აშლილობისა და ირაციონალური ფობიის უკან იმალება სულიერი დავალება, რომელიც **ბედისწერის გასანეიტრალებლად არის გაგზავნილი** .

გლობალური გამოვლინებები

- **აფრიკა** - შიში, რომელიც თაობათა წყევლაში, წინაპრების შურისძიებაში ან ჯადოქრობის უკუქცევაშია ფესვგადგმული.
- **აზია** - კულტურული სირცხვილი, კარმული შიში, რეინკარნაციის შფოთვა.
- **ლათინური ამერიკა** - წყევლის, სოფლის ლეგენდების და სულიერი შურისძიების შიში.
- **ევროპა და ჩრდილოეთ ამერიკა** – ფარული

შფოთვა, დიაგნოზირებული დარღვევები, დაპირისპირების, წარმატების ან უარყოფის შიში — ხშირად სულიერი, მაგრამ ფსიქოლოგიური ნიშნებით მონიშნული.

რეალური ისტორიები - სულის გამოაშკარავება

სარა კანადიდან

წლების განმავლობაში სარას სიბნელეში არ შეეძლო ძილი. ის ყოველთვის გრძნობდა ოთახში ყოფნას. ექიმებმა დიაგნოზი შფოთვა დაუსვეს, მაგრამ მკურნალობამ შედეგი არ გამოიღო. ონლაინ სესიის დროს გამოვლინდა, რომ ბავშვობის შიშმა კოშმარისა და საშინელებათა ფილმის მეშვეობით კარი გაუღო მტანჯველ სულს. მან მოინანია, უარყო შიში და უბრძანა მას გაქცევა. ახლა მშვიდად სძინავს.

უჩე ნიგერიიდან

უჩეს ქადაგებისთვის მოუწოდეს, მაგრამ ყოველ ჯერზე, როცა ხალხის წინაშე იდგა, ის იყინებოდა. შიში არაბუნებრივი იყო - ახრჩობდა, პარალიზებული. ლოცვაში ღმერთმა მას სიტყვიერი წყევლა აჩვენა, რომელიც მასწავლებელმა წარმოთქვა, რომელიც ბავშვობაში მის ხმას დასცინოდა. ეს სიტყვა სულიერ ჯაჭვს ქმნიდა. გაწყვეტის შემდეგ, ის გაბედულად იწყებდა ქადაგებას.

სამოქმედო გეგმა - შიშის დაძლევა

1. **აღიარეთ ნებისმიერი შიში სახელით** : „მე უარს ვამბობ [______]-ის შიშზე იესოს სახელით".
2. **ყოველდღიურად ხმამაღლა წაიკითხეთ ფსალმუნი** 27 **და ესაია** 41.
3. **თაყვანისცემა მანამ, სანამ სიმშვიდე პანიკას არ ჩაანაცვლებს.**
4. **სწრაფად მოშორდით შიშზე დაფუძნებული მედიის - საშინელებათა ფილმების, ახალი ამბების, ჭორების - შესაძლებლობებს.**
5. **ყოველდღიურად განაცხადეთ** : „მე საღი გონება

მაქვს. მე შიშის მონა არ ვარ“.

ჯგუფური განაცხადი – საზოგადოების გარღვევა

- ჰკითხეთ ჯგუფის წევრებს: რომელმა შიშმა გაგაოცათ ყველაზე მეტად?
- დაყავით პატარა ჯგუფებად და უხელმძღვანელეთ **უარის თქმისა** და **ჩანაცვლების ლოცვებს** (მაგ., შიში → გაბედულება, შფოთვა → თავდაჯერებულობა).
- თითოეულმა ადამიანმა ჩაიწეროს თავისი შიში და დაწვას, როგორც წინასწარმეტყველური ქმედება.
- ერთმანეთზე გადაუსვით *საცხებელი ზეთი* და *აღსარება წმინდა წერილებიდან* .

სამინისტროს ინსტრუმენტები:

- საცხებელი ზეთი
- წმინდა წერილის დეკლარაციის ბარათები
- სალოცავი სიმღერა: „აღარც მონები“ ბეთელის შესრულებით

ძირითადი ინფორმაცია
შიშის ატანა **რწმენით არის დაბინძურებული** .
ერთდროულად ვერ იქნები გაბედულიც და შეშინებულიც - აირჩიე გაბედულება.
რეფლექსიის ჟურნალი

- რა შიში გამყვება ბავშვობიდან?
- როგორ იმოქმედა შიშმა ჩემს გადაწყვეტილებებზე, ჯანმრთელობაზე ან ურთიერთობებზე?
- რას გავაკეთებდი სხვაგვარად, სრულიად თავისუფალი რომ ვიყო?

შიშისგან განთავისუფლების ლოცვა

მამაო , მე უარს ვამბობ შიშის სულზე. ტრავმით, სიტყვებით ან ცოდვით ვხურავ ყველა კარს, რამაც შიშს საშუალება მისცა შემოსულიყო. მე ვიღებ ძალის, სიყვარულისა და საღი გონების სულს. ვაცხადებ გაბედულებას, მშვიდობას და გამარჯვებას იესოს სახელით. შიშს აღარ აქვს ადგილი ჩემს ცხოვრებაში. ამინ.

დღე 14: სატანური ნიშნები - უწმინდური ნიშნის წაშლა

„მიერიდან არავინ შემაწუხოს, რადგან უფალ იესოს ჭრილობებს ვატარებ ჩემს სხეულში." - გალატელთა 6:17

„ისინი ჩემს სახელს დაარქმევენ ისრაელის ძეებს და მე ვაკურთხებ მათ." - რიცხვნი 6:27

ბევრი ბედი ჩუმად არის *მონიშნული* სულიერ სამყაროში — არა ღმერთის, არამედ მტრის მიერ.

ეს სატანური ნიშნები შეიძლება გამოვლინდეს უცნაური სხეულის ნიშნების, ტატუების ან დაკაწვრის სიზმრების, ტრავმული ძალადობის, სისხლის რიტუალების ან მემკვიდრეობით მიღებული სამსხვერპლოების სახით. ზოგიერთი მათგანი უხილავია — მხოლოდ სულიერი მგრძნობელობით შეინიშნება — ზოგი კი ფიზიკური ნიშნების, დემონური ტატუების, სულიერი დაკაწვრის ან მუდმივი სისუსტის სახით ვლინდება.

როდესაც ადამიანი მტრის მიერ არის მონიშნული, მას შეიძლება განიცადოს:

- მუდმივი უარყოფა და სიძულვილი უმიზეზოდ.
- განმეორებითი სულიერი შეტევები და ბლოკირებები.
- ნაადრევი სიკვდილი ან ჯანმრთელობის კრიზისი გარკვეულ ასაკში.
- სულით თვალყურის დევნება — სიბნელისთვის ყოველთვის ხილული.

ეს ნიშნები *იურიდიული ტეგების ფუნქციას ასრულებს*, რაც ბნელ სულებს ტანჯვის, შეფერხების ან მონიტორინგის უფლებას აძლევს.

მაგრამ იესოს სისხლი **განწმენდს** და **ცვლის სახეს**.

გლობალური გამოსახულებები

- **აფრიკა** – ტომობრივი ნიშნები, რიტუალური ჭრილობები, ოკულტური ინიციაციის ნაწიბურები.
- **აზია** – სულიერი ბეჭდები, წინაპრების სიმბოლოები, კარმული ნიშნები.
- **ლათინური ამერიკა** – ბრუჯერიას (ჯადოქრობის) ინიციაციის ნიშნები, დაბადების ნიშნები, რომლებიც გამოიყენება რიტუალებში.
- **ევროპა** – მასონობის ემბლემები, სულიერ მეგზურთა გამოძახების ტატუები.
- **ჩრდილოეთ ამერიკა** - ახალი ეპოქის სიმბოლოები, რიტუალური ძალადობის ტატუები, დემონური დაქანცვა ოკულტური შეთანხმებების მეშვეობით.

რეალური ისტორიები – რებრენდინგის ძალა
დავითი უგანდიდან

დავითი გამუდმებით უარყოფას აწყდებოდა. ვერავინ ახსნიდა, თუ რატომ, მისი ნიჭის მიუხედავად. ლოცვაში ერთმა წინასწარმეტყველმა შუბლზე „სულიერი X" დაინახა - ნიშანი ბავშვობაში სოფლის მღვდლის მიერ შესრულებული რიტუალიდან. ხსნის დროს ნიშანი სულიერად წაიშალა საცხებელი ზეთითა და იესოს სისხლის ქადაგებით. მისი ცხოვრება რამდენიმე კვირაში შეიცვალა - დაქორწინდა, სამსახური იშოვა და ახალგაზრდობის ლიდერი გახდა.

სანდრა ბრაზილიიდან

სანდრას თინეიჯერობის ამბოხების დროიდან დრაკონის ტატუ ჰქონდა. მას შემდეგ, რაც ქრისტეს

სიცოცხლე შესწირა, ყოველ ჯერზე, როცა მარხულობდა ან ლოცულობდა, მას ძლიერი სულიერი შეტევები აწუხებდა. მისმა მოძღვარმა ტატუ დემონური სიმბოლოდ მიიჩნია, რომელიც სულების მეთვალყურეობასთან იყო დაკავშირებული. მონანიების, ლოცვისა და შინაგანი განკურნების სესიის შემდეგ, მან ტატუ მოიშორა და სულთან კავშირი გაწყვიტა. მისი კოშმარები მაშინვე შეწყდა.

სამოქმედო გეგმა - ნიშნის წაშლა

1. **სთხოვეთ სულიწმინდას** , გამოავლინოს თქვენს ცხოვრებაში არსებული ნებისმიერი სულიერი თუ ფიზიკური ნიშანი.
2. **მოინანიონ** ნებისმიერი პირადი ან მემკვიდრეობით მიღებული მონაწილეობა რიტუალებში, რამაც მათ საშუალება მისცა.
3. **წაისვით იესოს სისხლი** თქვენს სხეულზე - შუბლზე, ხელებსა და ფეხებზე.
4. **დაარღვიეთ სულების მონიტორინგი, სულის კავშირები და** ნიშანთან დაკავშირებული კანონიერი უფლებები (იხილეთ ქვემოთ მოცემული წმინდა წერილები).
5. **მოიშორეთ ფიზიკური ტატუები ან ნივთები** (როგორც ეს არის), რომლებიც დაკავშირებულია ბნელ შეთანხმებებთან.

ჯგუფური განაცხადი – რებრენდინგი ქრისტეში

- ჰკითხეთ ჯგუფის წევრებს: ოდესმე გქონიათ თუ არა ნიშანი ან გიოცნებიათ ბრენდირებაზე?
- აღავლინე ლოცვა **განწმენდისა და** ქრისტესთვის ხელახლა მიძღვნის შესახებ.
- ზეთი წაისვით შუბლებზე და განაცხადეთ: *„ახლა თქვენ უფალ იესო ქრისტეს ნიშანს ატარებთ“.*
- შეწყვიტე სულების მონიტორინგი და გადააკეთე

მათი ვინაობა ქრისტეში.

სამინისტროს ინსტრუმენტები:

- ზეითუნის ზეთი (კურთხეულია ცხებისთვის)
- სარკე ან თეთრი ქსოვილი (სიმბოლური რეცხვის აქტი)
- ზიარება (ახალი ვინაობის დალუქვა)

ძირითადი ინფორმაცია
რაც სულშია აღნიშნული, **სულში ჩანს** — მოიშორე ის, რაც მტერმა შენს მოსანიშნად გამოიყენა.

რეფლექსიის ჟურნალი

- ოდესმე შემიმჩნევია ჩემს სხეულზე უცნაური ნიშნები, სილურჯეები ან სიმბოლოები ახსნა-განმარტების გარეშე?
- არის თუ არა რაიმე საგნები, პირსინგი ან ტატუ, რომლებზეც უარის თქმა ან მოშორება მჭირდება?
- სრულად ხელახლა მივუძღვენი თუ არა ჩემი სხეული სულიწმიდის ტაძარს?

რებრენდინგის ლოცვა
უფალო იესო, მე უარს ვამბობ ყოველ ნიშანზე, აღთქმასა და მიძღვნაზე, რომელიც დადებულია ჩემს სხეულში ან სულში შენი ნების მიღმა. შენი სისხლით ვშლი ყოველ სატანურ ნიშანს. ვაცხადებ, რომ მხოლოდ ქრისტესთვის ვარ მონიშნული. დაე, შენი საკუთრების ბეჭედი იყოს ჩემზე და ყველა მეთვალყურე სულმა დამიკარგოს კვალი. მე აღარ ვარ ხილული სიბნელისთვის. მე თავისუფლად დავდივარ - იესოს სახელით, ამინ.

დღე 15: სარკის სამყარო – რეფლექსიების ციხიდან გაქცევა

„ახლა სარკით ვხედავთ, ბნელად, მაშინ კი პირისპირ..." — 1 კორინთელთა 13:12

„თვალები აქვთ და ვერ ხედავენ, ყურები აქვთ და ვერ ესმით..." — ფსალმუნი 115:5-6

არსებობს **სარკისებური სამყარო** – ყალბი იდენტობების, სულიერი მანიპულაციებისა და ბნელი ანარეკლების ადგილი. ის, რასაც ბევრი სიზმარში ან ხილვაში ხედავს, შეიძლება იყოს არა ღვთისგან მომდინარე სარკეები, არამედ ბნელი სამეფოს მოტყუების იარაღები.

ოკულტურ მეცნიერებებში სარკეები გამოიყენება **სულების დასაჭერად**, **სიცოცხლის მონიტორინგისთვის** ან **პიროვნებების გადასაცემად**. ზოგიერთ განთავისუფლების სესიაზე ადამიანები იუწყებიან, რომ საკუთარ თავს სხვა ადგილას „ცხოვრობენ" - სარკეში, ეკრანზე ან სულიერი ფარდის მიღმა. ეს არ არის ჰალუცინაციები. ისინი ხშირად სატანური ციხეებია, რომლებიც შექმნილია შემდეგი მიზნებისთვის:

- სულის ფრაგმენტაცია
- ბედისწერის გადადება
- იდენტობის აღრევა
- უმასპინძლეთ ალტერნატიულ სულიერ ვადებს

მიზანი? შექმნათ თქვენი *ცრუ ვერსია* , *რომელიც დემონური კონტროლის ქვეშ ცხოვრობს, ხოლო თქვენი ნამდვილი „მე“* დაბნეულობაში ან დამარცხებაში ცხოვრობს .

გლობალური გამოსახულებები

- **აფრიკა** – სარკისებური ჯადოქრობა, რომელსაც ჯადოქრები იყენებენ თვალთვალის, ხაფანგების ან თავდასხმის მიზნით.
- **აზია** - შამანები იყენებენ წყლით სავსე თასებს ან გაპრიალებულ ქვებს სულების „დასანახად“ და გამოსაძახებლად.
- **ევროპა** – შავი სარკის რიტუალები, ნეკრომანტია რეფლექსიების მეშვეობით.
- **ლათინური ამერიკა** - ობსიდიანის სარკეებში ხეტიალი აცტეკთა ტრადიციებში.
- **ჩრდილოეთ ამერიკა** – ახალი ეპოქის სარკისებრი პორტალები, სარკისებური დაკვირვება ასტრალური მოგზაურობისთვის.

ჩვენება — „გოგონა სარკეში“
მარია ფილიპინებიდან

მარიას ოცნებობდა სარკეებით სავსე ოთახში გამოკეტვაზე. ყოველ ჯერზე, როცა ცხოვრებაში წინსვლას აღწევდა, სარკეში საკუთარი თავის ვერსიას ხედავდა, რომელიც უკან იწევდა. ერთ ღამეს, გათავისუფლების დროს, ის იყვირა და აღწერა, თუ როგორ დაინახა თავი „სარკედან გამოსულმა“ თავისუფლებაში. მისმა მოძღვარმა თვალებზე წაუსვა და სარკის მანიპულირების უარყოფაში დაეხმარა. მას შემდეგ მისი გონებრივი სიცხადე, საქმიანი და ოჯახური ცხოვრება შეიცვალა.

შოტლანდიელი დევიდი

დევიდი, რომელიც ოდესღაც ღრმად იყო ჩაფლული ახალი ეპოქის მედიტაციაში, „სარკის ჩრდილის მუშაობას“

ასრულებდა. დროთა განმავლობაში მან დაიწყო ხმების მოსმენა და საკუთარი თავის დანახვა, თუ როგორ აკეთებდა ისეთ რაღაცეებს, რაც არასდროს უფიქრია. ქრისტეს მიღების შემდეგ, ხსნის მსახურმა გაწყვიტა სარკისებური სულის კავშირები და ილოცა მის გონებაზე. დევიდი ამბობდა, რომ წლების შემდეგ პირველად გრძნობდა თავს „ნისლიდან გაფანტულს".

მოქმედების გეგმა - სარკის შელოცვის დანგრევა

1. **უარი თქვით** სულიერად გამოყენებულ სარკეებთან ყოველგვარ ცნობილ თუ უცნობ კავშირზე.
2. **თქვენს სახლში არსებული ყველა სარკე** ქსოვილით დაფარეთ.
3. **დაიცხო თვალებსა და შუბლზე** — განაცხადე, რომ ახლა მხოლოდ იმას ხედავ, რასაც ღმერთი ხედავს.
4. **გამოიყენეთ წმინდა წერილი** თქვენი ვინაობის ქრისტეში გამოსაცხადებლად და არა ცრუ რეფლექსიით:
   - ესაია 43:1
   - 2 კორინთელთა 5:17
   - იოანე 8:36

�������� ��������� - იდენტობის აღდგენა

- იკითხეთ: ოდესმე გგონიათ სიზმრები, რომლებშიც სარკეები, ორადგილიანი ადამიანები ან გიყურებდნენ?
- აღავლინე იდენტობის აღდგენის ლოცვა — გამოაცხადე თავისუფლება საკუთარი თავის ცრუ ვერსიებისგან.
- დაადეთ ხელები თვალებზე (სიმბოლურად ან ლოცვისას) და ილოცეთ მხედველობის

სიცხადისთვის.
- ჯგუფურად გამოიყენეთ სარკე, რათა წინასწარმეტყველურად განაცხადოთ: *„მე ვარ ის, ვინც ღმერთი ამბობს, რომ ვარ. სხვა არაფერი“.*

სამინისტროს ინსტრუმენტები:

- თეთრი ქსოვილი (დაფარვის სიმბოლოები)
- ზეითუნის ზეთი საცხობისთვის
- წინასწარმეტყველური სარკის დეკლარაციის სახელმძღვანელო

ძირითადი ინფორმაცია

მტერს უყვარს შენი საკუთარი თავის აღქმის დამახინჯება, რადგან შენი ვინაობა ბედისწერისკენ მიმავალი გზაა.

რეფლექსიის ჟურნალი

- დავიჯერე თუ არა ტყუილები იმის შესახებ, თუ ვინ ვარ?
- ოდესმე მიმიღია მონაწილეობა სარკისებურ რიტუალებში ან უნებლიეთ დავუშვი სარკისებური ჯადოქრობა?
- რას ამბობს ღმერთი იმის შესახებ, თუ ვინ ვარ მე?

სარკის სამყაროდან განთავისუფლების ლოცვა

ზეციერო მამაო , მე ვარღვევ ყოველ აღთქმას სარკისებურ სამყაროსთან - ყოველ ბნელ ანარეკლს, სულიერ ორეულს და ყალბ დროის ხაზს. მე უარს ვამბობ ყველა ცრუ იდენტობაზე. ვაცხადებ, რომ მე ვარ ის, ვინც შენ ამბობ, რომ ვარ. იესოს სისხლით გამოვდივარ ანარეკლების ციხიდან და ჩემი მიზნის სისრულეში. დღეიდან მე ვხედავ სულის თვალით - ჭეშმარიტებითა და სიცხადით. იესოს სახელით, ამინ.

დღე 16: სიტყვიერი წყევლის ბორკილების გაწყვეტა — შენი სახელის, შენი მომავლის დაბრუნება

„**?** *იკვდილი და სიცოცხლე ენის ხელშია...“* — იგავები 18:21

„არც ერთი იარაღი, რომელიც შენს წინააღმდეგ შეიქმნება, არ გაიმარჯვებს და ყოველ ენას, რომელიც შენს წინააღმდეგ აღდგება სამსჯავროზე, შენ დასდებ მსჯავრს...“ — ესაია 54:17

სიტყვები მხოლოდ ბგერები არ არის - ისინი **სულიერი კონტეინერებია** , რომლებსაც ატარებენ კურთხევის ან შეკავშირების ძალა. ბევრი ადამიანი, გაუცნობიერებლად, მშობლების, მასწავლებლების, სულიერი ლიდერების, ყოფილი საყვარლების ან თუნდაც საკუთარი პირით **წარმოთქმული წყევლის ტვირთის ქვეშ დადის**.

ზოგიერთს ეს ადრეც გაუგია:

- „შენ ვერასდროს ვერაფერს მიაღწევ.“
- „შენ ზუსტად ისეთივე ხარ, როგორც შენი მამა — უსარგებლო.“
- „ყველაფერი, რასაც შეეხები, წარუმატებელია.“
- „თუ მე არ შემიძლია შენი ყოლა, არავინ გეყოლება.“
- „დაწყევლილი ხარ... უყურე და ნახავ.“

ამგვარი სიტყვები, რომლებიც ერთხელ უკვე წარმოთქმულია რისხვით, სიძულვილით ან შიშით — განსაკუთრებით ავტორიტეტის მქონე პირის მიერ —

შეიძლება სულიერ ხაფანგად იქცეს. თვითგამოცხადებული წყევლაც კი, როგორიცაა *„ნეტავ არასდროს დავბადებულიყავი“* ან *„არასდროს გავთხოვდები“*, შეიძლება მტერს კანონიერ საფუძველს აძლევდეს.

გლობალური გამოსახულებები

- **აფრიკა** – ტომობრივი წყევლა, მშობლების წყევლა აჯანყების გამო, ბაზრის წყევლა.
- **აზია** – კარმაზე დაფუძნებული სიტყვიერი დეკლარაციები, შვილებზე წარმოთქმული წინაპრების აღთქმები.
- **ლათინური ამერიკა** - ბრუჯერია (ჯადოქრობა), წყევლა, რომელიც სიტყვით აქტიურდება.
- **ევროპა** – ზეპირი ჰექსები, ოჯახური „წინასწარმეტყველებები“, რომლებიც თვითასრულებადია.
- **ჩრდილოეთ ამერიკა** - სიტყვიერი შეურაცხყოფა, ოკულტური შეძახილები, თვით-სიძულვილის გამოხატვა.

ჩურჩულით თუ ყვირილით, ემოციურად და რწმენით წარმოთქმული წყევლა სულში წონას ატარებს.

ჩვენება — „როდესაც დედაჩემმა სიკვდილის შესახებ ისაუბრა“

კეიშა (იამაიკა)

კეიშა დედის ნათქვამის გაგონებაზე გაიზარდა: *„შენ ხარ ჩემი ცხოვრების ნგრევის მიზეზი“*. ყოველ დაბადების დღეს რაღაც ცუდი ხდებოდა. 21 წლის ასაკში მან თვითმკვლელობა სცადა, რადგან დარწმუნებული იყო, რომ მის სიცოცხლეს ფასი არ ჰქონდა. ხსნის წირვის დროს მღვდელმა ჰკითხა: *„ვინ თქვა სიკვდილი შენს სიცოცხლეზე?“* კეიშა გაშეშდა. სიტყვების უარყოფისა და პატიების შემდეგ, მან საბოლოოდ განიცადა სიხარული.

ახლა ის ახალგაზრდა გოგონებს ასწავლის, თუ როგორ უნდა თქვან ცხოვრებაზე საკუთარ თავზე.

ანდრეი (რუმინეთი)

ანდრეის მასწავლებელმა ერთხელ უთხრა: *„25 წლამდე ციხეში მოხვდები ან მოკვდები"*. ეს ფრაზა მას აწუხებდა. ის დანაშაულში ჩავარდა და 24 წლის ასაკში დააპატიმრეს. ციხეში შეხვდა ქრისტეს და გააცნობიერა წყევლა, რომელსაც დაეთანხმა. მან მასწავლებელს შენდობის წერილი მისწერა, დახია მასზე ნათქვამი ყველა ტყუილი და ღვთის აღთქმების ქადაგება დაიწყო. ახლა ის ციხეში საჯარო მსახურებას ხელმძღვანელობს.

სამოქმედო გეგმა - წყევლის შეცვლა

1. ჩაიწერეთ თქვენზე ნათქვამი უარყოფითი განცხადებები — სხვების ან საკუთარი თავის მიერ.
2. ლოცვაში **უარი თქვით ყოველ სიტყვაზე, წყევლაზე** (ხმამაღლა წარმოთქვით).
3. **გამოუცხადეთ პატიება** იმ ადამიანს, ვინც ეს თქვა.
4. **ღვთის ჭეშმარიტება ილაპარაკე** საკუთარ თავზე, რათა წყევლა კურთხევით ჩაანაცვლო:
    - *იერემია 29:11*
    - *მეორე რჯული 28:13*
    - *რომაელთა 8:37*
    - *ფსალმუნი 139:14*

ჯგუფური განაცხადი – სიტყვების ძალა

- იკითხეთ: რომელმა განცხადებებმა ჩამოაყალიბა თქვენი ვინაობა - კარგი თუ ცუდი?
- ჯგუფურად ხმამაღლა წარმოთქვით წყევლა (მგრძნობელობით) და ამის ნაცვლად წარმოთქვით კურთხევა.
- გამოიყენეთ წმინდა წერილის ბარათები — თითოეული ადამიანი ხმამაღლა კითხულობს 3 ჭეშმარიტებას საკუთარი ვინაობის შესახებ.

- წაახალისეთ წევრები, რომ დაიწყონ 7-დღიანი *კურთხევის ბრძანებულება* საკუთარ თავზე.

სამინისტროს ინსტრუმენტები:

- ფლეშ ბარათები წმინდა წერილების იდენტურობით
- ზეითუნის ზეთი პირის სცხებისთვის (განწმენდის სიტყვა)
- გააანალიზეთ განცხადებები — ყოველდღიურად თქვით სიმართლე თქვენს ანარეკლს მიღმა

ძირითადი ინფორმაცია

თუ წყევლა იყო წარმოთქმული, მისი დარღვევა შესაძლებელია და მის ნაცვლად სიცოცხლის ახალი სიტყვა შეიძლება წარმოითქმეს.

რეფლექსიის ჟურნალი

- ვისმა სიტყვებმა ჩამოაყალიბა ჩემი ვინაობა?
- შიშის, ბრაზის ან სირცხვილის გამო ხომ არ დავწყევლი საკუთარ თავს?
- რას ამბობს ღმერთი ჩემს მომავალზე?

ლოცვა სიტყვიერი წყევლის დასამსხვრევად

უფალო იესო , მე უარს ვამბობ ყველა წყევლაზე, რომელიც წარმოთქვა ჩემს ცხოვრებაზე — ოჯახის წევრების, მეგობრების, მასწავლებლების, საყვარლების და თვით ჩემი თავის მიერაც კი. ვპატიობ ყველა ხმას, რომელიც აცხადებს წარუმატებლობას, უარყოფას ან სიკვდილს. ახლა, იესოს სახელით, ვარღვევ ამ სიტყვების ძალას. მე ვაძლევ კურთხევას, კეთილგანწყობას და ბედისწერას ჩემს ცხოვრებაზე. მე ვარ ის, ვინც შენ ამბობ, რომ ვარ — საყვარელი, რჩეული, განკურნებული და თავისუფალი. იესოს სახელით. ამინ.

დღე 17: კონტროლიდან და მანიპულაციიდან გათავისუფლება

„ ***ჯადოქრობა ყოველთვის სამოსი და ქვაბები არ არის — ზოგჯერ ეს სიტყვები, ემოციები და უხილავი საბელებია.“***

„რადგან ამბოხება ჯადოქრობის ცოდვას ჰგავს და სიჯიუტე - ურჯულოებასა და კერპთაყვანისმცემლობას“

- 1 სამუელი 15:23

ჯადოქრობა მხოლოდ სალოცავებში არ გვხვდება. ის ხშირად ღიმილით გამოირჩევა და დანაშაულის გრძნობით, მუქარით, პირფერობით ან შიშით მანიპულირებს. ბიბლია აჯანყებას - განსაკუთრებით ისეთ აჯანყებას, რომელიც სხვებზე უღვთო კონტროლს ახორციელებს - ჯადოქრობასთან აიგივებს. ყოველთვის, როდესაც სხვისი ნების დასამორჩილებლად ემოციურ, ფსიქოლოგიურ ან სულიერ ზეწოლას ვიყენებთ, სახიფათო ტერიტორიაზე მივდივართ.

გლობალური გამოვლინებები

- **აფრიკა** - დედები რისხვით წყევლიან შვილებს, საყვარლები სხვებს „ჯუჯუს“ ანუ სიყვარულის წამლების საშუალებით აკავშირებენ, სულიერი ლიდერები მიმდევრებს აშინებენ.
- **აზია** – გურუს კონტროლი მოწაფეებზე, მშობლების შანტაჟი შეთანხმებულ ქორწინებებში, ენერგეტიკული ძაფების მანიპულირება.

- **ევროპა** – მასონების ფიცი, რომელიც აკონტროლებს თაობათა ქცევას, რელიგიურ დანაშაულს და დომინირებას.
- **ლათინური ამერიკა** - ბრუჯერია (ჯადოქრობა), რომელიც პარტნიორების შესანარჩუნებლად გამოიყენებოდა, ემოციური შანტაჟი კი ოჯახურ წყევლაში იყო ფესვგადგმული.
- **ჩრდილოეთ ამერიკა** – ნარცისული აღზრდა, მანიპულაციური ლიდერობა, რომელიც შენიღბულია, როგორც „სულიერი საფარი“, შიშზე დაფუძნებული წინასწარმეტყველება.

ჯადოქრის ხმა ხშირად ჩურჩულებს: *„თუ ამას არ გააკეთებ, დამკარგავ, დაკარგავ ღვთის კეთილგანწყობას ან დაისჯები“.*

მაგრამ ნამდვილი სიყვარული არასდროს მანიპულირებს. ღვთის ხმა ყოველთვის მოაქვს სიმშვიდე, სიცხადე და არჩევანის თავისუფლება.

რეალური ისტორია — უხილავი საბელის გატეხვა

კანადელი გრეისი ღრმად იყო ჩართული წინასწარმეტყველურ მსახურებაში, სადაც ლიდერი კარნახობდა, ვისთან შეეძლო შეხვედრა, სად შეეძლო ცხოვრება და როგორ ელოცა კიდეც. თავიდან ეს სულიერად ეჩვენებოდა, მაგრამ დროთა განმავლობაში თავს მისი მოსაზრებების ტყვედ გრძნობდა. როდესაც დამოუკიდებელი გადაწყვეტილების მიღებას ცდილობდა, ეუბნებოდნენ, რომ „ღმერთის წინააღმდეგ ამბოხებდა“. ნერვული აშლილობისა და „ *დიდი ექსპლოიტების“ 14-ე თავის წაკითხვის შემდეგ* , მიხვდა, რომ ეს ქარიზმატული ჯადოქრობა იყო - კონტროლი, რომელიც წინასწარმეტყველებად იყო შენიღბული.

გრეისმა უარი თქვა სულიერ წინამძღოლთან სულიერ კავშირზე, მოინანია მანიპულაციასთან საკუთარი თანხმობის გამო და განკურნების მიზნით ადგილობრივ

თემს შეუერთდა. დღეს ის ჯანმრთელია და სხვებს რელიგიური ძალადობისგან თავის დაღწევაში ეხმარება.

სამოქმედო გეგმა — ურთიერთობებში ჯადოქრობის გარჩევა

1. ჰკითხეთ საკუთარ თავს: *თავს თავისუფლად ვგრძნობ ამ ადამიანის გვერდით თუ მეშინია მისი იმედგაცრუების?*
2. ჩამოთვალეთ ურთიერთობები, სადაც დანაშაულის გრძნობა, მუქარა ან პირფერობა კონტროლის ინსტრუმენტებად გამოიყენება.
3. უარი თქვით ყველა ემოციურ, სულიერ ან სულიერ კავშირზე, რომელიც გაიძულებთ, თავი დომინირებულად ან ხმის გარეშე იგრძნოთ.
4. ხმამაღლა ილოცეთ, რომ თქვენს ცხოვრებაში მანიპულაციური ყველა თოკი გაწყვიტოთ.

წმინდა წერილის ხელსაწყოები

- 1 **სამუელი** 15:23 – აჯანყება და ჯადოქრობა
- **გალატელთა** 5:1 – „მტკიცედ იდექით... ნუღარ დაიდგამთ მონობის უღელს“.
- 2 **კორინთელთა** 3:17 – „სადაც უფლის სულია, იქ თავისუფლებაა“.
- **მიქა** 3:5–7 – ცრუწინასწარმეტყველები, რომლებიც დაშინებასა და მოსყიდვას იყენებენ

ჯგუფური განხილვა და განაცხადი

- გაგვიზიარეთ (საჭიროების შემთხვევაში ანონიმურად) შემთხვევა, როდესაც სულიერად ან ემოციურად მანიპულირება იგრძენით.
- შეასრულეთ „სიმართლის თქმის“ ლოცვა როლური თამაშით — გაათავისუფლეთ სხვებზე კონტროლი და დაიბრუნეთ თქვენი ნება.

- სთხოვეთ წევრებს დაწერონ წერილები (რეალური თუ სიმბოლური), რომლებშიც გაწყვეტენ კავშირებს მმართველ ფიგურებთან და აცხადებენ თავისუფლებას ქრისტეში.

სამინისტროს ინსტრუმენტები:

- დაწყვილეთ ხსნის პარტნიორები.
- გამოიყენეთ საცხებელი ზეთი გონებასა და ნებაზე თავისუფლების გამოცხადებისთვის.
- გამოიყენეთ ზიარება ქრისტესთან აღთქმის აღსადგენად, როგორც *ერთადერთი ჭეშმარიტი საფარისა* .

ძირითადი ინფორმაცია

სადაც მანიპულირება ცოცხლობს, იქ ჯადოქრობა ყვავის. მაგრამ სადაც ღვთის სულია, იქ თავისუფლებაა.

რეფლექსიის ჟურნალი

- ვის ან რას მივეცი უფლება, აკონტროლოს ჩემი ხმა, ნება ან მიმართულება?
- ოდესმე გამომიყენებია შიში ან პირფერობა ჩემი მიზნის მისაღწევად?
- რა ნაბიჯებს გადავდგამ დღეს, რათა ვიარო ქრისტეს თავისუფლებაში?

ხსნის ლოცვა

ზეციერო მამაო, მე უარს ვამბობ ემოციური, სულიერი და ფსიქოლოგიური მანიპულირების ყოველგვარ ფორმაზე, რომელიც მოქმედებს ჩემში ან ჩემს გარშემო. ვწყვეტ ყველა სულიერ კავშირს, რომელიც შიშში, დანაშაულის გრძნობასა და კონტროლშია ფესვგადგმული. ვთავისუფლდები ამბოხებისგან, ბატონობისა და დაშინებისგან. ვაცხადებ, რომ მხოლოდ შენი სული მიმყავს. ვიღებ მადლს, რომ ვიარო

სიყვარულში, ჭეშმარიტებასა და თავისუფლებაში. იესოს სახელით. ამინ.

დღე 18: მიუტევებლობისა და სიმწარის ძალის დამარცხება

„*�იუტევებლობა ჰგავს შხამის დალევას და მეორე ადამიანის სიკვდილის მოლოდინს.*“

„ფრთხილად იყავით... რომ არ აღმოცენდეს მწარე ფესვი, რომელიც ბევრს შეურაცხყოფს და უბედურებას გამოიწვევს“

- ებრაელთა 12:15

სიმწარე ჩუმი გამანადგურებელია. ის შეიძლება ტკივილით დაიწყოს — ღალატით, ტყუილით, დანაკარგით — მაგრამ თუ მას უკონტროლოდ დატოვებთ, ის შეუწყნარებლობაში გადაიზრდება და ბოლოს, ფესვებად იქცევა, რომელიც ყველაფერს წამლავს.

მიუტევებლობა კარს უხსნის მტანჯველ სულებს (მათე 18:34). ის აბნელებს გამჭრიახობას, ხელს უშლის განკურნებას, ახშობს თქვენს ლოცვებს და ბლოკავს ღვთის ძალის ნაკადს.

ხსნა მხოლოდ დემონების განდევნას არ ნიშნავს — ეს იმას ნიშნავს, რომ გათავისუფლდე იმისგან, რაც შიგნით გაქვს.

�������� ���������� გამოხატულებები

- **აფრიკა** - ტომობრივი ომები, პოლიტიკური ძალადობა და ოჯახური ღალატი თაობიდან თაობას გადაეცემა.
- **აზია** - მშობლებსა და შვილებს შორის

შეურაცხყოფა, კასტური ჭრილობები, რელიგიური ღალატი.

- **ევროპა** – თაობათა დუმილი ძალადობის გამო, სიმწარე განქორწინების ან ღალატის გამო.
- **ლათინური ამერიკა** - კორუმპირებული ინსტიტუტებით მიყენებული ჭრილობები, ოჯახური უარყოფა, სულიერი მანიპულაციები.
- **ჩრდილოეთ ამერიკა** - ეკლესიის ტრავმა, რასობრივი ტრავმა, მამების არყოფნა, სამუშაო ადგილზე უსამართლობა.

სიმწარე ყოველთვის არ ყვირის. ზოგჯერ ჩურჩულებს: „არასდროს დამავიწყდება, რაც მათ გააკეთეს".

მაგრამ ღმერთი ამბობს: *გაუშვი ეს — არა იმიტომ, რომ ისინი იმსახურებენ ამას, არამედ იმიტომ, რომ* ***შენ*** *იმსახურებ.*

რეალური ისტორია — ქალი, რომელიც არ აპატიებდა

ბრაზილიელი მარია 45 წლის იყო, როდესაც პირველად მივიდა ხსნისთვის. ყოველ ღამე მას ესიზმრებოდა, რომ ახრჩობდნენ. მას ჰქონდა წყლული, მაღალი არტერიული წნევა და დეპრესია. სესიის დროს გაირკვა, რომ მას სიძულვილი ჰქონდა მამის მიმართ, რომელიც ბავშვობაში მასზე ძალადობდა და მოგვიანებით ოჯახი მიატოვა.

ის ქრისტიანი გახდა, მაგრამ არასდროს აპატია მას.

როდესაც ის ტიროდა და ღმერთის წინაშე გაუშვა, მისი სხეული შეკრთა - რაღაც გატყდა. იმ ღამეს, 20 წლის შემდეგ პირველად, მშვიდად ეძინა. ორი თვის შემდეგ მისი ჯანმრთელობა მკვეთრად გაუმჯობესდა. ახლა ის თავის ისტორიას გვიზიარებს, როგორც ქალების სამკურნალო მწვრთნელი.

სამოქმედო გეგმა — მწარე ფესვის ამოღება

1. **დაასახელეთ** – ჩამოწერეთ მათი სახელები, ვინც გული გატკინეთ — თუნდაც საკუთარი თავის ან ღმერთის (თუ ფარულად გაბრაზდით მასზე).
2. **გათავისუფლდი** – ხმამაღლა თქვი: „მე ვირჩევ [სახელი]-ს [კონკრეტული დანაშაულისთვის] ვაპატიო. მე ვათავისუფლებ მათ და ვათავისუფლებ საკუთარ თავს."
3. **დაწვით** – თუ ამის გაკეთება უსაფრთხოა, დაწვით ან დაქუცმაცეთ ქაღალდი, როგორც განთავისუფლების წინასწარმეტყველური აქტი.
4. **ილოცეთ** მათთვის, ვინც უსამართლოდ მოგექცათ — მაშინაც კი, თუ თქვენი ემოციები წინააღმდეგობას უწევს. ეს სულიერი ომია.

წმინდა წერილის ხელსაწყოები

- *მათე 18:21–35* – იგავი დაუნდობელი მონის შესახებ
- *ებრაელთა 12:15* – მწარე ფესვები ბევრს ბილწავს
- *მარკოზი 11:25* – აპატიეთ, რათა თქვენი ლოცვა არ დაიბლოკოს
- *რომაელთა 12:19–21* – შურისძიება ღმერთს მიანდეთ

❖❖❖❖❖❖ ❖❖❖❖❖❖❖❖ ❖❖ **მსახურება**

- სთხოვეთ თითოეულ ადამიანს (პირადად ან წერილობით), დაასახელონ ის ადამიანი, ვისი პატიებაც უჭირთ.
- დაიყავით ლოცვის ჯგუფებად, რათა ქვემოთ მოცემული ლოცვის გამოყენებით გაიაროთ მიტევების პროცესი.
- ჩაატარეთ წინასწარმეტყველური „დაწვის ცერემონია", სადაც დაწერილი დანაშაულები

განადგურდება და განკურნების დეკლარაციებით ჩანაცვლდება.

სამინისტროს ინსტრუმენტები:

- პატიების დეკლარაციის ბარათები
- რბილი ინსტრუმენტული მუსიკა ან თაყვანისცემა
- სიხარულის ზეთი (გათავისუფლების შემდეგ ცხებისთვის)

ძირითადი ინფორმაცია

მიუტევებლობა კარიბჭეა, რომელსაც მტერი იყენებს. მიტევება მახვილია, რომელიც მონობის თოკს ჭრის.

რეფლექსიის ჟურნალი

- ვის უნდა ვაპატიო დღეს?
- ვაპატიე ჩემს თავს — თუ წარსული შეცდომების გამო ვსჯი საკუთარ თავს?
- მჯერა, რომ ღმერთს შეუძლია აღადგინოს ის, რაც ღალატის ან შეურაცხყოფის გამო დავკარგე?

განთავისუფლების ლოცვა

უფალო იესო, მე შენს წინაშე ვდგავარ ჩემი ტკივილით, ბრაზითა და მოგონებებით. დღეს ვირჩევ - რწმენით - ვაპატიო ყველას, ვინც მატკინა, შეურაცხყოფა მიაყენა, მიღალატა ან უარყო. ვუშვებ მათ წასვლას. ვათავისუფლებ მათ განკითხვისგან და ვათავისუფლებ საკუთარ თავს სიმწარისგან. გთხოვ, განკურნო ყველა ჭრილობა და აავსო შენი მშვიდობით. იესოს სახელით. ამინ.

დღე 19: სირცხვილისა და დაგმობისგან განკურნება

„?ირცხვილი ამბობს: „მე ცუდი ვარ“. დაგმობა ამბობს: „მე ვერასდროს ვიქნები თავისუფალი“. მაგრამ იესო ამბობს: „შენ ჩემი ხარ და მე შენ ახალი გაგხადე “.

„მისკენ მზერა გაბრწყინდება; მათი სახე არასოდეს არის დაფარული სირცხვილით“

- ფსალმუნი 34:5

სირცხვილი მხოლოდ გრძნობა არ არის — ეს მტრის სტრატეგიაა. ეს არის მოსასხამი, რომელსაც ის ახვევს მათ, ვინც დაეცა, დამარცხდა ან შეურაცხყოფილია. ის ამბობს: „შენ ვერ მიუახლოვდები ღმერთს. შენ ძალიან ბინძური ხარ. ძალიან დაზიანებული. ძალიან დამნაშავე“.

მაგრამ განკითხვა ტყუილია — რადგან ქრისტეში **არ არსებობს განკითხვა** (რომაელთა 8:1).

ბევრი ადამიანი, ვინც ხსნას ეძებს, ჩიხში რჩება, რადგან თვლის, რომ **თავისუფლების ღირსი არ არის** . ისინი დანაშაულის გრძნობას ნიშანსავით ატარებენ და თავიანთ ყველაზე უარეს შეცდომებს გაფუჭებული ფირფიტასავით იმეორებენ.

იესომ არა მხოლოდ შენი ცოდვებისთვის გადაიხადა — მან შენი სირცხვილისთვის გადაიხადა.

სირცხვილის გლობალური სახეები

- **აფრიკა** - კულტურული ტაბუები გაუპატიურების, უნაყოფობის, უშვილობის ან ქორწინების შეუძლებლობის შესახებ.

- **აზია** - შეურაცხყოფით გამოწვეული სირცხვილი ოჯახის მოლოდინების ან რელიგიური განდგომილების გამო.
- **ლათინური ამერიკა** - დანაშაულის გრძნობა აბორტების, ოკულტური ჩართულობის ან ოჯახური სირცხვილის გამო.
- **ევროპა** - ფარული ცოდვებისგან, ძალადობისგან ან ფსიქიკური ჯანმრთელობის პრობლემებისგან გამოწვეული დაფარული სირცხვილი.
- **ჩრდილოეთ ამერიკა** - სირცხვილი დამოკიდებულების, განქორწინების, პორნოგრაფიის ან ვინაობის დაბნეულობის გამო.

სირცხვილი სიჩუმეში ყვავის, მაგრამ ღვთის სიყვარულის შუქზე კვდება.

ნამდვილი ისტორია — ახალი სახელი აბორტის შემდეგ

აშშ-დან ჟასმინმა ქრისტესთან მოსვლამდე სამი აბორტი გაიკეთა. მიუხედავად იმისა, რომ გადარჩა, საკუთარ თავს ვერ აპატიებდა. ყოველი დედის დღე წყევლას ჰგავდა. როდესაც ხალხი შვილებზე ან მშობლობაზე საუბრობდა, ის თავს უხილავად გრძნობდა - და უარესი, უღირსად.

ქალთა რეტრიტის დროს მან ესაიას 61-ე თავში მოისმინა ცნობა — „სირცხვილის ნაცვლად, ორმაგი წილი“. ის ატირდა. იმ ღამეს მან წერილები მისწერა ჯერ არ დაბადებულ შვილებს, კვლავ მოინანია უფლის წინაშე და იესოს ხილვაში ენახა, რომელიც მას ახალ სახელებს აძლევდა: *„საყვარელი“, „დედა“, „აღდგენილი“*.

ახლა ის ემსახურება აბორტის შემდგომ ქალებს და ეხმარება მათ ქრისტეში საკუთარი იდენტობის აღდგენაში.

სამოქმედო გეგმა — გამოდი ჩრდილიდან

1. **დაარქვით სახელი სირცხვილს** – ჩაიწერეთ დღიურში, რას მალავდით ან რას გრძნობდით დამნაშავედ.
2. **აღიარეთ ტყუილი** – ჩამოწერეთ ბრალდებები, რომლებსაც გჯეროდათ (მაგ., „მე ჭუჭყიანი ვარ“, „მე დისკვალიფიცირებული ვარ“).
3. **ჩაანაცვლეთ ჭეშმარიტებით** – ხმამაღლა გამოაცხადეთ ღვთის სიტყვა საკუთარ თავზე (იხილეთ წმინდა წერილი ქვემოთ).
4. **წინასწარმეტყველური მოქმედება** – დაწერეთ სიტყვა „სირცხვილი“ ფურცელზე, შემდეგ დახიეთ ან დაწვით. განაცხადეთ: *„ამით აღარ ვარ შეზღუდული!“*

წმინდა წერილის ხელსაწყოები

- *რომაელთა 8:1–2* – ქრისტეში არანაირი განკითხვა
- *ესაია 61:7* – ორმაგი წილი სირცხვილისთვის
- *ფსალმუნი 34:5* – ბრწყინვალება მის თანდასწრებით
- *ებრაელთა 4:16* – ღვთის ტახტზე თამამი ასვლის შესაძლებლობა
- *სოფონია 3:19–20* – ღმერთი აქრობს სირცხვილს ხალხებს შორის

ჯგუფური განაცხადი და მსახურება

- სთხოვეთ მონაწილეებს, დაწერონ ანონიმური სირცხვილის გამომხატველი განცხადებები (მაგ., „აბორტი გავიკეთე", „შეურაცხყოფა მიაყენეს", „თაღლითობა ჩავიდინე") და მოათავსონ ისინი დალუქულ ყუთში.
- ხმამაღლა წაიკითხეთ ესაიას 61-ე თავი, შემდეგ კი ლოცვა აღავლინეთ სანაცვლოდ — გლოვა სიხარულისთვის, ფერფლი სილამაზისთვის, სირცხვილი პატივისთვის.
- ჩართეთ თაყვანისცემის მუსიკა, რომელიც ხაზს უსვამს ქრისტეში იდენტობას.
- წარმოთქვით წინასწარმეტყველური სიტყვები იმ ადამიანებზე, რომლებიც მზად არიან გაუშვან ხელი.

სამინისტროს ინსტრუმენტები:

- პირადობის დამადასტურებელი ბარათები
- საცხებელი ზეთი
- თაყვანისცემის პლეილისტი სიმღერებით, როგორიცაა „You Say" (ლორენ დეიგლი), „No Longer Slaves" ან „Who You Say I Am"

ძირითადი ინფორმაცია

სირცხვილი ქურდია. ის იპარავს შენს ხმას, შენს სიხარულს და შენს ავტორიტეტს. იესომ არა მხოლოდ ცოდვები მოგიტევათ - მან სირცხვილს მისი ძალა წაართვა.

რეფლექსიის ჟურნალი

- რა არის სირცხვილის ყველაზე ადრეული მოგონება, რაც მახსენდება?
- რა ტყუილი მჯეროდა საკუთარ თავზე?
- მზად ვარ, დავინახო საკუთარი თავი ისე, როგორც

ღმერთი მხედავს - სუფთა, კაშკაშა და რჩეული?

განკურნების ლოცვა

უფალო იესო, მოგიტან შენ ჩემს სირცხვილს, ჩემს ფარულ ტკივილს და ყოველგვარ გმობას. ვნანობ, რომ ვეთანხმები მტრის ტყუილს იმის შესახებ, თუ ვინ ვარ. ვირჩევ, დავიჯერო ის, რასაც ამბობ - რომ მე პატიებული ვარ, მიყვარხარ და განახლებული ვარ. ვიღებ შენს სიმართლის სამოსელს და თავისუფლებაში შევდივარ. სირცხვილიდან გამოვდივარ და შენს დიდებაში შევდივარ. იესოს სახელით, ამინ.

დღე 20: ოჯახური ჯადოქრობა — როდესაც სიბნელე ერთი სახურავის ქვეშ ცხოვრობს

„ყველა მტერი გარეთ არ არის. ზოგიერთს ნაცნობი სახე აქვს."

„კაცის მტრები მისივე ოჯახის წევრები იქნებიან"

- მათე 10:36

ზოგიერთი ყველაზე სასტიკი სულიერი ბრძოლა ტყეებსა და სალოცავებში კი არა, საძინებლებში, სამზარეულოებსა და ოჯახის სამსხვერპლოებში მიმდინარეობს.

ოჯახური ჯადოქრობა გულისხმობს დემონურ ოპერაციებს, რომლებიც სათავეს იღებს ადამიანის ოჯახიდან - მშობლებიდან, მეუღლეებიდან, და-ძმებიდან, სახლის თანამშრომლებიდან ან ნათესავებიდან - შურის, ოკულტური პრაქტიკის, წინაპრების სამსხვერპლოების ან პირდაპირი სულიერი მანიპულაციების გზით.

ხსნა რთულდება, როდესაც საქმე ეხება იმ ადამიანებს, **რომლებიც გვიყვარს ან ვისთან ერთადაც ვცხოვრობთ.**

ოჯახური ჯადოქრობის გლობალური მაგალითები

- **აფრიკა** - ეჭვიანი დედინაცვალი საჭმლით წყევლას აგზავნის; და-ძმა სულებს იძახებს უფრო წარმატებული ძმის წინააღმდეგ.
- **ინდოეთი და ნეპალი** - დედები შვილებს დაბადებისთანავე ღვთაებებს უძღვნიან; სახლის საკურთხევლები ბედისწერის

გასაკონტროლებლად გამოიყენება.

- **ლათინური ამერიკა** - ბრუჯერია ან სანტერია, რომელსაც ფარულად ატარებენ ნათესავები მეუღლეების ან შვილების მანიპულირებისთვის.
- **ევროპა** – ფარული მასონობა ან ოკულტური ფიცი ოჯახურ ხაზებში; ექსტრასენსული ან სპირიტუალისტური ტრადიციები, რომლებიც მემკვიდრეობით გადაეცემა.
- **ჩრდილოეთ ამერიკა** - ვიკანელი ან ახალი ერის მშობლები შვილებს კრისტალებით, ენერგიის გამწმენდით ან ტაროთი „აკურთხებენ".

ეს ძალები შეიძლება ოჯახური სიყვარულის მიღმა იმალებოდეს, მაგრამ მათი მიზანი კონტროლი, სტაგნაცია, ავადმყოფობა და სულიერი მონობაა.

ნამდვილი ისტორია — მამაჩემი, სოფლის წინასწარმეტყველი

დასავლეთ აფრიკიდან ერთი ქალი გაიზარდა ოჯახში, სადაც მისი მამა სოფლის დიდად პატივცემული წინასწარმეტყველი იყო. გარეშე პირებისთვის ის სულიერი მოძღვარი იყო. დახურულ კარს მიღმა, ის მალავდა თილისმებს ნაკვეთში და მსხვერპლს სწირავდა ოჯახებისთვის, რომლებიც კეთილგანწყობას ან შურისძიებას ეძებდნენ.

მის ცხოვრებაში უცნაური კანონზომიერებები იკვეთებოდა: განმეორებადი კოშმარები, წარუმატებელი ურთიერთობები და აუხსნელი ავადმყოფობა. როდესაც მან სიცოცხლე ქრისტეს მიანდო, მამამისი მის წინააღმდეგ შებრუნდა და განაცხადა, რომ მისი დახმარების გარეშე ვერასდროს მიაღწევდა წარმატებას. მისი ცხოვრება წლების განმავლობაში ირყეოდა.

რამდენიმეთვიანი შუაღამის ლოცვისა და მარხვის შემდეგ, სულიწმინდამ აიძულა იგი უარი ეთქვა მამის ოკულტურ მანტიასთან ყველანაირ სულიერ კავშირზე. მან

კედლებში დამარხა წმინდა წერილები, დაწვა ძველი ნიშნები და ყოველდღიურად სცხო თავის ზღურბლს. ნელ-ნელა დაიწყო გარღვევა: მისი ჯანმრთელობა აღდგა, მისი ოცნებები გაიწმინდა და საბოლოოდ დაქორწინდა. ახლა ის ეხმარება სხვა ქალებს, რომლებიც სახლის საკურთხევლის წინაშე დგანან.

მოქმედების გეგმა — ნაცნობ სულთან დაპირისპირება

1. **განასხვავეთ შეურაცხყოფის გარეშე** - სთხოვეთ ღმერთს, გამოავლინოს დაფარული ძალები სიძულვილის გარეშე.
2. **დაარღვიეთ სულიერი შეთანხმებები** - უარი თქვით ყველა სულიერ კავშირზე, რომელიც რიტუალების, სამსხვერპლოების ან ზეპირი ფიცის მეშვეობით არის დადებული.
3. **სულიერად განცალკევება** - მაშინაც კი, თუ ერთ სახლში ცხოვრობთ, ლოცვის საშუალებით შეგიძლიათ **სულიერად გათიშვა .**
4. **განწმინდეთ თქვენი სივრცე** - ზეთითა და წმინდა წერილით სცხეთ ყველა ოთახი, საგანი და ზღურბლი.

წმინდა წერილის ხელსაწყოები

- *მიქა 7:5–7* – ნუ ენდობი მოყვასს
- *ფსალმუნი 27:10* – „თუმცა მამაჩემმა და დედაჩემმა მიმატოვეს..."
- *ლუკა 14:26* – ქრისტეს სიყვარული ოჯახზე მეტად
- *2 მეფეთა 11:1–3* – ფარული ხსნა მკვლელი დედოფლისგან
- *ესაია 54:17* – არც ერთი იარაღი, რომელიც შექმნილია, არ გაიმარჯვებს

ჯგუფური განაცხადი

- გაგვიზიარეთ გამოცდილება, როდესაც წინააღმდეგობა ოჯახის წევრების მხრიდან მოდიოდა.
- ილოცეთ სიბრძნისთვის, გამბედაობისთვის და სიყვარულისთვის ოჯახური წინააღმდეგობის წინაშე.
- წარმოთქვით განდგომის ლოცვა ნათესავების მიერ დადებული ყოველი სულის შეკავშირების ან წარმოთქმული წყევლისგან.

სამინისტროს ინსტრუმენტები:

- საცხებელი ზეთი
- შენდობის დეკლარაციები
- აღთქმის განთავისუფლების ლოცვები
- ფსალმუნი 91-ის ლოცვის საფარი

ძირითადი ინფორმაცია

სისხლის ხაზი შეიძლება იყოს კურთხევა ან ბრძოლის ველი. თქვენ მოწოდებულნი ხართ მის გამოსასყიდად და არა მის მიერ მართული.

რეფლექსიის ჟურნალი

- ოდესმე მქონია სულიერი წინააღმდეგობა ახლობელი ადამიანისგან?
- არის ვინმე, ვისაც უნდა ვაპატიო — მაშინაც კი, თუ ის ჯერ კიდევ ჯადოქრობით არის დაკავებული?
- მზად ვარ, რომ გამოვყო თავი, თუნდაც ეს ურთიერთობების ფასად დამიჯდეს?

განშორებისა და დაცვის ლოცვა

მამაო, ვაღიარებ, რომ ყველაზე დიდი წინააღმდეგობა შეიძლება ჩემთან ყველაზე ახლობლებისგან მოდიოდეს. ვპატიობ ოჯახის ყველა წევრს, რომელიც შეგნებულად თუ შეუგნებლად მოქმედებს ჩემი ბედისწერის

წინააღმდეგ. ვწყვეტ ყველა სულიერ კავშირს, წყევლას და აღთქმას, რომელიც ჩემი ოჯახის ხაზით არის დადებული და რომელიც არ ემთხვევა შენს სამეფოს. იესოს სისხლით ვწმენდ ჩემს სახლს და ვაცხადებ: მე და ჩემი სახლი უფალს ვემსახურებით. ამინ.

დღე 21: იეზაბელის სული — ცდუნება, კონტროლი და რელიგიური მანიპულაცია

„*აგრამ შენს წინააღმდეგ ეს მაქვს: შენ იტან იზებელს, რომელიც თავს წინასწარმეტყველს უწოდებს. თავისი სწავლებით შეცდომაში შეჰყავს...*“ — გამოცხადება 2:20

„*მისი აღსასრული მოულოდნელად და უკურნებლად მოვა.*“ — იგავები 6:15

ზოგიერთი სული გარედან ყვირის.

იზებელი შიგნიდან ჩურჩულებს.

ის არა მხოლოდ ცდუნებას იწვევს - ის **უზურპაციას უკეთებს, მანიპულირებს და რყვნის ადამიანებს** , რის შედეგადაც სამინისტროები დანგრეულია, ქორწინებები ახშობს და ერები აჯანყებით არის შეპყრობილი.

რა არის იზებელის სული?

იზებელის სული:

- წინასწარმეტყველების მიმბაძველი შეცდომაში შეყვანა
- კონტროლისთვის იყენებს ხიბლსა და მაცდუნებლობას
- სძულს ჭეშმარიტი ავტორიტეტი და აჩუმებს წინასწარმეტყველებს
- სიამაყეს ცრუ თავმდაბლობის მიღმა მალავს
- ხშირად ეყრდნობა ლიდერობას ან მასთან დაახლოებულ პირებს

ამ სულისკვეთებას შეუძლია მოქმედებდეს როგორც **მამაკაცების, ასევე ქალების მეშვეობით** და ის ყვავის იქ, სადაც უკონტროლო ძალაუფლება, ამბიცია ან უარყოფა განუკურნებელი რჩება.

გლობალური გამოვლინებები

- **აფრიკა** - ცრუ წინასწარმეტყველები, რომლებიც მანიპულირებენ სამსხვერპლოებით და შიშით მოითხოვენ ერთგულებას.
- **აზია** - რელიგიური მისტიკოსები, რომლებიც ცდუნებას ხილვებთან ურევენ სულიერ წრეებში დომინირების მიზნით.
- **ევროპა** – უძველესი ქალღმერთების კულტები ახალი ეპოქის პრაქტიკებში გაცოცხლდა უფლებამოსილების მიცემის სახელით.
- **ლათინური ამერიკა** - სანტერიის მღვდლები, რომლებიც ოჯახებს „სულიერი რჩევების" მეშვეობით აკონტროლებენ.
- **ჩრდილოეთ ამერიკა** – სოციალური მედიის ინფლუენსერები, რომლებიც ხელს უწყობენ „ღვთაებრივ ქალურობას", ამავდროულად დასცინიან ბიბლიურ მორჩილებას, ავტორიტეტს ან სიწმინდეს.

რეალური ისტორია: იზებელი, რომელიც სამსხვერპლოზე იჯდა

კარიბის ზღვის აუზის ერთ-ერთ ქვეყანაში, ღვთისადმი ცეცხლმოკიდებული ეკლესია ნელ-ნელა და დახშულად ჩაქრობა დაიწყო. შუამავლობის ჯგუფი, რომელიც ოდესღაც შუაღამის ლოცვებზე იკრიბებოდა, დაიშალა. ახალგაზრდული მსახურება სკანდალში გაეხვა. ეკლესიაში ქორწინებები ჩაიშალა, ოდესღაც მგზნებარე მოძღვარი კი მერყევი და სულიერად დაღლილი გახდა.

ყველაფრის ცენტრში ქალი იდგა - **და რ.** ლამაზი, ქარიზმატული და გულუხვი, ბევრი აღფრთოვანებული იყო მასით. მას ყოველთვის ჰქონდა „სიტყვა უფლისგან“ და ოცნება ყველას ბედზე. ის გულუხვად სწირავდა შემოწირულობებს ეკლესიის პროექტებში და დაიმსახურა ადგილი პასტორთან ახლოს.

კულისებში, ის დახვეწილად **ცილს სწამებდა სხვა ქალებს** , აცდუნებდა უმცროს პასტორს და თესავდა განხეთქილების თესლს. ის საკუთარ თავს სულიერ ავტორიტეტად წარმოადგენდა და ამავდროულად, ჩუმად ძირს უთხრიდა ფაქტობრივ ლიდერობას.

ერთ ღამეს ეკლესიაში მყოფმა მოზარდმა გოგონამ ნათელი სიზმარი ნახა — მან დაინახა გველი, რომელიც ამბიონის ქვეშ იყო დახვეული და მიკროფონში ჩურჩულებდა. შეშინებულმა ეს სიზმარი დედას გაუზიარა, რომელმაც ის მოძღვარს მიუტანა.

სამდღიანი მარხვა დაეწყო ღვთის ხელმძღვანელობის საძიებლად. მესამე დღეს, ლოცვის დროს, და რ-მ ძალადობრივი გამოვლინებები დაიწყო. ის უსტვენდა, ყვიროდა და სხვებს ჯადოქრობაში ადანაშაულებდა. ამას ძლიერი ხსნა მოჰყვა და მან აღიარა: მოზარდობის ასაკში სულიერ ორდენში შევიდა და **ეკლესიებში შეღწევა „მათი ცეცხლის მოპარვის“ დავალებით დაევალა.**

ამ ეკლესიამდე ის უკვე **ხუთ ეკლესიაში** იყო ნამყოფი . მისი იარაღი ხმამაღალი არ იყო — ეს იყო **მლიქვნელობა, ცდუნება, ემოციური კონტროლი** და წინასწარმეტყველური მანიპულირება.

დღეს ამ ეკლესიამ საკურთხეველი აღადგინა. ამბიონი ხელახლა აკურთხეს. და ის ახალგაზრდა მოზარდი გოგონა? ის ახლა მგზნებარე ევანგელისტია, რომელიც ქალთა ლოცვის მოძრაობას ხელმძღვანელობს.

სამოქმედო გეგმა — როგორ დავუპირისპირდეთ იზებელს

1. **მოინანიეთ** ნებისმიერი გზა, რომლითაც თანამშრომლობდით მანიპულაციასთან, სექსუალურ კონტროლთან ან სულიერ სიამაყესთან.
2. **გაარჩიეთ** იზებელის თვისებები — მლიქვნელობა, ამბოხება, ცდუნება, ცრუ წინასწარმეტყველება.
3. **გაწყვიტე სულიერ კავშირები** და უწმინდური ალიანსები — განსაკუთრებით მათთან, ვინც ღვთის ხმისგან გაშორებს.
4. **გამოაცხადეთ თქვენი ძალაუფლება** ქრისტეში. იზებელს ეშინია მათი, ვინც იცის ვინ არიან ისინი.

წმინდა წერილის არსენალი:

- მეფეთა 18–21 – იზებელი ელიას წინააღმდეგ
- გამოცხადება 2:18–29 – ქრისტეს გაფრთხილება თიატირას მიმართ
- იგავები 6:16–19 – რაც ღმერთს სძულს
- გალატელთა 5:19–21 – ხორცის საქმეები

ჯგუფური განაცხადი

- განიხილეთ: ოდესმე შესწრებიხართ თუ არა სულიერი მანიპულირების ცდას? როგორ შენიღბა მან თავი?
- ჯგუფურად გამოაცხადეთ „ტოლერანტობის აკრძალვის" პოლიტიკა იზებელის მიმართ — ეკლესიაში, სახლში თუ ხელმძღვანელობაში.
- საჭიროების შემთხვევაში, აღასრულეთ **განთავისუფლების ლოცვა** ან მარხვა მისი გავლენის დასამარცხებლად.
- ხელახლა მიუძღვენით ნებისმიერი მსახურება ან საკურთხეველი, რომელიც კომპრომეტირებულია.

მსახურების ინსტრუმენტები:

გამოიყენეთ საცხებელი ზეთი. შექმენით ადგილი აღსარებისა და მიტევებისთვის. იმღერეთ თაყვანისცემის სიმღერები, რომლებიც **იესოს უფალობას აცხადებენ**.

ძირითადი ინფორმაცია

იზებელი ხარობს იქ, სადაც **გამჭრიახობა დაბალია** და **ტოლერანტობა მაღალი** . მისი მეფობა მთავრდება სულიერი ავტორიტეტის გაღვიძებისას.

რეფლექსიის ჟურნალი

- მანიპულაციას მივეცი უფლება, რომ წამეყვანა?
- არიან ადამიანები ან გავლენიანი პირები, რომლებიც ღვთის ხმაზე მაღლა ავიყვანე?
- შიშის თუ კონტროლის გამო ჩავხშე ჩემი წინასწარმეტყველური ხმა?

ხსნის ლოცვა

უფალო იესო, მე უარს ვამბობ იზებელის სულთან ყოველგვარ ალიანსზე. მე უარვყოფ ცდუნებას, კონტროლს, ცრუ წინასწარმეტყველებას და მანიპულირებას. განწმინდე ჩემი გული სიამაყის, შიშისა და კომპრომისისგან. მე ვიღებ ჩემს ავტორიტეტს. დაე, დაინგრეს ყველა საკურთხეველი, რომელიც იზებელმა ააშენა ჩემს ცხოვრებაში. მე განგსენებ შენ, იესო, როგორც უფალს ჩემს ურთიერთობებზე, მოწოდებასა და მსახურებაზე. აღმავსე გამჭრიახობითა და გაბედულებით. შენი სახელით, ამინ.

დღე 22: პითონები და ლოცვები – შეზღუდვის სულისკვეთების დარღვევა

„ერთხელ, როცა ლოცვის ადგილას მივდიოდით, შეგვხვდა მონა ქალი, რომელსაც პითონის სული ჰქონდა...“ — საქმეები 16:16

„ლომსა და გველგესლას გაჭყევი...“ — ფსალმუნი 91:13

არსებობს სული, რომელიც არ კბენს - ის **გიკბენს** .

ის ახშობს შენს ცეცხლს. ის ტრიალებს შენი ლოცვის, სუნთქვის, თაყვანისცემის, დისციპლინის გარშემო - სანამ არ დაიწყებ იმაზე უარის თქმას, რაც ოდესღაც ძალას გაძლევდა.

პითონის სული - დემონური ძალა, რომელიც **ზღუდავს სულიერ ზრდას, აჭიანურებს ბედისწერას, ახშობს ლოცვას და აყალბებს წინასწარმეტყველებას** .

გლობალური გამოვლინებები

- **აფრიკა** - პითონის სული ცრუ წინასწარმეტყველური ძალის სახით ჩნდება, რომელიც საზღვაო და ტყის სალოცავებში მოქმედებს.
- **აზია** – გველის სულებს, რომლებსაც თაყვანს სცემდნენ, როგორც ღვთაებებს, რომლებსაც კვება ან დაწყნარება სჭირდებათ.
- **ლათინური ამერიკა** - სანტერიის გველის ფორმის სამსხვერპლოები, რომლებიც სიმდიდრის, ვნებისა და ძალაუფლებისთვის გამოიყენებოდა.
- **ევროპა** – გველის სიმბოლოები ჯადოქრობაში,

მკითხაობასა და ექსტრასენსულ წრეებში.
- **ჩრდილოეთ ამერიკა** – ყალბი „წინასწარმეტყველური" ხმები, რომლებიც აჯანყებასა და სულიერ დაბნეულობაში არიან ფესვგადგმული.

ჩვენება: გოგონა, რომელსაც სუნთქვა არ შეეძლო

კოლუმბიიდან მარისოლს ყოველ ჯერზე, როცა ლოცვისთვის მუხლს იყრიდა, სუნთქვის უკმარისობა ეწყებოდა. მკერდი ეჭიმებოდა. სიზმრებში გველები ეხატებოდა, რომლებიც კისერზე ეხვევოდნენ ან საწოლის ქვეშ სძინავთ. ექიმებმა სამედიცინო თვალსაზრისით ვერაფერი დაუდგინეს.

ერთ დღეს მისმა ბებიამ აღიარა, რომ მარისოლი ბავშვობაში მთის სულს „მიეძღვნა", რომელიც გველის სახით გამოიყურებოდა. ეს იყო **„მფარველი სული"**, მაგრამ ამას თავისი ფასი ჰქონდა.

გათავისუფლების შეხვედრის დროს, მარისოლმა ხმამაღლა კივილი დაიწყო, როდესაც მასზე ხელები დაადეს. მან იგრძნო, როგორ ამოძრავდა რაღაც მუცელში, მკერდზე და შემდეგ პირიდან ჰაერივით ამოვარდა.

ამ შეხვედრის შემდეგ სუნთქვის უკმარისობა დასრულდა. მისი ოცნებები შეიცვალა. მან დაიწყო ლოცვის შეხვედრებზე ხელმძღვანელობა — სწორედ ის, რისი დახრჩობაც მტერმა სცადა მისგან.

ნიშნები, რომლებიც მიუთითებს, რომ შესაძლოა პითონის სულის გავლენის ქვეშ იმყოფებოდეთ

- დაღლილობა და სიმძიმე, როდესაც ლოცვის ან თაყვანისცემის მცდელობისას გრძნობთ თავს
- წინასწარმეტყველური დაბნეულობა ან მატყუარა სიზმრები
- დახრჩობის, ბლოკირების ან შეზღუდვის მუდმივი შეგრძნება
- დეპრესია ან სასოწარკვეთა აშკარა მიზეზის

გარეშე
- სულიერი სურვილის ან მოტივაციის დაკარგვა

სამოქმედო გეგმა - შეზღუდვების დარღვევის აღმოფხვრა

1. **მოინანიეთ** ნებისმიერი ოკულტური, ექსტრასენსული ან წინაპრული ჩართულობა.
2. **გამოაცხადეთ თქვენი სხეული და სული მხოლოდ ღმერთად.**
3. **მარხვა და ომი** ესაიას 27:1-ისა და ფსალმუნის 91:13-ის გამოყენებით.
4. **სცხენი ყელს, მკერდსა და ტერფებს** — მოითხოვე თავისუფლება, ისაუბრო, ისუნთქო და ჭეშმარიტებით იარო.

ხსნის წმინდა წერილები:

- საქმეები 16:16–18 – პავლე აძევებს პითონის სულს
- ესაია 27:1 – ღმერთი სჯის ლევიათანს, გაქცეულ გველს
- ფსალმუნი 91 – დაცვა და ძალაუფლება
- ლუკა 10:19 – გველებისა და მორიელების გათელვის ძალა

������� ���������

- იკითხეთ: რა ახშობს ჩვენს ლოცვით ცხოვრებას - პირადად და გაერთიანებულად?
- უხელმძღვანელეთ ჯგუფურ სუნთქვაზე ლოცვას — გამოაცხადეთ **ღვთის სუნთქვა** (რუახი) ყველა წევრზე.
- დაარღვიეთ ყოველგვარი ცრუ წინასწარმეტყველური გავლენა ან გველის მსგავსი

ზეწოლა თაყვანისცემასა და შუამდგომლობაში.

მსახურების ინსტრუმენტები: თაყვანისცემა ფლეიტებით ან სუნთქვითი ინსტრუმენტებით, თოკების სიმბოლური გაჭრა, ლოცვის შარფები თავისუფლების სუნთქვისთვის.

ძირითადი ინფორმაცია

პითონის სული ახშობს იმას, რისი დაბადებაც ღმერთს სურს. მას უნდა დაუპირისპირდე, რომ სუნთქვა და გამბედაობა აღიდგინო.

რეფლექსიის ჟურნალი

- როდის ვიგრძენი ბოლოს სრული თავისუფლება ლოცვაში?
- არის თუ არა სულიერი დაღლილობის ნიშნები, რომლებსაც ყურადღებას არ ვაქცევ?
- ხომ არ მივიღე უნებლიეთ „სულიერი რჩევა", რომელმაც კიდევ უფრო მეტი დაბნეულობა გამოიწვია?

ხსნის ლოცვა

მამაო, იესოს სახელით, მე ვამსხვრევ ყოველ შემზღუდველ სულს, რომელიც ჩემი განზრახვის ჩასახშობად არის განკუთვნილი. მე უარს ვამბობ პითონის სულზე და ყველა ცრუ წინასწარმეტყველურ ხმაზე. მე ვიღებ შენი სულის სუნთქვას და ვაცხადებ: თავისუფლად ვისუნთქავ, თამამად ვილოცებ და სწორად ვივლი. ყოველი გველი, რომელიც ჩემს ცხოვრებას შემოეხვია, მოკვეთილი და განდევნილია. ახლავე ვიღებ ხსნას. ამინ.

დღე 23: უსამართლობის ტახტები — ტერიტორიული სიმაგრეების დანგრევა

„ნუთუ შენთან ზიარება ექნება უსამართლობის ტახტს, რომელიც რჯულით ბოროტებას განიზრახავს?“ — ფსალმუნი 94:20

„ჩვენ არ ვიბრძვით ხორცისა და სისხლის წინააღმდეგ, არამედ... სიბნელის მპყრობელთა წინააღმდეგ...“ — ეფესელთა 6:12

არსებობს უხილავი **ტახტები** — დაარსებული ქალაქებში, ერებში, ოჯახებსა და სისტემებში — სადაც დემონური ძალები **კანონიერად მართავენ** შეთანხმებების, კანონმდებლობის, კერპთაყვანისმცემლობისა და ხანგრძლივი აჯანყების გზით.

ეს შემთხვევითი თავდასხმები არ არის. ესენი არიან **ტახტზე ასული ხელისუფლება** , რომელიც ღრმად ფესვგადგმულია სტრუქტურებში, რომლებიც თაობების განმავლობაში ბოროტებას აგრძელებენ.

სანამ ეს ტახტები **სულიერად არ დაიშლება** , სიბნელის ციკლები გაგრძელდება - რამდენი ლოცვაც არ უნდა შესთავაზონ ზედაპირულ დონეზე.

გლობალური ციხესიმაგრეები და ტახტები

- **აფრიკა** - ჯადოქრობის ტახტები სამეფო სისხლის ხაზებსა და ტრადიციულ საბჭოებში.
- **ევროპა** - სეკულარიზმის, მასონობისა და ლეგალიზებული აჯანყების ტახტები.

- **აზია** – კერპთაყვანისმცემლობის ტახტები წინაპრების ტაძრებსა და პოლიტიკურ დინასტიებში.
- **ლათინური ამერიკა** - ნარკოტერორის, სიკვდილის კულტებისა და კორუფციის ტახტები.
- **ჩრდილოეთ ამერიკა** - გარყვნილების, აბორტებისა და რასობრივი ჩაგვრის ტახტები.

ეს ტახტები გავლენას ახდენენ გადაწყვეტილებებზე, თრგუნავენ სიმართლეს და **შთანთქავენ ბედს**.

ჩვენება: ***ქალაქის საბჭოს წევრის გათავისუფლება***

სამხრეთ აფრიკის ერთ ქალაქში ახლადარჩეულმა ქრისტიანმა მრჩეველმა აღმოაჩინა, რომ მის წინაშე ყველა თანამდებობის პირი ან გაგიჟდა, ან განქორწინდა, ან მოულოდნელად გარდაიცვალა.

რამდენიმედღიანი ლოცვის შემდეგ, უფალმა გამოავლინა **სისხლისმღვრელი მსხვერპლის ტახტი,** რომელიც მუნიციპალური შენობის ქვეშ იყო დამარხული. ადგილობრივმა მხილველმა დიდი ხნის წინ ტერიტორიული პრეტენზიის ნაწილად თილისმები ჩადო.

საბჭოს წევრმა შეკრიბა შუამავლები, მარხულობდა და შუაღამისას საბჭოს დარბაზში წირვა-ლოცვა აღავლინა. სამი ღამის განმავლობაში, პერსონალის წევრები კედლებში უცნაურ ყვირილს იუწყებოდნენ და ელექტროენერგია ითიშებოდა.

ერთ კვირაში აღსარება დაიწყო. კორუფციული კონტრაქტები გამოაშკარავდა და რამდენიმე თვეში საჯარო სერვისები გაუმჯობესდა. ტახტი დაეცა.

მოქმედების გეგმა - სიბნელის დამხობა

1. **დაადგინეთ ტახტი** — სთხოვეთ უფალს, გაჩვენოთ ტერიტორიული ციხესიმაგრეები თქვენს ქალაქში, თანამდებობაზე, სისხლის ხაზში ან რეგიონში.
2. **მოინანიეთ ქვეყნის სახელით** (დანიელის 9-ის სტილის შუამდგომლობა).

3. **თაყვანისცემა სტრატეგიულად** — ტახტები ინგრევა, როდესაც ღვთის დიდება იპყრობს (იხ. 2 მატიანე 20).
4. **გამოაცხადეთ იესოს სახელი**, როგორც ამ სამფლობელოს ერთადერთი ჭეშმარიტი მეფე.

წამყვანი სკრიპსები:

- ფსალმუნი 94:20 – ურჯულოების ტახტები
- ეფესელთა 6:12 – მმართველები და ხელისუფლება
- ესაია 28:6 – სამართლიანობის სული მათთვის, ვინც ბრძოლაში მონაწილეობს
- მეფეთა 23 – იოშია კერპთაყვანისმცემელ სამსხვერპლოებსა და ტახტებს ანადგურებს

❖❖❖❖❖❖ ❖❖❖❖❖❖

- ჩაატარეთ თქვენი სამეზობლოს ან ქალაქის „სულიერი რუკის" სესია.
- იკითხეთ: რა არის ცოდვის, ტკივილის ან ჩაგვრის ციკლები აქ?
- დანიშნეთ „მცველები", რომლებიც ყოველკვირეულად ილოცებენ ძირითად კარიბჭეებთან: სკოლებში, სასამართლოებში, ბაზრებზე.
- წამყვანი ჯგუფი სულიერი მმართველების წინააღმდეგ გამოსცემს განკარგულებებს ფსალმუნის 149:5–9-ის გამოყენებით.

მსახურების ინსტრუმენტები: შოფარები, ქალაქის რუკები, ზეითუნის ზეთი მიწის კურთხევისთვის, ლოცვის გზამკვლევი.

ძირითადი ინფორმაცია

თუ გსურთ თქვენს ქალაქში ტრანსფორმაციის დანახვა, **უნდა დაუპირისპირდეთ სისტემის უკან მდგარ ტახტს** და არა მხოლოდ მის წინ მდგარ სახეს.

რეფლექსიის ჟურნალი

- ჩემს ქალაქში ან ოჯახში ხდება თუ არა განმეორებადი ბრძოლები, რომლებიც ჩემზე უფრო მნიშვნელოვანად მეჩვენება?
- ნუთუ მემკვიდრეობით მივიღე ბრძოლა ტახტის წინააღმდეგ, რომელიც მე არ დამიკავა?
- რომელი „მმართველები" უნდა ჩამოიშორონ ლოცვაში?

ომის ლოცვა

უფალო, გამოაშკარავე ჩემს ტერიტორიაზე არსებული უსამართლობის ყოველი ტახტი. იესოს სახელს ერთადერთ მეფედ ვაცხადებ! ცეცხლით გაიფანტოს ყოველი დაფარული სამსხვერპლო, კანონი, შეთანხმება თუ ძალა, რომელიც სიბნელეს აღასრულებს. მე შუამავლის როლს ვიკავებ. კრავის სისხლითა და ჩემი მოწმობის სიტყვით ვანგრევ ტახტებს და ქრისტეს ვაკურთხებ ჩემს სახლზე, ქალაქსა და ერზე. იესოს სახელით. ამინ.

დღე 24: სულის ფრაგმენტები — როდესაც შენი ნაწილები აკლია

„? *ს აღადგენს ჩემს სულს...“* — ფსალმუნი 23:3

„მე განვიკურნებ შენს ჭრილობებს, ამბობს უფალი, რადგან გარიყულს გიწოდებენ...“ — იერემია 30:17

ტრავმას სულის დამსხვრევის უნარი აქვს. ძალადობა. უარყოფა. ღალატი. უეცარი შიში. ხანგრძლივი მწუხარება. ეს გამოცდილებები არა მხოლოდ მოგონებებს ტოვებს - ისინი **არღვევენ თქვენს შინაგან ადამიანს** .

ბევრი ადამიანი დადის ისე, თითქოს მთლიანად გამოიყურება, მაგრამ ცხოვრობს **საკუთარი თავის ნაწილებით, რომლებიც აკლია** . მათი სიხარული დაქუცმაცებულია. მათი ვინაობა გაბნეულია. ისინი ემოციურ დროის ზონებში არიან ჩარჩენილები - მათი ნაწილი მტკივნეულ წარსულშია ჩარჩენილი, სხეული კი წინსვლას განაგრძობს.

ესენი **სულის ფრაგმენტებია** — თქვენი ემოციური, ფსიქოლოგიური და სულიერი „მეს“ ნაწილები, რომლებიც ტრავმის, დემონური ჩარევის ან ჯადოქრობის მანიპულირების გამო მოტეხილია.

სანამ ეს ნაწილები არ შეიკრიბება, არ განიკურნება და არ გაერთიანდება იესოს მეშვეობით, **ჭეშმარიტი თავისუფლება მიუწვდომელი რჩება** .

სულების ქურდობის გლობალური პრაქტიკა

- **აფრიკა** – ჯადოქრები ადამიანების „არსს“ ქილებში ან სარკეებში იჭერენ.
- **აზია** – სულის ხაფანგში მოქცევის რიტუალები

გურუების ან ტანტრული პრაქტიკოსების მიერ.

- **ლათინური ამერიკა** – შამანური სულის გაყოფა კონტროლის ან წყევლის მიზნით.
- **ევროპა** – ოკულტური სარკის მაგია, რომელიც გამოიყენება იდენტობის გასატეხად ან კეთილგანწყობის მოსაპარად.
- **ჩრდილოეთ ამერიკა** - სექსუალური ძალადობით, აბორტით ან იდენტობის დაბნეულობით გამოწვეული ტრავმა ხშირად ღრმა სულიერ ჭრილობებსა და ფრაგმენტაციას იწვევს.

ისტორია: ***გოგონა, რომელსაც არ შეეძლო გრძნობა***

ანდრეა, 25 წლის ესპანელი გოგონა, წლების განმავლობაში ოჯახის წევრის მხრიდან ძალადობას განიცდიდა. მიუხედავად იმისა, რომ მან იესო მიიღო, ემოციურად დაბუჟებული დარჩა. მას არ შეეძლო ტირილი, სიყვარული ან თანაგრძნობის განცდა.

სტუმრად მყოფმა მღვდელმა უცნაური კითხვა დაუსვა: „სად დატოვე შენი სიხარული?" როდესაც ანდრეამ თვალები დახუჭა, მას გაახსენდა, რომ 9 წლის იყო, კარადაში იყო მოკალათებული და საკუთარ თავს ეუბნებოდა: „აღარასდროს ვიგრძნობ ამას".

ისინი ერთად ილოცეს. ანდრეამ აპატია, უარი თქვა შინაგან აღთქმებზე და იესო ამ კონკრეტულ მეხსიერებაში მიიწვია. ის წლების შემდეგ პირველად ატირდა უკონტროლოდ. იმ დღეს **მისი სული აღდგა** .

მოქმედების გეგმა – სულის აღდგენა და განკურნება

1. ჰკითხეთ სულიწმინდას: *სად დავკარგე ჩემი თავის ნაწილი?*
2. აპატიეთ ყველას, ვინც ამ მომენტში იყო ჩართული და **უარი თქვით შინაგან აღთქმებზე** , როგორიცაა „მე აღარასდროს ვენდობი".

3. მოიწვიე იესო მეხსიერებაში და იმ მომენტში განკურნება ისწავლე.
4. ილოცეთ: „უფალო, აღადგინე ჩემი სული. მე მოვუწოდებ ჩემს ყოველ ფრაგმენტს, დაბრუნდეს და განიკურნოს".

წმინდა წერილების ძირითადი მუხლები:

- ფსალმუნი 23:3 – ის აღადგენს სულს
- ლუკა 4:18 – გულგატეხილთა განკურნება
- 1 თესალონიკელთა 5:23 – სული, სამშვინველი და სხეული შენახულია
- იერემია 30:17 – განდევნილთა და ჭრილობების განკურნება

ჯგუფური განაცხადი

- **შინაგანი განკურნების ლოცვის სესიის** განმავლობაში.
- იკითხეთ: *იყო თუ არა თქვენს ცხოვრებაში მომენტები, როდესაც შეწყვიტეთ ნდობა, გრძნობა ან ოცნება?*
- როლური თამაში იესოსთან ერთად „იმ ოთახში დაბრუნების" და მის მიერ ჭრილობის შეხორცების ყურებისას.
- სანდო ლიდერებს სთხოვეთ, ნაზად დაადონ ხელები თავზე და გამოაცხადონ სულის აღდგენა.

მსახურების ინსტრუმენტები: ღვთისმსახურების მუსიკა, რბილი განათება, ხელსახოცები, დღიურის წერის რჩევები.

ძირითადი ინფორმაცია

ხსნა მხოლოდ დემონების განდევნა არ არის. ეს **დამსხვრეული ნაწილების შეგროვება და ვინაობის აღდგენაა**.

რეფლექსიის ჟურნალი

- რა ტრავმული მოვლენები ახდენს დღესაც გავლენას ჩემს აზროვნებასა და გრძნობებზე?
- ოდესმე მითქვამს: "აღარასდროს შევიყვარებ" ან "აღარ შემიძლია არავის ვენდო"?
- როგორ გამოიყურება ჩემთვის "მთლიანობა" და მზად ვარ თუ არა ამისთვის?

❖❖❖❖❖❖❖ ❖❖❖❖❖

იესო, შენ ხარ ჩემი სულის მწყემსი. მე მოგიყვან ყველგან, სადაც დამსხვრეული ვარ - შიშით, სირცხვილით, ტკივილით ან ღალატით. ვარღვევ ტრავმის დროს წარმოთქმულ ყველა შინაგან აღთქმასა და წყევლას. ვპატიობ მათ, ვინც ჭრილობა მომაყენა. ახლა კი, ჩემი სულის ყოველ ნაწილს დაბრუნებისკენ მოვუწოდებ. სრულად აღმადგინე - სული, სული და სხეული. მე სამუდამოდ არ ვარ გატეხილი. მე შენში ვარ მთლიანი. იესოს სახელით. ამინ.

დღე 25: უცნაური ბავშვების წყევლა — როდესაც ბედისწერა დაბადებისას იცვლება

> "ათი შვილები უცხო შვილები არიან: ახლა თვე შეჭამს მათ თავიანთ წილსა და წილს" - ოსია 5:7
> "სანამ საშვილოსნოში შეგიქმნიდი, გიცნობდი..." - იერემია 1:5

ყველა ბავშვი, რომელიც ამ სახლში დაიბადა, ამ სახლისთვის არ იყო განწირული.

ყველა ბავშვი, რომელიც თქვენს დნმ-ს ატარებს, თქვენს მემკვიდრეობას არ ატარებს.

მტერი დიდი ხანია **დაბადებას ბრძოლის ველად იყენებს** — ცვლის ბედისწერებს, ნერგავს ყალბ შთამომავლობას, აიძულებს ბავშვებს ბნელ შეთანხმებებში ჩაერთონ და ჩასახვის დაწყებამდეც კი ახდენენ საშვილოსნოს მანიპულირებას.

ეს მხოლოდ ფიზიკური საკითხი არ არის. ეს **სულიერი ტრანზაქციაა** — მოიცავს სამსხვერპლოებს, მსხვერპლშეწირვას და დემონურ კანონზომიერებებს.

რა არიან უცნაური ბავშვები?

"უცნაური ბავშვები" არიან:

- ოკულტური მიძღვნის, რიტუალების ან სექსუალური შეთანხმებების შედეგად დაბადებული ბავშვები.
- შთამომავლობა დაბადებისას იცვლებოდა (სულიერად თუ ფიზიკურად).
- ბავშვები, რომლებიც ოჯახში ან შტოში ბნელ

დავალებებს ატარებენ.
- სულები, რომლებიც საშვილოსნოში არიან დატყვევებულნი ჯადოქრობის, ნეკრომანტიის ან თაობათა სამსხვერპლოების მეშვეობით.

ბევრი ბავშვი იზრდება ამბოხებაში, დამოკიდებულებაში, მშობლების ან საკუთარი თავის სიძულვილში — არა მხოლოდ ცუდი აღზრდის გამო, არამედ იმის გამო, **თუ ვინ მიიღო ისინი სულიერად დაბადებისას** .

��������� ���������������

- **აფრიკა** - სულიერი გაცვლა საავადმყოფოებში, საშვილოსნოს დაბინძურება ზღვის სულებით ან რიტუალური სექსი.
- **ინდოეთი** - ბავშვები დაბადებამდე იწყებენ ტაძრებში ან კარმაზე დაფუძნებულ ბედში შესვლას.
- **ჰაიტი და ლათინური ამერიკა** – სანტერიის მიძღვნა, საკურთხეველზე ან შელოცვების შემდეგ ჩასახული ბავშვები.
- **დასავლეთის ქვეყნები** - ინ ვიტრო განაყოფიერებისა და სუროგაციის პრაქტიკა ზოგჯერ დაკავშირებულია ოკულტურ კონტრაქტებთან ან დონორთა შტოებთან; აბორტები, რომლებიც სულიერ კარებს ღიას ტოვებს.
- **მსოფლიოს მკვიდრი კულტურები** - სულების სახელის მინიჭების ცერემონიები ან იდენტობის ტოტემური გადაცემა.

ისტორია: *ბავშვი არასწორი სულით*

უგანდელმა ექთანმა, კლარამ, გააზიარა, თუ როგორ მიიყვანა ქალმა ახალშობილი ლოცვაზე. ბავშვი გამუდმებით ყვიროდა, უარყოფდა რძეს და ლოცვაზე ძალადობრივად რეაგირებდა.

წინასწარმეტყველური სიტყვიდან ირკვევა, რომ ბავშვი დაბადებისთანავე სულით „გაიცვალა". დედამ აღიარა, რომ ჯადოქარი მის მუცელზე ლოცულობდა, სანამ მას სასოწარკვეთილი შვილი სჭირდებოდა.

მონანიებისა და ინტენსიური ლოცვების წყალობით, ბავშვი ჯერ მოდუნდა, შემდეგ კი დამშვიდდა. მოგვიანებით ბავშვი კარგად განვითარდა — აღდგენილი მშვიდობისა და განვითარების ნიშნებს ავლენდა.

ბავშვებში ყველა ტანჯვა ბუნებრივი არ არის. ზოგიერთი მათგანი **ჩასახვის მომენტიდან მომდინარეობს**.

სამოქმედო გეგმა - საშვილოსნოს ბედისწერის დაბრუნება

1. თუ მშობელი ხართ, **თქვენი შვილი ხელახლა მიუძღვენით იესო ქრისტეს**.
2. უარი თქვით ნებისმიერ პრენატალურ წყევლაზე, მიძღვნაზე ან აღთქმაზე — თუნდაც წინაპრების მიერ უნებლიედ დადებულზე.
3. პირდაპირ მიმართეთ თქვენი შვილის სულს ლოცვით: „შენ ღმერთს ეკუთვნი. შენი ბედი აღდგენილია".
4. თუ უშვილო ხართ, ილოცეთ თქვენი საშვილოსნოსთვის და უარყავით სულიერი მანიპულირებისა და ჩარევის ყველა ფორმა.

წმინდა წერილების ძირითადი მუხლები:

- ოსია 9:11–16 – უცხო თესლის განკითხვა
- ესაია 49:25 – იბრძოლე შენი შვილებისთვის
- ლუკა 1:41 – სულით აღსავსე ბავშვები საშოდანვე

- ფსალმუნი 139:13–16 – ღვთის განზრახული ჩანაფიქრი საშვილოსნოში

ჯგუფური ჩართულობა

- მშობლებს სთხოვეთ, თან იქონიონ შვილების სახელები ან ფოტოები.
- თითოეული სახელის წინ თქვით: „თქვენი შვილის ვინაობა აღდგენილია. ყველა უცხო ხელი მოკვეთილია".
- ილოცეთ ყველა ქალის (და მამაკაცების, როგორც თესლის სულიერი მატარებლების) საშვილოსნოს სულიერი განწმენდისთვის.
- გამოიყენეთ ზიარება სისხლის ხაზის ბედისწერის დაბრუნების სიმბოლურად.

მსახურების ინსტრუმენტები: ზიარება, საცხებელი ზეთი, დაბეჭდილი სახელები ან ბავშვის ნივთები (სურვილისამებრ).

ძირითადი ინფორმაცია

სატანა საშვილოსნოს ესხმის თავს, რადგან **სწორედ იქ ყალიბდება წინასწარმეტყველები, მეომრები და ბედისწერები** . თუმცა, ქრისტეს მეშვეობით ყველა ბავშვის დაბრუნებაა შესაძლებელი.

რეფლექსიის ჟურნალი

- ოდესმე მინახავს უცნაური სიზმრები ორსულობის დროს ან მშობიარობის შემდეგ?
- ჩემს შვილებს ისეთი სირთულეები აქვთ, რაც არაბუნებრივად მეჩვენება?
- მზად ვარ, თაობათა აჯანყების ან შეფერხების სულიერ საწყისებს შევხვდე?

ლოცვა განწმენდისა

მამაო, შენს საკურთხეველთან მივიტან ჩემს საშვილოსნოს, ჩემს თესლს და ჩემს შვილებს. ვინანიებ ნებისმიერი კარისთვის - ცნობილი თუ უცნობი - რომელმაც მტერს შესასვლელი მისცა. ვარღვევ ყველა წყევლას, თავდადებას და დემონურ დავალებას, რომელიც ჩემს შვილებს უკავშირდება. ვლაპარაკობ მათზე: შენ ხარ წმინდა, რჩეული და დაბეჭდილი ღვთის დიდებისთვის. შენი ბედი გამოსყიდულია. იესოს სახელით. ამინ.

დღე 26: ძალაუფლების დაფარული საკურთხევლები — ელიტური ოკულტური შეთანხმებებისგან გათავისუფლება

„ვლავ წაიყვანა იგი ეშმაკმა ძალიან მაღალ მთაზე და აჩვენა მას მსოფლიოს ყველა სამეფო და მათი დიდება. უთხრა: "ყოველივე ამას შენ მოგცემ, თუ დაემხობი და თაყვანს მცემ"" — მათე 4:8-9

ბევრი ფიქრობს, რომ სატანური ძალა მხოლოდ კულისებში ან ბნელ სოფლებში გვხვდება. თუმცა, ზოგიერთი ყველაზე საშიში შეთანხმება დახვეწილი კოსტიუმების, ელიტური კლუბებისა და მრავალთაობიანი გავლენის მიღმა იმალება.

ესენი **ძალაუფლების სამსხვერპლოებია** — რომლებიც ჩამოყალიბებულია სისხლიანი ფიცებით, ინიციაციებით, საიდუმლო სიმბოლოებითა და ზეპირი აღთქმებით, რომლებიც ინდივიდებს, ოჯახებს და მთელ ერებსაც კი აკავშირებს ლუციფერის სამფლობელოსთან. მასონობიდან კაბალისტურ რიტუალებამდე, აღმოსავლური ვარსკვლავური ინიციაციებიდან ძველ ეგვიპტურ და ბაბილონურ საიდუმლო სკოლებამდე — ისინი განმანათლებლობას გვპირდებიან, მაგრამ მონობას აძლევენ.

გლობალური კავშირები

- **ევროპა და ჩრდილოეთ ამერიკა** – მასონობა, როზენკროიცერიზმი, ოქროს განთიადის ორდენი,

თავის ქალა და ძვლები, ბოჰემური კორომი, კაბალის ინიციაციები.

- **აფრიკა** - პოლიტიკური სისხლისმღვრელი პაქტები, წინაპრების სულებს შორის გარიგებები მმართველობისთვის, მაღალი დონის ჯადოქრობის ალიანსები.
- **აზია** - განმანათლებლური საზოგადოებები, დრაკონების სულების პაქტები, უძველეს ჯადოქრობასთან დაკავშირებული სისხლის დინასტიები.
- **ლათინური ამერიკა** – პოლიტიკური სანტერია, კარტელებთან დაკავშირებული რიტუალური დაცვა, წარმატებისა და იმუნიტეტისთვის დადებული პაქტები.
- **ახლო აღმოსავლეთი** – ძველი ბაბილონური და ასურული რიტუალები რელიგიური ან სამეფო საფარქვეშ გადაეცემოდათ.

ჩვენება – მასონის შვილიშვილი თავისუფლებას პოულობს

კარლოსმა, რომელიც არგენტინაში გავლენიან ოჯახში გაიზარდა, არასდროს იცოდა, რომ მისმა ბაბუამ მასონობის 33-ე ხარისხს მიაღწია. უცნაური გამოვლინებები აწუხებდა მის ცხოვრებას - ძილის დამბლა, ურთიერთობების საბოტაჟი და პროგრესის მიღწევის მუდმივი უუნარობა, რაც არ უნდა ეცადა.

ელიტის ოკულტურ კავშირებს ამხელდა, როდესაც მან ოჯახის ისტორიას დაესწრო და მასონური რეგალიები და ფარული დღიურები აღმოაჩინა. შუაღამის მარხვის დროს მან უარყო ყველა სისხლის აღთქმა და ქრისტეში თავისუფლება გამოაცხადა. იმავე კვირაში მან მიიღო სამსახურში გარღვევა, რომელსაც წლების განმავლობაში ელოდა.

მაღალი დონის სამსხვერპლოები მაღალი დონის წინააღმდეგობას ქმნის - მაგრამ **იესოს სისხლი** ნებისმიერ ფიცზე ან რიტუალზე უფრო ხმამაღლა მეტყველებს.

მოქმედების გეგმა - დაფარული ლოჟის გამოაშკარავება

1. **გამოიკვლიეთ** : არის თუ არა თქვენს სისხლის ხაზში მასონური, ეზოთერული ან საიდუმლო კუთვნილება?
2. **უარყავით** ყველა ცნობილი და უცნობი აღთქმა მათეს 10:26–28-ზე დაფუძნებული განცხადებების გამოყენებით.
3. **დაწვით ან მოაშორეთ** ნებისმიერი ოკულტური სიმბოლო: პირამიდები, ყოვლისმხედველი თვალები, კომპასები, ობელისკები, ბეჭდები ან სამოსი.
4. **ხმამაღლა ილოცეთ** :

„მე ვარღვევ ყველა ფარულ შეთანხმებას საიდუმლო საზოგადოებებთან, ნათელ კულტებთან და ცრუ საძმოებთან. მე მხოლოდ უფალ იესო ქრისტეს ვემსახურები."

ჯგუფური განაცხადი

- სთხოვეთ წევრებს, ჩაწერონ ელიტის ოკულტური კავშირის ნებისმიერი ცნობილი ან სავარაუდო ნიშანი.
- უხელმძღვანელეთ **ბაფთების გაწყვეტის სიმბოლურ აქტს** — დახიეთ ქაღალდები, დაწვით სურათები ან შუბლზე წაუსვით განშორების ბეჭედი.
- გამოიყენეთ **ფსალმუნი 2**, რათა გამოაცხადოთ უფლის ცხებულის წინააღმდეგ ეროვნული და ოჯახური შეთქმულებების ჩაშლა.

ძირითადი ინფორმაცია

სატანის უდიდესი ძალა ხშირად საიდუმლოებითა და პრესტიჟით არის შემოსილი. ჭეშმარიტი თავისუფლება იწყება მაშინ, როდესაც თქვენ ამხელთ, უარყოფთ და ანაცვლებთ ამ სამსხვერპლოებს თაყვანისცემითა და ჭეშმარიტებით.

რეფლექსიის ჟურნალი

- მემკვიდრეობით მივიღე სიმდიდრე, ძალაუფლება ან შესაძლებლობები, რომლებიც სულიერად „არასწორად" მეჩვენება?
- არის თუ არა ჩემს წინაპრებში საიდუმლო კავშირები, რომლებიც უგულებელვყავი?
- რა დამიჯდება ძალაუფლებაზე უღვთო პირებისთვის წვდომის შეწყვეტა — და მზად ვარ ამისთვის?

ხსნის ლოცვა

მამაო, მე გამოვდივარ ყოველი დაფარული ლოჟიდან, საკურთხევლიდან და შეთანხმებიდან - ჩემი სახელით ან ჩემი სისხლის ხაზის სახელით. მე ვწყვეტ ყოველ სულის კავშირს, ყოველ სისხლის კავშირს და ყოველ ფიცს, რომელიც შეგნებულად თუ შეუცნობლად არის დადებული. იესო, შენ ხარ ჩემი ერთადერთი ნათელი, ჩემი ერთადერთი ჭეშმარიტება და ჩემი ერთადერთი საფარი. დაე, შენმა ცეცხლმა შთანთქოს ძალაუფლებასთან, გავლენასთან ან მოტყუებასთან დაკავშირებული ყველა უღვთო კავშირი. მე ვიღებ სრულ თავისუფლებას იესოს სახელით. ამინ.

დღე 27: უწმინდური ალიანსები - მასონობა, ილუმინატები და სულიერი ინფილტრაცია

„*ნუ შეეხებით სიბნელის უნაყოფო საქმეებს, არამედ ამხილეთ ისინი.*“ — ეფესელთა 5:11

„*არ შეგიძლიათ სვათ უფლის სასმისიც და დემონების სასმისიც.*“ — 1 კორინთელთა 10:21

არსებობენ საიდუმლო საზოგადოებები და გლობალური ქსელები, რომლებიც თავს უვნებელ საძმო ორგანიზაციებად წარმოაჩენენ — სთავაზობენ ქველმოქმედებას, კავშირს ან განმანათლებლობას. თუმცა, ფარდის მიღმა იმალება უფრო ღრმა ფიცი, სისხლის რიტუალები, სულის კავშირები და ლუციფერიანული დოქტრინის ფენები, რომლებიც „სინათლით“ არის დაფარული.

მასონობა, ილუმინატები, „ისტერნ სტარი“, „ქალა და ძვლები“ და მათი დაძმობილებული ქსელები მხოლოდ სოციალური კლუბები არ არიან. ისინი ერთგულების სამსხვერპლოებია — ზოგიერთი მათგანი საუკუნეების წინანდელი — რომლებიც შექმნილია ოჯახებში, მთავრობებსა და ეკლესიებშიც კი სულიერი შეღწევისთვის.

გლობალური კვალი

- **ჩრდილოეთ ამერიკა და ევროპა** – მასონობის ტაძრები, შოტლანდიური რიტუალის ლოჟები, იელის თავის ქალა და ძვლები.
- **აფრიკა** – პოლიტიკური და სამეფო ინიციაციები

მასონური რიტუალებით, სისხლის პაქტებით დაცვის ან ძალაუფლების მიზნით.
- **აზია** – კაბალის სკოლები, რომლებიც შენიღბული იყო, როგორც მისტიკური განმანათლებლობა, საიდუმლო სამონასტრო რიტუალები.
- **ლათინური ამერიკა** – ფარული ელიტური ორდენები, სანტერია შერწყმული ელიტის გავლენასთან და სისხლისმიერ პაქტებთან.
- **ახლო აღმოსავლეთი** – ძველი ბაბილონური საიდუმლო საზოგადოებები, რომლებიც დაკავშირებული იყვნენ ძალაუფლების სტრუქტურებთან და ცრუ სინათლის თაყვანისცემასთან.

❓ ❓❓❓❓❓❓ ❓❓❓❓❓:

- მოითხოვეთ სისხლი ან ზეპირი ფიცი.
- გამოიყენეთ ოკულტური სიმბოლოები (კომპასები, პირამიდები, თვალები).
- ცერემონიების ჩატარება ორდენის მოსაწვევად ან მისთვის სულის მიძღვნისთვის.
- სულიერი კონტროლის სანაცვლოდ გავლენის ან სიმდიდრის მინიჭება.

ჩვენება - ეპისკოპოსის აღსარება

დაბალ დონეზე შეუერთდა მასონობას - უბრალოდ „კავშირების" მიზნით. თუმცა, როდესაც ის წინ მიიწევდა, უცნაური მოთხოვნების დანახვა დაიწყო: დუმილის ფიცი, თვალდახუჭული და სიმბოლოებით სავსე ცერემონიები და „სინათლე", რომელიც მის ლოცვით ცხოვრებას ცივს ხდიდა. მან სიზმრები შეწყვიტა. მას წმინდა წერილის კითხვა არ შეეძლო.

მონანიებისა და ყველა წოდებისა და აღთქმის საჯაროდ დაგმობის შემდეგ, სულიერი ნისლი გაიფანტა. დღეს ის თამამად ქადაგებს ქრისტეს და ამხელს იმას, რაშიც ოდესღაც მონაწილეობდა. ჯაჭვები უხილავი იყო - სანამ არ გატყდა.

სამოქმედო გეგმა – მასონობისა და საიდუმლო საზოგადოების გავლენის დამარცხება

1. **გამოავლინე** ნებისმიერი პირადი ან ოჯახური კავშირი მასონობასთან, როზენკროიცერიზმთან, კაბალასთან, თავის ქალა და ძვლების ან მსგავს საიდუმლო ორდენებთან.
2. **უარი თქვით ინიციაციის თითოეულ დონეს ან ხარისხს** , 1-ლიდან 33-ე ან უფრო მაღალ დონემდე, ყველა რიტუალის, ნიშნისა და ფიცის ჩათვლით. (შეგიძლიათ იპოვოთ ინსტრუქციები ხსნის შესახებ, რომლებიც ინტერნეტში უნდა ნახოთ.)
3. **ილოცეთ ავტორიტეტით** :

„მე ვწყვეტ ყოველგვარ სულიერ კავშირს, სისხლის აღთქმას და ფიცს საიდუმლო საზოგადოებებთან — ჩემს მიერ ან ჩემი სახელით. ვიბრუნებ ჩემს სულს იესო ქრისტესთვის!“

1. **გაანადგურეთ სიმბოლური ნივთები** : რეგალიები, წიგნები, სერტიფიკატები, ბეჭდები ან ჩარჩოში ჩასმული სურათები.
2. **გამოაცხადეთ** თავისუფლება შემდეგი მეთოდის გამოყენებით:
    - *გალატელთა 5:1*
    - *ფსალმუნი 2:1–6*
    - *ესაია 28:15–18*

ჯგუფური განაცხადი

- სთხოვეთ ჯგუფს, დახუჭონ თვალები და სთხოვონ სულიწმინდას, გაამჟღავნოს ნებისმიერი საიდუმლო კუთვნილება ან ოჯახური კავშირი.
- კორპორატიული უარის თქმა: ილოცეთ ელიტარულ ორდენებთან ყველა ცნობილი თუ უცნობი კავშირის დასაგმობად.
- გამოიყენეთ ზიარება დარღვევის დასადასტურებლად და ქრისტესთან აღთქმების ხელახლა დასაკავშირებლად.
- თავებისა და ხელების ცხება - გონების სიცხადისა და წმინდა საქმეების აღდგენა.

ძირითადი ინფორმაცია

რასაც სამყარო „ელიტას“ უწოდებს, ღმერთმა შეიძლება სისაძაგლე უწოდოს. ყველა გავლენა წმინდა არ არის და ყველა სინათლე სინათლე არ არის. არ არსებობს ისეთი რამ, როგორიცაა უწყინარი საიდუმლოება, როდესაც საქმე სულიერ ფიცს ეხება.

რეფლექსიის ჟურნალი

- ვყოფილვარ თუ არა საიდუმლო ორდენების ან მისტიკური განმანათლებლობის ჯგუფების წევრი, ან მაინტერესებდა თუ არა მათი არსებობა?
- არის თუ არა ჩემს რწმენაში სულიერი სიბრმავის, სტაგნაციის ან სიცივის ნიშნები?
- საჭიროა თუ არა ოჯახურ ჩართულობას გამბედაობითა და პატივისცემით შევხვდე?

თავისუფლების ლოცვა

უფალო იესო, მე შენს წინაშე მოვდივარ, როგორც ერთადერთი ჭეშმარიტი სინათლე. მე უარს ვამბობ ყოველ კავშირზე, ყოველ ფიცზე, ყოველ ცრუ სინათლესა და ყველა ფარულ ორდენზე, რომელიც მე მჩაგრავს. მე ვწყვეტ მასონობას, საიდუმლო საზოგადოებებს, უძველეს საძმოებს და სიბნელესთან დაკავშირებულ ყოველ

სულიერ კავშირს. ვაცხადებ, რომ მე მხოლოდ იესოს სისხლის ქვეშ ვარ - დაბეჭდილი, განთავისუფლებული და თავისუფალი. შენმა სულმა დაწვას ამ აღთქმების ყველა ნარჩენი. იესოს სახელით, ამინ.

დღე 28: კაბალა, ენერგეტიკული ქსელები და მისტიკური „სინათლის" ცდუნება

> *„ადგან თავად სატანა სინათლის ანგელოზის სახეს იღებს."* — 2 კორინთელთა 11:14
>
> *„შენში არსებული სინათლე სიბნელეა - რა ღრმაა ეს სიბნელე!"* — ლუკა 11:35

სულიერი განმანათლებლობით შეპყრობილ ეპოქაში, ბევრი ადამიანი უნებლიედ ეშვება უძველეს კაბალისტურ პრაქტიკებში, ენერგიით განკურნებასა და მისტიკურ სინათლეზე დაფუძნებულ სწავლებებში, რომლებიც ოკულტურ დოქტრინებზეა დაფუძნებული. ეს სწავლებები ხშირად შენიღბულია, როგორც „ქრისტიანული მისტიციზმი", „ებრაული სიბრძნე" ან „მეცნიერებაზე დაფუძნებული სულიერება" - თუმცა ისინი ბაბილონიდან მომდინარეობს და არა სიონიდან.

კაბალა მხოლოდ ებრაული ფილოსოფიური სისტემა არ არის; ეს არის სულიერი მატრიცა, რომელიც აგებულია საიდუმლო კოდებზე, ღვთაებრივ ემანაციებზე (სეფიროტი) და ეზოთერულ გზებზე. ეს იგივე მაცდური მოტყუებაა, რომელიც ტაროს, ნუმეროლოგიის, ზოდიაქოს პორტალებისა და ახალი ეპოქის ბადეების მიღმაა.

ბევრი ცნობილი ადამიანი, გავლენიანი პირი და ბიზნესმაგნატი ატარებს წითელ თასმებს, მედიტირებს ბროლის ენერგიით ან მიჰყვება ზოჰარს იმის ცოდნის გარეშე, რომ ისინი სულიერი ხაფანგში არიან ჩაფლულნი.

გლობალური ჩახლართულობები

- **ჩრდილოეთ ამერიკა** – კაბალის ცენტრები, რომლებიც შენიღბულია ველნეს სივრცეებად; ხელმძღვანელობით მიმდინარე ენერგეტიკული მედიტაციები.
- **ევროპა** – დრუიდული კაბალა და ეზოთერული ქრისტიანობა, რომლებსაც საიდუმლო ორდენები ასწავლიდნენ.
- **აფრიკა** – კეთილდღეობის კულტები, რომლებიც წმინდა წერილებს ნუმეროლოგიასთან და ენერგეტიკულ პორტალებთან ურევენ.
- **აზია** - ჩაკრებით განკურნება შეიცვალა, როგორც „სინათლის აქტივაცია“, რომელიც შეესაბამება უნივერსალურ კოდებს.
- **ლათინური ამერიკა** - წმინდანები, რომლებიც კაბალისტურ მთავარანგელოზებთან არიან შერეულნი მისტიკურ კათოლიციზმში.

ეს არის ცრუ სინათლის ცდუნება - სადაც ცოდნა ღმერთად იქცევა, ხოლო განათება ციხედ.

რეალური ჩვენება - „სინათლის ხაფანგიდან“ თავის დაღწევა

სამხრეთ ამერიკელი ბიზნეს მწვრთნელი მარისოლი ფიქრობდა, რომ ნუმეროლოგიისა და კაბალისტი მენტორისგან „ღვთაებრივი ენერგიის ნაკადის“ მეშვეობით ჭეშმარიტი სიბრძნე აღმოაჩინა. მისი ოცნებები ნათელი გახდა, ხედვები კი - მკვეთრი. მაგრამ მისი სიმშვიდე? გაქრა. მისი ურთიერთობები? ინგრევა.

მიუხედავად ყოველდღიური „მსუბუქი ლოცვებისა“, ძილში ჩრდილოვანი არსებები აწამებდნენ. მეგობარმა გაუგზავნა ვიდეოჩვენება ყოფილი მისტიკოსის შესახებ, რომელიც იესოს შეხვდა. იმ ღამეს მარისოლმა იესოს დაუძახა. მან დაინახა თვალისმომჭრელი თეთრი სინათლე - არა მისტიკური, არამედ სუფთა. სიმშვიდე დაბრუნდა. მან გაანადგურა თავისი მასალები და დაიწყო

ხსნის მოგზაურობა. დღეს ის ხელმძღვანელობს ქრისტეზე ორიენტირებულ მენტორულ პლატფორმას სულიერ მოტყუებაში მყოფი ქალებისთვის.

სამოქმედო გეგმა - ცრუ განათების უარყოფა

1. **გადახედეთ** თქვენს გამოცდილებას: წაიკითხეთ მისტიკური წიგნები, ივარჯიშეთ ენერგეტიკულ მკურნალობაში, მიჰყევით ჰოროსკოპებს ან ატარეთ წითელი ძაფები?
2. **მოინანიეთ** , რომ ქრისტეს გარეთ ეძებთ სინათლეს.
3. **გაწყვიტე კავშირი** :
   - კაბალას/ზოჰარის სწავლებები
   - ენერგეტიკული მედიცინა ან სინათლის გააქტიურება
   - ანგელოზების მოწოდება ან სახელის გაშიფვრა
   - წმინდა გეომეტრია, ნუმეროლოგია ან „კოდები"
4. **ხმამაღლა ილოცეთ** :

„იესო, შენ ხარ სამყაროს ნათელი. მე უარვყოფ ყოველგვარ ცრუ ნათელს, ყოველგვარ ოკულტურ სწავლებას და ყოველგვარ მისტიკურ ხაფანგს. შენთან ვბრუნდები, როგორც ჩემი ჭეშმარიტების ერთადერთ წყაროს!"

1. **გამოცხადებისთვის განკუთვნილი წმინდა წერილები** :
   - იოანე 8:12
   - მეორე რჯული 18:10–12
   - ესაია 2:6
   - 2 კორინთელთა 11:13–15

ჯგუფური განაცხადი

- იკითხეთ: თქვენ (ან თქვენი ოჯახის წევრები) ოდესმე მიგიღიათ მონაწილეობა ან შეხება გქონიათ თუ არა „ახალი ეპოქის“, ნუმეროლოგიის, კაბალის ან მისტიკური „სინათლის“ სწავლებებთან?
- ცრუ სინათლის ჯგუფური უარყოფა და იესოსადმი, როგორც ერთადერთი სინათლისადმი, ხელახლა მიძღვნა.
- გამოიყენეთ მარილისა და სინათლის ხატოვანი გამოსახულებები — თითოეულ მონაწილეს მიეცით მწიკვი მარილი და სანთელი, რათა განაცხადონ: „მე ვარ მარილი და სინათლე მხოლოდ ქრისტეში“.

ძირითადი ინფორმაცია

ყველა სინათლე წმინდა არ არის. ის, რაც ქრისტეს გარეთ ანათებს, საბოლოოდ შთანთქავს.

რეფლექსიის ჟურნალი

- ვეძებე თუ არა ცოდნა, ძალა ან განკურნება ღვთის სიტყვის გარეთ?
- რომელი სულიერი იარაღები ან სწავლებები უნდა მოვიშორო?
- არის ვინმე, ვისაც ნიუ ეიჯის ან „მსუბუქი“ პრაქტიკები გავაცანი, ახლა კი უკან დასაბრუნებლად უნდა მივმართო?

ხსნის ლოცვა

მამაო, მე ვეთანხმები ცრუ სინათლის, მისტიციზმისა და საიდუმლო ცოდნის ყოველ სულს. უარვყოფ კაბალას, ნუმეროლოგიას, წმინდა გეომეტრიას და ყოველ ბნელ კოდს, რომელიც სინათლეს წარმოადგენს. ვაცხადებ, რომ იესო ჩემი ცხოვრების სინათლეა. ვშორდები მოტყუების გზას და ჭეშმარიტებისკენ მივდივარ. განმწმინდე შენი ცეცხლით და ავსე სულიწმიდით. იესოს სახელით. ამინ.

დღე 29: ილუმინატების ფარდა — ელიტური ოკულტური ქსელების გამოაშკარავება

> "ედამიწის მეფეები აღდგებიან და მთავრები შეიკრიბებიან უფლისა და მისი ცხებულის წინააღმდეგ." - ფსალმუნი 2:2
>
> "არაფერია დაფარული, რომ არ გაცხადდეს და არაფერია დაფარული, რომ არ გამოაშკარავდეს." - ლუკა 8:17

ჩვენს სამყაროში არსებობს სამყარო. თვალსაჩინო ადგილას დამალული.

ჰოლივუდიდან დაწყებული მაღალი ფინანსებით, პოლიტიკური დერეფნებითა და მუსიკალური იმპერიებით დამთავრებული, ბნელი ალიანსებისა და სულიერი კონტრაქტების ქსელი მართავს სისტემებს, რომლებიც აყალიბებენ კულტურას, აზროვნებასა და ძალაუფლებას. ეს შეთქმულებაზე მეტია - ეს არის უძველესი აჯანყება, რომელიც თანამედროვე სცენისთვისაა გადამუშავებული.

ილუმინატები, თავისი არსით, უბრალოდ საიდუმლო საზოგადოება არ არის - ეს ლუციფერიანული დღის წესრიგია. სულიერი პირამიდა, სადაც ხელმძღვანელები ერთგულებას ფიცს დებენ სისხლით, რიტუალებითა და სულების გაცვლით, რაც ხშირად სიმბოლოებით, მოდითა და პოპკულტურით არის შეფუთული მასების განსაპირობებლად.

საქმე პარანოიას არ ეხება. საქმე ცნობიერების ამაღლებას ეხება.

������� ������� - ����������� **დიდებიდან რწმენამდე**

მარკუსი აშშ-ში ამომავალი მუსიკალური პროდიუსერი იყო. როდესაც მისი მესამე მნიშვნელოვანი ჰიტი ჩარტებში მოხვდა, ის ექსკლუზიურ კლუბში გაიცნეს - გავლენიანი მამაკაცები და ქალები, სულიერი „მენტორები", საიდუმლოებით მოცული კონტრაქტები. თავიდან ეს ელიტარულ მენტორობას ჰგავდა. შემდეგ დაიწყო „მოწვევის" სესიები - ბნელი ოთახები, წითელი შუქები, გალობა და სარკისებური რიტუალები. მან დაიწყო სხეულის გარეთ მოგზაურობის გამოცდილება, ხმები ღამით სიმღერებს უჩურჩულებდნენ.

ერთ ღამეს, ზემოქმედებისა და ტანჯვის ქვეშ, მან სიცოცხლის ხელყოფა სცადა. მაგრამ იესო ჩაერია. მლოცველი ბებიის შუამდგომლობამ გაარღვია. ის გაიქცა, უარყო სისტემა და დაიწყო ხანგრძლივი განთავისუფლების მოგზაურობა. დღეს ის ამ ინდუსტრიის სიბნელეს ავლენს მუსიკის საშუალებით, რომელიც სინათლის მოწმობს.

��������� ��������� ���������

- **სისხლიანი მსხვერპლშეწირვები და სექსუალური რიტუალები** – ძალაუფლებაში ინიციაცია მოითხოვს გაცვლას: სხეული, სისხლი ან უმანკოება.
- **გონების პროგრამირება** (MK Ultra **ნიმუშები**) – გამოიყენება მედიაში, მუსიკასა და პოლიტიკაში დაქუცმაცებული იდენტობებისა და მმართველების შესაქმნელად.
- **სიმბოლიზმი** - პირამიდის თვალები, ფენიქსები,

ჭადრაკის ფორმის იატაკი, ბუები და ინვერსიული ვარსკვლავები - ერთგულების კარიბჭეები.
- **ლუციფერიანული დოქტრინა** - „გააკეთე ის, რაც გნებავს", „გახდი შენი საკუთარი ღმერთი", „სინათლის მატარებელი განმანათლებლობა".

სამოქმედო გეგმა - ელიტური ქსელებისგან გათავისუფლება

1. **მოინანიეთ** ოკულტურ ძალაუფლებასთან დაკავშირებულ ნებისმიერ სისტემაში მონაწილეობის გამო, თუნდაც უნებლიედ (მუსიკა, მედია, კონტრაქტები).
2. **უარი თქვით** დიდებაზე, ფარულ შეთანხმებებზე ან ელიტური ცხოვრების წესით მოხიბვლაზე.
3. **ილოცეთ** ყველა კონტრაქტის, ბრენდის ან ქსელის შესახებ, რომლის წევრიც ხართ. სთხოვეთ სულიწმინდას, გამოავლინოს ფარული კავშირები.
4. **ხმამაღლა გამოაცხადეთ**:

„მე უარვყოფ სიბნელის ყველა სისტემას, ფიცსა და სიმბოლოს. მე სინათლის სამეფოს ვეკუთვნი. ჩემი სული არ იყიდება!"

1. **წამყვანი სკრიპსები**:
    - ესაია 28:15-18 – სიკვდილთან აღთქმა არ გაძლებს
    - ფსალმუნი 2 - ღმერთი დასცინის ბოროტ შეთქმულებებს
    - 1 კორინთელთა 2:6-8 – ამ საუკუნის მმართველებმა ვერ გაიგეს ღვთის სიბრძნე

- უხელმძღვანელეთ ჯგუფს **სიმბოლოების გაწმენდის** სესიაში — მოიტანეთ სურათები ან ლოგოები, რომლებთან დაკავშირებითაც მონაწილეებს კითხვები აქვთ.
- წაახალისეთ ადამიანები, გაგვიზიარონ, თუ სად შენიშნეს ილუმინატის ნიშნები პოპ-კულტურაში და როგორ ჩამოაყალიბა ამან მათი შეხედულებები.
- მოიწვიეთ მონაწილეები, **ხელახლა მიუძღვნან თავიანთი გავლენა** (მუსიკა, მოდა, მედია) ქრისტეს მიზანს.

ძირითადი ინფორმაცია

ყველაზე ძლიერი მოტყუება ისაა, რომელიც გლამურში იმალება. მაგრამ როდესაც ნიღაბს მოიხსნი, ჯაჭვები წყდება.

რეფლექსიის ჟურნალი

- მიზიდავს თუ არა სიმბოლოები ან მოძრაობები, რომლებიც ბოლომდე არ მესმის?
- გავლენის ან დიდების მოსაპოვებლად დავდე თუ არა აღთქმები ან შეთანხმებები?
- ჩემი ნიჭის ან პლატფორმის რომელი ნაწილი უნდა დავუთმო ისევ ღმერთს?

თავისუფლების ლოცვა

მამაო, მე უარვყოფ ილუმინატისა და ელიტური ოკულტიზმის ყოველგვარ ფარულ სტრუქტურას, ფიცსა და გავლენას. უარს ვამბობ დიდებაზე შენს გარეშე, ძალაუფლებაზე მიზნის გარეშე და ცოდნაზე სულიწმინდის გარეშე. ვაუქმებ ყველა სისხლის ან სიტყვიერ აღთქმას, რომელიც კი ოდესმე დადებულა ჩემზე, შეგნებულად თუ შეუცნობლად. იესო, მე განგადიდებ, როგორც ჩემი გონების, ნიჭისა და ბედისწერის მბრძანებელს. გამოავლინე და გაანადგურე

ყველა უხილავი ჯაჭვი. შენი სახელით აღვდგები და სინათლეში დავდივარ. ამინ.

დღე 30: მისტერიული სკოლები — უძველესი საიდუმლოებები, თანამედროვე ბონდაჟი

„?*ათი ყელი ღია საფლავია, მათი ენები კი ცბიერებას სჩადიან. გველგესლის შხამი აქვთ მათ ბაგეებზე.“* — რომაელთა 3:13

„ნუ უწოდებთ შეთქმულებას ყველაფერს, რასაც ეს ხალხი შეთქმულებას უწოდებს; ნუ შეგეშინდებათ იმის, რასაც ისინი ეშინიათ... ყოვლისშემძლე უფალი წმინდად უნდა შერაცხოთ...“ — ესაია 8:12–13

ილუმინატებამდე დიდი ხნით ადრე არსებობდა უძველესი მისტერიული სკოლები - ეგვიპტე, ბაბილონი, საბერძნეთი, სპარსეთი - რომლებიც შექმნილი იყო არა მხოლოდ „ცოდნის“ გადაცემისთვის, არამედ ზებუნებრივი ძალების გასაღვიძებლად ბნელი რიტუალების მეშვეობით. დღეს ეს სკოლები აღდგება ელიტარულ უნივერსიტეტებში, სულიერ რეტრიტებში, „ცნობიერების“ ბანაკებში, თუნდაც ონლაინ სასწავლო კურსების მეშვეობით , რომლებიც შენიღბულია პიროვნული განვითარების ან მაღალი დონის ცნობიერების გამოღვიძების სახით.

კაბალის წრეებიდან თეოსოფიამდე, ჰერმეტულ ორდენებამდე და როზენკროიცერამდე - მიზანი იგივეა: „ღმერთების მსგავსება“, ფარული ძალის გამოღვიძება ღმერთისთვის დანებების გარეშე. ფარული გალობები, წმინდა გეომეტრია, ასტრალური პროექცია, ეპიფიზის განბლოკვა და ცერემონიალური რიტუალები ბევრს სულიერ ტყვეობაში აქცევს „სინათლის“ საფარქვეშ.

მაგრამ ყოველი „სინათლე“, რომელიც იესოში არ არის ფესვგადგმული, ცრუ სინათლეა. და ყოველი დაფარული ფიცი უნდა დაირღვეს.

რეალური ისტორია - გამოცდილებიდან მიტოვებამდე

სანდრა*, სამხრეთ აფრიკელი ველნეს მწვრთნელი, ეგვიპტურ მისტერიულ ორდენში მენტორობის პროგრამის მეშვეობით შევიდა. ტრენინგი მოიცავდა ჩაკრების გასწორებას, მზის მედიტაციას, მთვარის რიტუალებს და უძველეს სიბრძნის გრაგნილებს. მან „ჩამოტვირთვები“ და „აღმასვლა“ დაიწყო, მაგრამ მალე ეს ყველაფერი პანიკის შეტევებში, ძილის დამბლასა და სუიციდური ეპიზოდებში გადაიზარდა.

როდესაც ხსნის მსახურმა წყარო გამოავლინა, სანდრამ მიხვდა, რომ მისი სული აღთქმებითა და სულიერი კონტრაქტებით იყო შეკრული. ორდენის უარყოფა შემოსავლისა და კავშირების დაკარგვას ნიშნავდა - მაგრამ მან თავისუფლება მოიპოვა. დღეს ის ქრისტეზე ორიენტირებულ სამკურნალო ცენტრს მართავს და სხვებს „ახალი ეპოქის“ ტყუილის შესახებ აფრთხილებს.

დღეს მისტერიული სკოლების საერთო თემები

- **კაბალის წრეები** – ებრაული მისტიციზმი, შერეული ნუმეროლოგიასთან, ანგელოზთა თაყვანისცემასთან და ასტრალურ სიბრტყეებთან.
- **ჰერმეტიზმი** - დოქტრინა „როგორც ზემოთ, ისე ქვემოთ“; სულის რეალობის მანიპულირების უნარის მინიჭება.
- **როზენკროიცერები** - საიდუმლო ორდენები, რომლებიც დაკავშირებულია ალქიმიურ ტრანსფორმაციასთან და სულების ამაღლებასთან.
- **მასონობა და ეზოთერული საძმოები** – ფარული სინათლისკენ ფენიანი პროგრესი; თითოეული

ხარისხი დაკავშირებულია ფიცებითა და რიტუალებით.

- **სულიერი რეტრიტები** – ფსიქოდელიური „განმანათლებლობის“ ცერემონიები შამანებთან ან „გიდებთან“ ერთად.

სამოქმედო გეგმა – უძველესი უღლების დანგრევა

1. **უარი თქვით** ქრისტეს გარეთ ინიციაციების, კურსების ან სულიერი კონტრაქტების მეშვეობით დადებულ ყველა აღთქმაზე.
2. **გააუქმეთ** ყველა „სინათლის“ ან „ენერგიის“ წყაროს ძალა, რომელიც სულიწმინდაში არ არის ფესვგადგმული.
3. **გაწმინდეთ** თქვენი სახლი სიმბოლოებისგან: ანხებისგან, ჰორუსის თვალისგან, წმინდა გეომეტრიისგან, სამსხვერპლოებისგან, საკმევლისგან, ქანდაკებებისგან ან რიტუალური წიგნებისგან.
4. **ხმამაღლა გამოაცხადეთ** :

„მე უარვყოფ ცრუ სინათლისკენ მიმავალ ყოველ უძველეს და თანამედროვე გზას. ვემორჩილები იესო ქრისტეს, ჭეშმარიტ სინათლეს. ყოველი საიდუმლო ფიცი მისი სისხლით ირღვევა.“

ANCHOR SCRIPTURES

- კოლასელთა 2:8 – არანაირი ცარიელი და მატყუარა ფილოსოფია
- იოანე 1:4-5 – ჭეშმარიტი სინათლე ბნელში ანათებს
- 1 კორინთელთა 1:19–20 – ღმერთი ანადგურებს ბრძენთა სიბრძნეს

������� ���������

- გამართეთ სიმბოლური „გრაგნილებების დაწვის“ ღამე (საქმეები 19:19) — სადაც ჯგუფის წევრები მოაქვთ და ანადგურებენ ნებისმიერ ოკულტურ წიგნს, სამკაულს, ნივთს.
- ილოცეთ იმ ადამიანებზე, რომლებმაც მედიტაციის საშუალებით „ჩამოტვირთეს“ უცნაური ცოდნა ან გახსნეს მესამე თვალის ჩაკრები.
- მონაწილეებს აუხსენით **„სინათლის გადაცემის“** ლოცვა — სთხოვეთ სულიწმინდას, რომ დაიპყროს ყველა ის ადგილი, რომელიც ადრე ოკულტურ სინათლეს ექვემდებარებოდა.

�������� ����������

ღმერთი არ მალავს სიმართლეს გამოცანებსა და რიტუალებში — ის მას თავისი ძის მეშვეობით ამჟღავნებს. უფრთხილდით „სინათლეს“, რომელიც სიბნელეში გიბიძგებთ.

���������� �������

- გავწევრიანდი თუ არა რომელიმე ონლაინ ან ფიზიკურ სკოლაში, რომელიც გვპირდება უძველეს სიბრძნეს, გააქტიურებას ან საიდუმლო ძალებს?
- არის წიგნები, სიმბოლოები ან რიტუალები, რომლებიც ოდესღაც უვნებლად მეჩვენებოდა, მაგრამ ახლა თავს დამნაშავედ ვგრძნობ?
- სად ვეძებე სულიერი გამოცდილება ღმერთთან ურთიერთობის გარდა?

ხსნის ლოცვა

უფალო იესო, შენ ხარ გზა, ჭეშმარიტება და სინათლე. მე ვნანობ ყველა გზას, რომელიც ავირჩიე და რომელიც შენს სიტყვას გვერდს უვლიდა. მე უარვყოფ ყველა საიდუმლო სკოლას, საიდუმლო ორდენს, ფიცსა და ინიციაციას. ვწყვეტ სულიერ კავშირებს ყველა მეგზურთან, მასწავლებელთან, სულთან და სისტემასთან, რომელიც უძველეს მოტყუებაშია ფესვგადგმული. გაანათე შენი სინათლე ჩემი გულის ყველა დაფარულ ადგილას და ავსე შენი სულის ჭეშმარიტებით. იესოს სახელით, მე თავისუფლად დავდივარ. ამინ.

დღე 31: კაბალა, წმინდა გეომეტრია და ელიტური სინათლის მოტყუება

„ადგან სატანა თავად იღებს ნათელ ანგელოზის სახეს." — 2 კორინთელთა 11:14

„დაფარული კი უფლის, ჩვენი ღმერთისაა, ხოლო გამოცხადებული - ჩვენი..." — მეორე რჯული 29:29

სულიერი ცოდნისკენ სწრაფვაში არსებობს საფრთხე - „ფარული სიბრძნის" ცდუნება, რომელიც ქრისტესგან განცალკევებით ძალას, სინათლესა და ღვთაებრიობას გვპირდება. ცნობილი ადამიანების წრეებიდან საიდუმლო ლოჟებამდე, ხელოვნებიდან არქიტექტურამდე, მოტყუების ნიმუში მთელ მსოფლიოში ვრცელდება და მაძიებლებს **კაბალის , წმინდა გეომეტრიისა** და **საიდუმლო სწავლებების ეზოთერულ ქსელში** იზიდავს.

ეს არ არის უწყინარი ინტელექტუალური ძიებები. ისინი სულიერ აღთქმებში შესასვლელებია, სადაც დაცემული ანგელოზები სინათლის შენიღბვას ახორციელებენ.

❖❖❖❖❖❖❖ ❖❖❖❖❖❖❖❖❖❖

- **ჰოლივუდი და მუსიკალური ინდუსტრია** - ბევრი ცნობილი ადამიანი ღიად ატარებს კაბალის სამაჯურებს ან ტატუს წმინდა სიმბოლოებს (მაგალითად, სიცოცხლის ხეს), რომლებიც ოკულტურ ებრაულ მისტიციზმს უკავშირდება.

- **მოდა და არქიტექტურა** - მასონური დიზაინები და წმინდა გეომეტრიული ნიმუშები (სიცოცხლის ყვავილი, ჰექსაგრამები, ჰორუსის თვალი) ჩანერგილია ტანსაცმელში, შენობებსა და ციფრულ ხელოვნებაში.
- **ახლო აღმოსავლეთი და ევროპა** - კაბალას შემსწავლელი ცენტრები აყვავებულნი არიან ელიტაში, სადაც ხშირად ურევენ მისტიციზმს ნუმეროლოგიასთან, ასტროლოგიასთან და ანგელოზების მოწოდებასთან.
- **ონლაინ და ახალი ეპოქის წრეები მსოფლიო მასშტაბით** – YouTube, TikTok და პოდკასტები ნორმალიზებენ „სინათლის კოდებს", „ენერგეტიკულ პორტალებს", „3–6–9 ვიბრაციებს" და „ღვთაებრივ მატრიცას" სწავლებებს, რომლებიც დაფუძნებულია წმინდა გეომეტრიასა და კაბალისტურ ჩარჩოებზე.

რეალური ისტორია – როდესაც სინათლე ტყუილად იქცევა

27 წლის შვედეთელმა იანამ კაბალის შესწავლა მას შემდეგ დაიწყო, რაც თავის საყვარელ მომღერალს გაჰყვა, რომელმაც კაბალა მის „შემოქმედებით გამოღვიძებად" მიიჩნია. მან წითელი ძაფიანი სამაჯური იყიდა, გეომეტრიული მანდალებით მედიტაცია დაიწყო და უძველესი ებრაული ტექსტებიდან ანგელოზების სახელები შეისწავლა.

ყველაფერი შეიცვალა. მისი სიზმრები უცნაურად დაიწყო. ძილში გვერდით არსებებს გრძნობდა, რომლებიც სიბრძნეს ჩურჩულებდნენ და შემდეგ სისხლს ითხოვდნენ. ჩრდილები მისდევდნენ, მაგრამ მას მეტი სინათლე სურდა.

საბოლოოდ, მან შემთხვევით წააწყდა ინტერნეტში განთავისუფლების ვიდეოს და მიხვდა, რომ მისი ტანჯვა სულიერი აღმავლობა კი არა, სულიერი მოტყუება იყო.

ექვსთვიანი განთავისუფლების სესიების, მარხვისა და სახლში ყველა კაბალისტური ნივთის დაწვის შემდეგ, სიმშვიდე დაუბრუნდა. ახლა ის სხვებს აფრთხილებს თავისი ბლოგის საშუალებით: „ცრუ სინათლემ თითქმის გამანადგურა“.

���� �������

კაბალა, თუმცა ზოგჯერ რელიგიურ სამოსში გამოწყობილი, უარყოფს იესო ქრისტეს, როგორც ღმერთისკენ მიმავალ ერთადერთ გზას. ის ხშირად ამაღლებს **„ღვთაებრივ მეს“** , ხელს უწყობს **არხირებას** და **სიცოცხლის ხის ამაღლებას** და იყენებს **მათემატიკურ მისტიციზმს** ძალის გამოსაძახებლად. ეს პრაქტიკები **სულიერ კარიბჭეს ხსნის** — არა სამოთხისკენ, არამედ სინათლის მატარებლებად შენიღბული არსებებისთვის.

კაბალისტური დოქტრინების უმეტესობა კვეთს:

- მასონობა
- როზიკროიცერიზმი
- გნოსტიციზმი
- ლუციფერიანული განმანათლებლობის კულტები

საერთო მნიშვნელი? ღვთაებრიობისკენ სწრაფვა ქრისტეს გარეშე.

სამოქმედო გეგმა - ცრუ სინათლის გამოვლენა და გამოდევნა

1. **მოინანიეთ** კაბალასთან, ნუმეროლოგიასთან, წმინდა გეომეტრიასთან ან „საიდუმლო სკოლის“ სწავლებებთან დაკავშირებული ყოველი კავშირი.
2. თქვენს სახლში ამ პრაქტიკებთან დაკავშირებული **ნივთები - მანდალები, საკურთხევლები, კაბალის ტექსტები, ბროლის ბადეები, წმინდა**

სიმბოლოების სამკაულები.

3. **უარი თქვით ცრუ სინათლის სულებზე** (მაგ., მეტატრონი, რაზიელი, შეკინა მისტიკური ფორმით) და უბრძანეთ ყველა ყალბ ანგელოზს წასვლა.
4. **ჩაეფლეთ** ქრისტეს სიმარტივესა და საკმარისობაში (2 კორინთელთა 11:3).
5. **იმარხულეთ და იცხეთ ცხებული** სხეული — თვალები, შუბლი, ხელები — უარყავით ყოველგვარი ცრუ სიბრძნე და გამოაცხადეთ ერთგულება მხოლოდ ღმერთის მიმართ.

ჯგუფური განაცხადი

- გაგვიზიარეთ ნებისმიერი შეხვედრა „სინათლის სწავლებებთან", ნუმეროლოგიასთან, კაბალას მედიასთან ან წმინდა სიმბოლოებთან.
- ჯგუფურად ჩამოთვალეთ ფრაზები ან შეხედულებები, რომლებიც „სულიერად" ჟღერს, მაგრამ ქრისტეს ეწინააღმდეგება (მაგ., „მე ღვთაებრივი ვარ", „სამყარო უზრუნველყოფს", „ქრისტეს ცნობიერება").
- სცხეთ ზეთი თითოეულ ადამიანს და ამავდროულად გამოაცხადეთ იოანეს 8:12-ში ნათქვამი: *„იესო არის ქვეყნიერების ნათელი"*.
- დაწვით ან გადააგდეთ ნებისმიერი მასალა ან ობიექტი, რომელიც წმინდა გეომეტრიას, მისტიციზმს ან „ღვთაებრივ კოდებს" ეხება.

�������� �����������

სატანა არ მოდის პირველ რიგში, როგორც გამანადგურებელი. ის ხშირად მოდის როგორც განმანათლებლის - საიდუმლო ცოდნისა და ცრუ

სინათლის შეთავაზება. მაგრამ ეს სინათლე მხოლოდ უფრო ღრმა სიბნელეში მიგვიყვანს.

რეფლექსიის ჟურნალი

- გავხსენი თუ არა ჩემი სული რაიმე „სულიერი სინათლისთვის", რომელმაც გვერდი აუარა ქრისტეს?
- არის თუ არა სიმბოლოები, ფრაზები ან ობიექტები, რომლებიც უვნებლად მეჩვენებოდა, მაგრამ ახლა პორტალებად ვცნობ?
- პირადი სიბრძნე ბიბლიურ ჭეშმარიტებაზე მაღლა ავიწიე?

ხსნის ლოცვა

მამაო, მე უარვყოფ ყოველგვარ ცრუ ნათელს, მისტიკურ სწავლებასა და საიდუმლო ცოდნას, რომელმაც ჩემი სული აიტაცა. ვაღიარებ, რომ მხოლოდ იესო ქრისტეა სამყაროს ჭეშმარიტი ნათელი. უარვყოფ კაბალას, წმინდა გეომეტრიას, ნუმეროლოგიას და დემონურ ყველა დოქტრინას. დაე, ყველა ყალბი სული ახლა ამოიძირკვოს ჩემი ცხოვრებიდან. განწმინდე ჩემი თვალები, ჩემი აზრები, ჩემი წარმოსახვა და ჩემი სული. მე მხოლოდ შენი ვარ - სული, სული და სხეული. იესოს სახელით. ამინ.

დღე 3 2: გველის სული თქვენს შიგნით — როდესაც ხსნა ძალიან გვიან მოდის

„?*ათ თვალები მრუშობით აქვთ სავსე... აცდუნებენ არასტაბილურ სულებს... ბალაამის გზას მიჰყვნენ... რომლისთვისაც სამარადისოდ არის შემონახული სიბნელის სიბნელე"* — 2 პეტრე 2:14–17

„ნუ მოტყუვდებით: ღმერთი არ შეიძლება დაცინვით დარჩეს. კაცი რასაც დათესავს, იმას მოიმკის" — გალატელები 6:7

არსებობს დემონური ყალბი ქმნილება, რომელიც განმანათლებლობის მსგავსად გვევლინება. ის კურნავს, ენერგიას მატებს, ძალას ანიჭებს - მაგრამ მხოლოდ გარკვეული პერიოდით. ის ჩურჩულებს ღვთაებრივ საიდუმლოებებს, გიხსნის „მესამე თვალს", ათავისუფლებს ძალას ხერხემალში - და შემდეგ **ტანჯვაში გაქცევს მონად** .

ეს **კუნდალინია** .

გველის **სული** .

ახალი ეპოქის ცრუ „წმინდა სული".

გააქტიურების შემდეგ — იოგას, მედიტაციის, ფსიქოდელიური საშუალებების, ტრავმის ან ოკულტური რიტუალების მეშვეობით — ეს ძალა ხერხემლის ძირში იხვევა და ცეცხლივით ამოდის ჩაკრებში. ბევრი მიიჩნევს, რომ ეს სულიერი გამოღვიძებაა. სინამდვილეში, ეს **დემონური შეპყრობილობაა** , რომელიც ღვთაებრივ ენერგიად არის შენიღბული.

მაგრამ რა მოხდება, თუ ის **არ გაქრება** ?

რეალური ისტორია - "ვერ გამოვრთავ"

მარისა, კანადაში მცხოვრები ახალგაზრდა ქრისტიანი ქალი, ქრისტესთვის სიცოცხლის მიცემამდე „ქრისტიანული იოგათი" იყო დაკავებული. მას უყვარდა სიმშვიდის შეგრძნებები, ვიბრაციები, სინათლის ხილვები. მაგრამ ერთი ინტენსიური სესიის შემდეგ, როდესაც იგრძნო, რომ ხერხემალი „აენთო", გონება დაკარგა და გაიღვიძა, სუნთქვა აღარ შეეძლო. იმ ღამეს რაღაცამ **ძილში აწამა** , სხეული დაატრიალა, სიზმრებში „იესოს" სახით გამოჩნდა, მაგრამ დასცინოდა კიდეც.

მან ხუთჯერ მიიღო **ხსნა** . სულები მიდიოდნენ - მაგრამ ბრუნდებოდნენ. მისი ხერხემალი კვლავ ვიბრირებდა. მისი თვალები გამუდმებით სულების სამყაროში იყურებოდა. მისი სხეული უნებურად მოძრაობდა. ხსნის მიუხედავად, ის ახლა ჯოჯოხეთში დადიოდა, რომელსაც ცოტა ქრისტიანი ხვდებოდა. მისი სული გადარჩა - მაგრამ მისი სული **შეურაცხყოფილი, გატეხილი და ფრაგმენტირებული იყო** .

შედეგები, რომლებზეც არავინ საუბრობს

- **მესამე თვალი ღია რჩება** : მუდმივი ხილვები, ჰალუცინაციები, სულიერი ხმაური, „ანგელოზების" ტყუილები.
- **სხეული არ წყვეტს ვიბრაციას** : უკონტროლო ენერგია, თავის ქალაში წნევა, გულის ფრიალი.
- **დაუნდობელი ტანჯვა** : 10+ განთავისუფლების სესიის შემდეგაც კი.
- **იზოლაცია** : პასტორებს არ ესმით. ეკლესიები პრობლემას უგულებელყოფენ. ადამიანს „არასტაბილურის" იარლიყს აკრავენ.
- **ჯოჯოხეთის შიში** : არა ცოდვის, არამედ ტანჯვის გამო, რომელიც არ მთავრდება.

შეუძლიათ ქრისტიანებს მიაღწიონ იმ წერტილს, საიდანაც უკან დაბრუნება შეუძლებელია?

დიახ, ამ ცხოვრებაში. თქვენ შეგიძლიათ **გადარჩეთ** , მაგრამ იმდენად დაქუცმაცებულები ხართ, რომ **თქვენი სული სიკვდილამდე იტანჯება** .

ეს შიშის დათესვა არ არის. ეს **წინასწარმეტყველური გაფრთხილებაა** .

გლობალური მაგალითები

- **აფრიკა** – ცრუწინასწარმეტყველები კუნდალინის ცეცხლს ათავისუფლებენ წირვის დროს — ხალხს კრუნჩხვები, ქაფი, სიცილი ან ღრიალი ეწყება.
- **აზია** - იოგას ოსტატები „სიდჰის" (დემონური შეპყრობილობის) მდგომარეობაში ადგებიან და მას ღმერთის ცნობიერებას უწოდებენ.
- **ევროპა/ჩრდილოეთ ამერიკა** – ნეოქარიზმატული მოძრაობები, რომლებიც „დიდების სფეროებს" იყენებენ, უკონტროლოდ ყეფენ, იცინიან, ეცემათ — არა ღვთისგან.
- **ლათინური ამერიკა** – შამანური გამოღვიძებები, რომლებიც აიაჰუასკას (მცენარეული ნარკოტიკების) გამოყენებით ხსნიან სულიერ კარებს, რომელთა დახურვაც მათ არ შეუძლიათ.

�������� ����� — �� ძალიან შორს წახვედით

1. **აღიარეთ ზუსტი პორტალი** : კუნდალინის იოგა, მესამე თვალის მედიტაციები, ახალი ეპოქის ეკლესიები, ფსიქოდელიური საშუალებები და ა.შ.
2. **შეწყვიტეთ ყოველგვარი ხსნის დევნა** : ზოგიერთი სული უფრო დიდხანს იტანჯება, თუ მათ შიშით აძლიერებთ.
3. **მიენდეთ წმინდა წერილს** — განსაკუთრებით

ფსალმუნის 119-ე მუხლს, ესაიას 61-ე მუხლს და იოანეს 1-ლ თავში ჩაწერილს. ეს მუხლები სულს აახლებს.

4. **საზოგადოებასთან ურთიერთობა** : იპოვეთ სულ მცირე ერთი სულიწმინდით აღსავსე მორწმუნე, რომელთანაც ერთად ივლით. იზოლაცია დემონებს აძლიერებს.
5. **უარი თქვით ყოველგვარ სულიერ „ხედვაზე", ცეცხლზე, ცოდნაზე, ენერგიაზე** - თუნდაც ეს წმინდად გეჩვენებოდეთ.
6. **სთხოვე ღმერთს წყალობა** — არა ერთხელ. ყოველდღიურად. ყოველ საათში. დაჟინებით მოითხოვე. შეიძლება ღმერთმა ეს მყისიერად არ მოგიხსნას, მაგრამ ის შენს ნებას დაიცავს.

������� ���������

- გამოყავით დრო ჩუმად დასაფიქრებლად. იკითხეთ: სულიერ სიწმინდეს სულიერ ძალაუფლებაზე მეტად ვისწრაფვი?
- ილოცეთ მათთვის, ვინც დაუნდობელ ტანჯვას განიცდის. ნუ დაჰპირდებით მყისიერ თავისუფლებას - დაჰპირდით **მოწაფეობას** .
- ასწავლეთ განსხვავება **სულის ნაყოფსა** (გალატელთა 5:22–23) და **მშვინვიერ გამოვლინებებს** (რყევა, სიცხე, ხილვები) შორის.
- დაწვით ან გაანადგურეთ ახალი ეპოქის ყველა ობიექტი: ჩაკრის სიმბოლოები, კრისტალები, იოგას ხალიჩები, წიგნები, ზეთები, „იესოს ბარათები".

ძირითადი ინფორმაცია
არსებობს **ზღვარი**, რომლის გადაკვეთაც შესაძლებელია — როდესაც სული ღია კარიბჭედ იქცევა და უარს ამბობს დახურვაზე. შესაძლოა, თქვენი სული გადარჩეს... მაგრამ თქვენი სული და სხეული შეიძლება კვლავ ტანჯვაში იცხოვრონ, თუ ოკულტური შუქით ხართ შებილწული.

რეფლექსიის ჟურნალი

- ოდესმე ძალაუფლებას, ცეცხლს ან წინასწარმეტყველურ ხილვას სიწმინდესა და ჭეშმარიტებაზე მეტად ვესწრაფოდი?
- გავაღე კარები „ქრისტიანიზებული" ახალი ეპოქის პრაქტიკებით?
- მზად ვარ **ყოველდღიურად ვიარო** ღმერთთან ერთად, მაშინაც კი, თუ სრულ ხსნას წლები დასჭირდება?

გადარჩენის ლოცვა
მამაო, მოწყალებას ვითხოვ. უარს ვამბობ ყველა გველის სულზე, კუნდალინის ძალაზე, მესამე თვალის გახსნაზე, ცრუ ცეცხლზე თუ ახალი ეპოქის ყალბ ცრურწმენაზე, რომელსაც კი ოდესმე შეხებია. შენ გიბრუნებ ჩემს სულს - როგორც არ უნდა იყოს გატეხილი. იესო, მიხსენი არა მხოლოდ ცოდვისგან, არამედ ტანჯვისგანაც. დალუქე ჩემი კარიბჭე. განკურნე ჩემი გონება. დახუჭე ჩემი თვალები. დაამსხვრიე გველი ჩემს ხერხემალში. შენ გელოდები, ტკივილის დროსაც კი. და არ დანებდები. იესოს სახელით. ამინ.

დღე 33: გველის სული თქვენს შიგნით — როდესაც ხსნა ძალიან გვიან მოდის

„?ათ თვალები მრუშობით აქვთ სავსე... აცდუნებენ არასტაბილურ სულებს... ბალაამის გზას მიჰყვნენ... რომლისთვისაც სამარადისოდ არის შემონახული სიბნელის სიბნელე“ — 2 პეტრე 2:14–17

„ნუ მოტყუვდებით: ღმერთი არ შეიძლება დაცინვით დარჩეს. კაცი რასაც დათესავს, იმას მოიმკის“ — გალატელები 6:7

არსებობს დემონური ყალბი ქმნილება, რომელიც განმანათლებლობის მსგავსად გვევლინება. ის კურნავს, ენერგიას მატებს, ძალას ანიჭებს - მაგრამ მხოლოდ გარკვეული პერიოდით. ის ჩურჩულებს ღვთაებრივ საიდუმლოებებს, გიხსნის „მესამე თვალს“, ათავისუფლებს ძალას ხერხემალში - და შემდეგ **ტანჯვაში გაქცევს მონად** .

ეს **კუნდალინია** .

გველის **სული** .

ახალი ეპოქის ცრუ „წმინდა სული“.

გააქტიურების შემდეგ — იოგას, მედიტაციის, ფსიქოდელიური საშუალებების, ტრავმის ან ოკულტური რიტუალების მეშვეობით — ეს ძალა ხერხემლის ძირში იხვევა და ცეცხლივით ამოდის ჩაკრებში. ბევრი მიიჩნევს, რომ ეს სულიერი გამოღვიძებაა. სინამდვილეში, ეს **დემონური შეპყრობილობაა** , რომელიც ღვთაებრივ ენერგიად არის შენიღბული.

მაგრამ რა მოხდება, თუ ის **არ გაქრება** ?

რეალური ისტორია - "ვერ გამოვრთავ"

მარისა, კანადაში მცხოვრები ახალგაზრდა ქრისტიანი ქალი, ქრისტესთვის სიცოცხლის მიცემამდე „ქრისტიანული იოგათი“ იყო დაკავებული. მას უყვარდა სიმშვიდის შეგრძნებები, ვიბრაციები, სინათლის ხილვები. მაგრამ ერთი ინტენსიური სესიის შემდეგ, როდესაც იგრძნო, რომ ხერხემალი „აენთო“, გონება დაკარგა და გაიღვიძა, სუნთქვა აღარ შეეძლო. იმ ღამეს რაღაცამ **ძილში აწამა** , სხეული დაატრიალა, სიზმრებში „იესოს“ სახით გამოჩნდა, მაგრამ დასცინოდა კიდეც.

მან ხუთჯერ მიიღო **ხსნა** . სულები მიდიოდნენ - მაგრამ ბრუნდებოდნენ. მისი ხერხემალი კვლავ ვიბრირებდა. მისი თვალები გამუდმებით სულების სამყაროში იყურებოდა. მისი სხეული უნებურად მოძრაობდა. ხსნის მიუხედავად, ის ახლა ჯოჯოხეთში დადიოდა, რომელსაც ცოტა ქრისტიანი ხვდებოდა. მისი სული გადარჩა - მაგრამ მისი სული **შეურაცხყოფილი, გატეხილი და ფრაგმენტირებული იყო** .

შედეგები, რომლებზეც არავინ საუბრობს

- **მესამე თვალი ღია რჩება** : მუდმივი ხილვები, ჰალუცინაციები, სულიერი ხმაური, „ანგელოზების“ ტყუილები.
- **სხეული არ წყვეტს ვიბრაციას** : უკონტროლო ენერგია, თავის ქალაში წნევა, გულის ფრიალი.
- **დაუნდობელი ტანჯვა** : 10+ განთავისუფლების სესიის შემდეგაც კი.
- **იზოლაცია** : პასტორებს არ ესმით. ეკლესიები პრობლემას უგულებელყოფენ. ადამიანს „არასტაბილურის“ იარლიყს აკრავენ.
- **ჯოჯოხეთის შიში** : არა ცოდვის, არამედ ტანჯვის გამო, რომელიც არ მთავრდება.

შეუძლიათ ქრისტიანებს მიაღწიონ იმ წერტილს, საიდანაც უკან დაბრუნება შეუძლებელია?

დიახ, ამ ცხოვრებაში. თქვენ შეგიძლიათ **გადარჩეთ** , მაგრამ იმდენად დაქუცმაცებულები ხართ, რომ **თქვენი სული სიკვდილამდე იტანჯება** .

ეს შიშის დათესვა არ არის. ეს **წინასწარმეტყველური გაფრთხილებაა** .

გლობალური მაგალითები

- **აფრიკა** – ცრუწინასწარმეტყველები კუნდალინის ცეცხლს ათავისუფლებენ წირვის დროს — ხალხს კრუნჩხვები, ქაფი, სიცილი ან ღრიალი ეწყება.
- **აზია** - იოგას ოსტატები „სიდჰის" (დემონური შეპყრობილობის) მდგომარეობაში ადგებიან და მას ღმერთის ცნობიერებას უწოდებენ.
- **ევროპა/ჩრდილოეთ ამერიკა** – ნეოქარიზმატული მოძრაობები, რომლებიც „დიდების სფეროებს" იყენებენ, უკონტროლოდ ყეფენ, იცინიან, ეცემათ — არა ღვთისგან.
- **ლათინური ამერიკა** – შამანური გამოღვიძებები, რომლებიც აიაჰუასკას (მცენარეული ნარკოტიკების) გამოყენებით ხსნიან სულიერ კარებს, რომელთა დახურვაც მათ არ შეუძლიათ.

სამოქმედო გეგმა — თუ ძალიან შორს წახვედით

1. **აღიარეთ ზუსტი პორტალი** : კუნდალინის იოგა, მესამე თვალის მედიტაციები, ახალი ეპოქის ეკლესიები, ფსიქოდელიური საშუალებები და ა.შ.
2. **შეწყვიტეთ ყოველგვარი ხსნის დევნა** : ზოგიერთი სული უფრო დიდხანს იტანჯება, თუ მათ შიშით აძლიერებთ.
3. **მიენდეთ წმინდა წერილს** — განსაკუთრებით ფსალმუნის 119-ე მუხლს, ესაიას 61-ე მუხლს და

იოანეს 1-ლ თავში ჩაწერილს. ეს მუხლები სულს აახლებს.

4. **საზოგადოებასთან ურთიერთობა** : იპოვეთ სულ მცირე ერთი სულიწმინდით აღსავსე მორწმუნე, რომელთანაც ერთად ივლით. იზოლაცია დემონებს აძლიერებს.
5. **უარი თქვით ყოველგვარ სულიერ „ხედვაზე“, ცეცხლზე, ცოდნაზე, ენერგიაზე** - თუნდაც ეს წმინდად გეჩვენებოდეთ.
6. **სთხოვე ღმერთს წყალობა** — არა ერთხელ. ყოველდღიურად. ყოველ საათში. დაჟინებით მოითხოვე. შეიძლება ღმერთმა ეს მყისიერად არ მოგიხსნას, მაგრამ ის შენს ნებას დაიცავს.

ჯგუფური განაცხადი

- გამოყავით დრო ჩუმად დასაფიქრებლად. იკითხეთ: სულიერ სიწმინდეს სულიერ ძალაუფლებაზე მეტად ვისწრაფვი?
- ილოცეთ მათთვის, ვინც დაუნდობელ ტანჯვას განიცდის. ნუ დაჰპირდებით მყისიერ თავისუფლებას - დაჰპირდით **მოწაფეობას** .
- ასწავლეთ განსხვავება **სულის ნაყოფსა** (გალატელთა 5:22–23) და **მშვინვიერ გამოვლინებებს** (რყევა, სიცხე, ხილვები) შორის.
- დაწვით ან გაანადგურეთ ახალი ეპოქის ყველა ობიექტი: ჩაკრის სიმბოლოები, კრისტალები, იოგას ხალიჩები, წიგნები, ზეთები, „იესოს ბარათები“.

ძირითადი ინფორმაცია

არსებობს **ზღვარი** , რომლის გადაკვეთაც შესაძლებელია — როდესაც სული ღია კარიბჭედ იქცევა და უარს ამბობს დახურვაზე. შესაძლოა, თქვენი სული გადარჩეს... მაგრამ თქვენი სული და სხეული შეიძლება კვლავ ტანჯვაში იცხოვრონ, თუ ოკულტური შუქით ხართ შებილწული.

რეფლექსიის ჟურნალი

- ოდესმე ძალაუფლებას, ცეცხლს ან წინასწარმეტყველურ ხილვას სიწმინდესა და ჭეშმარიტებაზე მეტად ვესწრაფოდი?
- გავაღე კარები „ქრისტიანიზებული“ ახალი ეპოქის პრაქტიკებით?
- მზად ვარ **ყოველდღიურად ვიარო** ღმერთთან ერთად, მაშინაც კი, თუ სრულ ხსნას წლები დასჭირდება?

გადარჩენის ლოცვა

მამაო, მოწყალებას ვითხოვ. უარს ვამბობ ყველა გველის სულზე, კუნდალინის ძალაზე, მესამე თვალის გახსნაზე, ცრუ ცეცხლზე თუ ახალი ეპოქის ყალბ ცრურწმენაზე, რომელსაც კი ოდესმე შეხებია. შენ გიბრუნებ ჩემს სულს - როგორც არ უნდა იყოს გატეხილი. იესო, მიხსენი არა მხოლოდ ცოდვისგან, არამედ ტანჯვისგანაც. დალუქე ჩემი კარიბჭე. განკურნე ჩემი გონება. დახუჭე ჩემი თვალები. დაამსხვრიე გველი ჩემს ხერხემალში. შენ გელოდები, ტკივილის დროსაც კი. და არ დანებდები. იესოს სახელით. ამინ.

დღე 34: მასონები, კოდები და წყევლა — როდესაც ძმობა მონობად იქცევა

„ ? უ იქნებით სიბნელის უნაყოფო საქმეებთან ზიარებული, არამედ ამხილეთ ისინი." — ეფესელთა 5:11

„არ დადოთ შეთანხმება მათთან ან მათ ღმერთებთან." — გამოსვლა 23:32

საიდუმლო საზოგადოებები წარმატებას, კავშირსა და უძველეს სიბრძნეს გვპირდებიან. ისინი **ფიცს, ხარისხსა და საიდუმლოებებს სთავაზობენ** , რომლებიც „კარგი ადამიანებისთვის" გადაეცემათ. თუმცა, უმეტესობას არ ესმის: ეს საზოგადოებები **აღთქმის სამსხვერპლოებია** , რომლებიც ხშირად სისხლზე, მოტყუებასა და დემონურ ერთგულებაზეა აგებული.

მასონობიდან კაბალამდე, როზენკროიცერებიდან „ თავის ქალა და ძვლებამდე" - ეს ორგანიზაციები უბრალოდ კლუბები არ არის. ისინი **სულიერი კონტრაქტებია** , რომლებიც სიბნელეშია გამოჭედილი და **თაობების წყევლის რიტუალებით დალუქული** .

ზოგი ნებით შეუერთდა. ზოგს ჰყავდა წინაპრები, რომლებიც შეუერთდნენ.

ნებისმიერ შემთხვევაში, წყევლა რჩება — სანამ არ დაირღვევა.

დაფარული მემკვიდრეობა — ჯეისონის ისტორია

ჯეისონს, აშშ-ში წარმატებულ ბანკირს, ყველაფერი ჰქონდა - ლამაზი ოჯახი, სიმდიდრე და გავლენა. თუმცა, ღამით იღვიძებდა და იხრჩობა, ხედავდა კაპიუშონიან

ფიგურებს და სიზმარში შელოცვებს ისმენდა. მისი ბაბუა 33-ე ხარისხის მასონი იყო და ჯეისონი ბეჭედს ისევ ატარებდა.

ერთხელ მან ხუმრობით წარმოთქვა მასონური აღთქმა კლუბის ღონისძიებაზე, მაგრამ როგორც კი ეს გააკეთა, **რაღაც ჩაიფიქრა** . მისი გონება დაინგრა. მან ხმები გაიგონა. ცოლმა მიატოვა. მან ყველაფრის დასრულება სცადა.

ერთ-ერთ რეტრიტზე ვიღაცამ მასონური კავშირი შენიშნა. იასონი ტიროდა, როდესაც **ყველა ფიცი უარყო** , ბეჭედი გატეხა და სამი საათის განმავლობაში გათავისუფლებას განიცდიდა. იმ ღამეს, წლების შემდეგ პირველად, მშვიდად ეძინა.

მისი ჩვენება?

„საიდუმლო საკურთხევლებზე ხუმრობა არ შეიძლება. ისინი ლაპარაკობენ — სანამ იესოს სახელით არ დაახურავ.“

������ ��������� �����

- **ევროპა** – მასონობა ღრმად არის ფესვგადგმული ბიზნესში, პოლიტიკასა და საეკლესიო კონფესიებში.
- **აფრიკა** – ილუმინატები და საიდუმლო ორდენები, რომლებიც სულების სანაცვლოდ სიმდიდრეს სთავაზობენ; კულტები უნივერსიტეტებში.
- **ლათინური ამერიკა** - იეზუიტების ინფილტრაცია და მასონური რიტუალები შერეული კათოლიკურ მისტიციზმთან.
- **აზია** – უძველესი მისტერიული სკოლები, ტაძრის სამღვდელოება, რომლებიც თაობათა ფიცს უკავშირდებოდა.
- **ჩრდილოეთ ამერიკა** - აღმოსავლეთის

ვარსკვლავი, შოტლანდიური რიტუალი, ისეთი საძმოები, როგორიცაა „ქალა და ძვლები“, ბოჰემური გროვის ელიტა.

ეს კულტები ხშირად მოიხსენიებენ „ღმერთს“, მაგრამ არა **ბიბლიის ღმერთს** - ისინი მოიხსენიებენ **დიდ არქიტექტორს** , უპიროვნო ძალას, რომელიც დაკავშირებულია **ლუციფერიანულ სინათლესთან** .

ნიშნები, რომ თქვენ დაზარალდით

- ქრონიკული დაავადება, რომლის ახსნაც ექიმებს არ შეუძლიათ.
- წინსვლის შიში ან ოჯახური სისტემებიდან გამოსვლის შიში.
- სამოსის, რიტუალების, საიდუმლო კარების, ლოჟების ან უცნაური ცერემონიების სიზმრები.
- დეპრესია ან სიგიჟე მამრობითი სქესის წარმომადგენლებში.
- ქალები, რომლებიც ებრძვიან უნაყოფობას, ძალადობას ან შიშს.

განთავისუფლების სამოქმედო გეგმა

1. **უარი თქვით ყველა ცნობილ ფიცზე - განსაკუთრებით თუ თქვენ ან თქვენი ოჯახი იყავით მასონობის,** როზენკროიცერების , აღმოსავლეთის ვარსკვლავის, კაბალის ან ნებისმიერი „საძმოს“ წევრი .
2. **გააროღვიეთ ყველა ხარისხი** - დარეგისტრირებული შეგირდიდან 33-ე ხარისხამდე, სახელის მიხედვით.
3. **გაანადგურეთ ყველა სიმბოლო** - ბეჭდები, წინსაფრები, წიგნები, გულსაკიდები, სერტიფიკატები და ა.შ.
4. **დახურეთ კარიბჭე** - სულიერად და იურიდიულად

ლოცვითა და გამოცხადებით.

გამოიყენეთ ეს წმინდა წერილები:

- ესაია 28:18 — „თქვენი აღთქმა სიკვდილთან გაუქმდება“.
- გალატელთა 3:13 — „ქრისტემ გამოგვისყიდა რჯულის წყევლისგან“.
- ეზეკიელი 13:20–23 — „დაგიხევ ფარდებს და გავათავისუფლებ ჩემს ხალხს“.

ჯგუფური განაცხადი

- იკითხეთ, ჰყავდა თუ არა რომელიმე წევრს მშობლები ან ბებია-ბაბუები საიდუმლო საზოგადოებებში.
- უხელმძღვანელეთ მასონობის ყველა საფეხურის განმავლობაში **უარყოფისკენ მიმართულ სვლას** (ამისათვის შეგიძლიათ შექმნათ დაბეჭდილი დამწერლობა).
- გამოიყენეთ სიმბოლური ქმედებები — დაწვით ძველი ბეჭედი ან დახატეთ ჯვარი შუბლზე, რათა გააუქმოთ რიტუალების დროს გახსნილი „მესამე თვალი“.
- ილოცეთ გონებაზე, კისერსა და ზურგზე - ესენი მონობის გავრცელებული ადგილებია.

ძირითადი ინფორმაცია
ქრისტეს სისხლის გარეშე ძმობა მონობის ძმობაა.
თქვენ უნდა აირჩიოთ: აღთქმა ადამიანთან თუ აღთქმა ღმერთთან.
რეფლექსიის ჟურნალი

- ჩემს ოჯახში ვინმე ყოფილა მასონობაში, მისტიციზმში ან საიდუმლო ფიცის დადებაში

ჩართული?

- ხომ არ გამიმეორებია ან მიმიბაძავს უნებლიეთ საიდუმლო საზოგადოებებთან დაკავშირებულ აღთქმებს, სარწმუნოების სიმბოლოებს?
- მზად ვარ დავარღვიო ოჯახური ტრადიცია, რათა სრულად ვიცხოვრო ღვთის აღთქმის მიხედვით?

დანებების ლოცვა

მამაო, იესოს სახელით, მე უარს ვამბობ ყოველგვარ აღთქმაზე, ფიცსა თუ რიტუალზე, რომელიც დაკავშირებულია მასონობასთან, კაბალასთან ან ნებისმიერ საიდუმლო საზოგადოებასთან - ჩემს ცხოვრებაში ან სისხლის ხაზში. ვარღვევ ყოველ ხარისხს, ყოველ ტყუილს, ყოველ დემონურ უფლებას, რომელიც მინიჭებული იყო ცერემონიებით ან სიმბოლოებით. ვაცხადებ, რომ იესო ქრისტე არის ჩემი ერთადერთი სინათლე, ჩემი ერთადერთი არქიტექტორი და ჩემი ერთადერთი უფალი. მე ვიღებ თავისუფლებას ახლა, იესოს სახელით. ამინ.

დღე 35: ჯადოქრები სკამებზე — როდესაც ბოროტება ეკლესიის კარებიდან შემოდის

„*ამდგან ასეთი კაცები ცრუმოციქულები არიან, მატყუარა მუშები, რომლებიც ქრისტეს მოციქულებს იცვამენ. და გასაკვირი არ არის, რადგან სატანაც კი ნათლის ანგელოზის სახეს იღებს.*" — 2 კორინთელთა 11:13–14

„*ვიცი შენი საქმეები, შენი სიყვარული და რწმენა... მაგრამ შენს წინააღმდეგ ეს მაქვს: იტან იზებელს, რომელიც თავს წინასწარმეტყველს უწოდებს...*" — გამოცხადება 2:19–20

ყველაზე საშიში ჯადოქარი ის კი არ არის, ვინც ღამით დაფრინავს,

არამედ ის, ვინც **ეკლესიაში შენს გვერდით ზის** .

ისინი არ ატარებენ შავ სამოსს და არ დადიან ცოცხებზე.

ისინი ხელმძღვანელობენ ლოცვის შეხვედრებს. მღერიან თაყვანისცემის გუნდებში. წინასწარმეტყველებენ ენებზე. ასრულებენ პასტორულ ეკლესიებს. და მაინც... ისინი **სიბნელის მატარებლები არიან** .

ზოგიერთმა ზუსტად იცის, რას აკეთებს — სულიერ მკვლელებად იგზავნება. სხვები წინაპრების ჯადოქრობის ან აჯანყების მსხვერპლნი არიან და

უწმინდური საჩუქრებით მოქმედებენ .

ეკლესია , როგორც საფარველი — „მირიამის" ისტორია

მირიამი დასავლეთ აფრიკის დიდ ეკლესიაში პოპულარული ხსნის მსახური იყო. მისი ხმა დემონებს გაქცევას უბრძანებდა. ხალხი სხვადასხვა ქვეყანაში მოგზაურობდა, რათა მისგან ცხებულიყვნენ.

მაგრამ მირიამს საიდუმლო ჰქონდა: ღამით ის თავისი სხეულიდან გამოდიოდა. ხედავდა ეკლესიის წევრების სახლებს, მათ სისუსტეებსა და სისხლის ხაზებს. მას ეგონა, რომ ეს „წინასწარმეტყველება" იყო.

მისი ძალა გაიზარდა. მაგრამ მისი ტანჯვაც გაიზარდა.

მას ხმები ესმოდა. ვერ იძინებდა. მის შვილებს თავს დაესხნენ. ქმარმა მიატოვა.

საბოლოოდ მან აღიარა: ბავშვობაში იგი „გააქტიურა" ბებიამ, ძლიერმა ჯადოქარმა, რომელიც მას წყეული საბნების ქვეშ აძინებდა.

„მეგონა, სულიწმინდით ვიყავი აღვსილი. ეს სული იყო... მაგრამ არა წმინდა."

მან ხსნა განიცადა. მაგრამ ომი არასდროს შეწყვეტილა. ის ამბობს:

„აღსარება რომ არ მეთქვა, საკურთხეველზე, ცეცხლში მოვკვდებოდი... ეკლესიაში."

ეკლესიაში ფარული ჯადოქრობის გლობალური სიტუაციები

- **აფრიკა** – სულიერი შური. წინასწარმეტყველები იყენებენ მკითხაობას, რიტუალებს, წყლის სულებს. ბევრი საკურთხეველი სინამდვილეში პორტალია.
- **ევროპა** – ექსტრასენსები, რომლებიც „სულიერ მწვრთნელებად" არიან შენიღბულნი. ჯადოქრობა ახალი ეპოქის ქრისტიანობაშია გახვეული.
- **აზია** – ტაძრის ქურუმები შედიან ეკლესიებში წყევლის დასათესად და ასტრალურ მონიტორზე მოქცეულებად.
- **ლათინური ამერიკა** - სანტერია - პრაქტიკოსი „პასტორები", რომლებიც ხსნას ქადაგებენ, მაგრამ

ღამით ქათმებს სწირავენ.

- **ჩრდილოეთ ამერიკა** – ქრისტიანი ჯადოქრები, რომლებიც აცხადებენ „იესოს და ტაროს“, ენერგომკურნალები ეკლესიის სცენებზე და პასტორები, რომლებიც მონაწილეობენ მასონურ რიტუალებში.

ეკლესიაში ჯადოქრობის მოქმედების ნიშნები

- დაძაბული ატმოსფერო ან არეულობა ლოცვის დროს.
- წირვის შემდეგ გველების, სექსის ან ცხოველების სიზმრები.
- ლიდერობა უეცარ ცოდვაში ან სკანდალში ვარდება.
- „წინასწარმეტყველებები“, რომლებიც მანიპულირებენ, აცდუნებენ ან სირცხვილს იწვევს.
- ყველა, ვინც იტყვის „ღმერთმა მითხრა, რომ ჩემი ქმარი/ცოლი ხარ“.
- უცნაური ნივთები, რომლებიც ამბიონთან ან საკურთხეველთან ახლოს იპოვეს.

���������������� ��������� გეგმა

1. **ილოცეთ გამჭრიახობისთვის** — სთხოვეთ სულიწმინდას, გაგიმხილოთ, არიან თუ არა თქვენს საძმოში ფარული ჯადოქრები.
2. **გამოსცადეთ ყველა სული** — თუნდაც ისინი სულიერი ჩანდნენ (1 იოანე 4:1).
3. **გაწყვიტე სულიერ კავშირები** — თუ უწმინდური ადამიანი თქვენთვის ლოცულობდა, გიწინასწარმეტყველებდნენ ან შეგეხო, **უარი თქვით ამაზე** .

4. **ილოცეთ თქვენი ეკლესიისთვის** — გამოაცხადეთ ღვთის ცეცხლი, რათა გამოაშკარავოს ყოველი დაფარული საკურთხეველი, ფარული ცოდვა და სულიერი გარყვნილება.
5. **თუ მსხვერპლი ხართ** — მიმართეთ დახმარებას. ნუ დარჩებით ჩუმად ან მარტო.

ჯგუფური განაცხადი

- ჰკითხეთ ჯგუფის წევრებს: ოდესმე გიგრძვნიათ თუ არა თავი უხერხულად ან სულიერად შეურაცხყოფილად ეკლესიაში წირვის დროს?
- უხელმძღვანელეთ **კორპორატიულ განწმენდის ლოცვას** ერთობისთვის.
- სცხე ყველა ადამიანს და გამოაცხადე **სულიერი დამცავი კედელი** გონების, საკურთხევლისა და ნიჭების გარშემო.
- ასწავლეთ ლიდერებს, თუ როგორ **შეამოწმონ საჩუქრები** და **გამოსცადონ სულები,** სანამ ადამიანებს თვალსაჩინო როლებში მონაწილეობის უფლებას მისცემენ.

ძირითადი ინფორმაცია

ყველა, ვინც ამბობს „უფალო, უფალო“, უფლისგან არ არის.

ეკლესია სულიერი დაბინძურების **მთავარი ბრძოლის ველია** — მაგრამ ასევე განკურნების ადგილია, როდესაც ჭეშმარიტება დაცულია.

რეფლექსიის ჟურნალი

- მიმიღია თუ არა ლოცვები, შეთავაზებები ან მენტორობა ისეთი ადამიანისგან, ვისი ცხოვრებაც არაწმინდა ნაყოფით გამოირჩეოდა?
- ყოფილა შემთხვევები, როცა ეკლესიის შემდეგ

თავს „უხერხულად“ ვგრძნობდი, მაგრამ ყურადღებას არ ვაქცევდი?

- მზად ვარ ჯადოქრობას დავუპირისპირდე, მაშინაც კი, თუ ის კოსტიუმში გამოწყობილია ან სცენაზე მღერის?

ლოცვა გამოვლენისა და თავისუფლებისთვის

უფალო იესო, გმადლობ, რომ ხარ ჭეშმარიტი ნათელი. ახლა გთხოვ, გამოავლინო სიბნელის ყველა ფარული აგენტი, რომელიც მოქმედებს ჩემს ცხოვრებაში და საძმოში ან მის გარშემო. უარს ვამბობ ყოველ უწმინდურებაზე, ცრუ წინასწარმეტყველებაზე ან სულის კავშირზე, რაც მივიღე სულიერი თაღლითებისგან. განმწმინდე შენი სისხლით. განწმინდე ჩემი ნიჭი. დაიცავი ჩემი კარიბჭეები. დაწვი ყოველი ყალბი სული შენი წმინდა ცეცხლით. იესოს სახელით. ამინ.

დღე 36: კოდირებული შელოცვები — როდესაც სიმღერები, მოდა და ფილმები პორტალებად იქცევა

„*უ მიიღებთ მონაწილეობას სიბნელის უნაყოფო საქმეებში, არამედ ამხილეთ ისინი.*“ — ეფესელთა 5:11

„*ნუ შეეხებით უღვთო მითებსა და მოხუცებულთა ზღაპრებს, არამედ ისწავლეთ ღვთისმოსაობა.*“ — 1 ტიმოთე 4:7

ყველა ბრძოლა სისხლიანი მსხვერპლით არ იწყება.

ზოგი რიტმით იწყება . მელოდიით.

მიმზიდველი ტექსტით, რომელიც სულში ჩაგრჩება . ან **სიმბოლოთ** თქვენს ტანსაცმელზე, რომელიც „მაგრად“ გეგონათ.

ან „უწყინარ“ შოუს, რომელსაც უაზროდ მიირთმევთ, სანამ დემონები ჩრდილში იღიმიან.

დღევანდელ ჰიპერდაკავშირებულ სამყაროში ჯადოქრობა **კოდირებულია** — იმალება **თვალსაჩინო ადგილას** მედიის, მუსიკის, ფილმებისა და მოდის მეშვეობით.

ჩაბნელებული ხმა — რეალური ისტორია: „ყურსასმენები“

17 წლის ელიას, აშშ-ში, პანიკის შეტევები, უძილო ღამეები და დემონური სიზმრები დაეწყო. მის ქრისტიან მშობლებს ეს სტრესის ბრალი ეგონათ.

მაგრამ ხსნის სესიის დროს, სულიწმინდამ გუნდს დაავალა, მისი **მუსიკის შესახებ ეკითხათ** .

მან აღიარა: „მე ტრეპ მეტალს ვუსმენ. ვიცი, რომ ბნელია... მაგრამ ეს მეხმარება, თავი ძლიერად ვიგრძნო“.

როდესაც გუნდმა ლოცვაში მისი ერთ-ერთი საყვარელი სიმღერა დაუკრა, რაღაც **გამოვლინდა** .

რიტმები კოდირებული იყო ოკულტური რიტუალების **საგალობლებით . უკუღმა შენიღბვა ავლენდა ფრაზებს, როგორიცაა „დაანებე თავი შენს სულს“ და „ლუციფერი ლაპარაკობს“.**

როგორც კი ელიამ მუსიკა წაშალა, მოინანია და კავშირი შეწყვიტა, მშვიდობა დაბრუნდა. ომი მისი

ყურის კარიბჭიდან შემოვიდა .

გლობალური პროგრამირების ნიმუშები

- **აფრიკა** – აფრობიტული სიმღერები, რომლებიც დაკავშირებულია ფულთან დაკავშირებულ რიტუალებთან; ტექსტებში დამალული „ჯუჯუს“ მინიშნებები; მოდის ბრენდები საზღვაო სამეფოს სიმბოლოებით.
- **აზია** – K-pop ქვეცნობიერი სექსუალური და სულიერად მოტივირებული გზავნილებით; ანიმე პერსონაჟები გაჟღენთილია შინტოს დემონური ლეგენდებით.
- **ლათინური ამერიკა** - რეგეტონი სანტერიას შელოცვებსა და უკუკოდირებულ შელოცვებს უწევს პოპულარიზაციას.
- **ევროპა** - მოდის სახლები (Gucci, Balenciaga), რომლებიც პოდიუმების კულტურაში სატანურ გამოსახულებებსა და რიტუალებს ნერგავენ.
- **ჩრდილოეთ ამერიკა** - ჰოლივუდური ფილმები, რომლებიც ჯადოქრობითაა გაჟღენთილი (Marvel, საშინელებათა ჟანრი, „სინათლე სიბნელის წინააღმდეგ“ ფილმები); მულტფილმები, რომლებიც ჯადოქრობას გასართობად იყენებენ.

Common Entry Portals (and Their Spirit Assignments)

Media Type	Portal	Demonic Assignment
Music	Beats/samples from rituals	Torment, violence, rebellion
TV Series	Magic, lust, murder glorification	Desensitization, soul dulling
Fashion	Symbols (serpent, eye, goat, triangles)	Identity confusion, spiritual binding
Video Games	Sorcery, blood rites, avatars	Astral transfer, addiction, occult alignment
Social Media	Trends on "manifestation," crystals, spells	Sorcery normalization

���������� ����� – გარჩევა, დეტოქსიკაცია, დაცვა

1. **გადახედეთ თქვენს დასაკრავ სიას, გარდერობს და ნახვების ისტორიას** . მოძებნეთ ოკულტური, ვნებიანი, მეამბოხე ან ძალადობრივი კონტენტი.
2. **სთხოვეთ სულიწმინდას, გამოაშკარაოს** ყველა უწმინდური გავლენა.
3. **წაშალეთ და გაანადგურეთ** . არ გაყიდოთ და არ გაჩუქოთ. დაწვით ან ნაგავში გადააგდოთ ყველაფერი, რაც დემონურია - ფიზიკური თუ ციფრული.
4. **სცხეთ თქვენი ნივთები** , სივრცე და ყურები. გამოაცხადეთ ისინი წმინდად ღვთის დიდებისთვის.
5. **შეცვალეთ ჭეშმარიტებით** : თაყვანისცემისკენ მიმართეთ მუსიკას, ღვთისმოსავ ფილმებს,

წიგნებს და წმინდა წერილის საკითხავ კითხვებს, რომლებიც განაახლებს თქვენს გონებას.

ჯგუფური განაცხადი

- უხელმძღვანელეთ წევრებს „მედია ინვენტარიზაციაში“. თითოეულმა პირმა უნდა ჩაწეროს შოუები, სიმღერები ან ისეთი ნივთები, რომლებიც, მათი აზრით, შესაძლოა პორტალები იყოს.
- ილოცეთ ტელეფონებითა და ყურსასმენებით. სცხეთ ისინი.
- ჩაატარეთ ჯგუფური „დეტოქსის მარხვა“ — 3-დან 7 დღემდე, საერო მედიის გარეშე. იკვებეთ მხოლოდ ღვთის სიტყვით, თაყვანისცემითა და ზიარებით.
- შედეგები შემდეგ შეხვედრაზე წარმოადგინეთ.

ძირითადი ინფორმაცია

დემონებს აღარ სჭირდებათ სალოცავი თქვენს სახლში შესასვლელად. მათ მხოლოდ თქვენი თანხმობა სჭირდებათ დაკვრის ღილაკზე დაჭერაზე.

რეფლექსიის ჟურნალი

- რა მინახავს, მომისმენია ან ჩამიცვამს ისეთი, რაც შეიძლება ჩაგვრისკენ მიმავალი კარიბჭე იყოს?
- მზად ვარ, უარი ვთქვა იმაზე, რაც გართობს, თუ ის ასევე მმონებას მაძლევს?
- ნორმალიზებულად მივიჩნიე თუ არა „ხელოვნების“ სახელით ამბოხი, ვნება, ძალადობა ან დაცინვა?

����������� �����

უფალო იესო, მე შენს წინაშე მოვდივარ და სრულ სულიერ დეტოქსიკაციას გთხოვ. გამოავლინე ყველა კოდირებული შელოცვა, რომელიც ჩემს ცხოვრებაში მუსიკის, მოდის, თამაშების ან მედიის საშუალებით შემოვიტანე. მე ვნანობ იმის ყურებას, ტარებას და მოსმენას, რაც შენ შეურაცხყოფს. დღეს მე ვწყვეტ სულის კავშირებს. მე განვდევნი ყოველგვარ ამბოხების, ჯადოქრობის, ვნების, დაბნეულობის ან ტანჯვის სულს. განიწმინდე ჩემი თვალები, ყურები და გული. ახლა ჩემს სხეულს, მედიას და არჩევანს მხოლოდ შენ გიძღვნი. იესოს სახელით. ამინ.

დღე 37: ძალაუფლების უხილავი საკურთხევლები - მასონები, კაბალა და ოკულტური ელიტები

„?ვლავ წაიყვანა იგი ეშმაკმა ძალიან მაღალ მთაზე და აჩვენა მას მსოფლიოს ყველა სამეფო და მათი დიდება. „ყოველივე ამას შენ მოგცემ, თუ დაემხობი და თაყვანს მცემ." — მათე 4:8–9

„არ შეგიძლიათ სვათ უფლის სასმისიც და დემონთა სასმისიც; არ შეგიძლიათ წილი გქონდეთ როგორც უფლის სუფრაზე, ასევე დემონთა სუფრაზე." — 1 კორინთელთა 10:21

საკურთხევლები დამალულია არა გამოქვაბულებში, არამედ საკონფერენციო დარბაზებში.

სულები არა მხოლოდ ჯუნგლებში — არამედ სამთავრობო დარბაზებში, ფინანსურ კოშკებში, აივი ლიგის ბიბლიოთეკებსა და „ეკლესიებად" შენიღბულ საკურთხევლებში.

ელიტური ოკულტიზმის სამყაროში :

მასონები, როზენკროიცერები , კაბალისტები , იეზუიტების ორდენები, აღმოსავლური ვარსკვლავები და ფარული ლუციფერიული სამღვდელოებები, რომლებიც **სატანისადმი ერთგულებას რიტუალებით, საიდუმლოებითა და სიმბოლოებით მალავენ** . მათი ღმერთები არიან გონება, ძალა და უძველესი ცოდნა - მაგრამ მათი **სულები სიბნელეს ეძღვნება** .

თვალსაჩინო ადგილას დამალული

- **მასონობა** თავს მშენებელთა საძმოს სახით

ასაღებს, თუმცა მისი უფრო მაღალი ხარისხები დემონურ არსებებს იწვევს, სიკვდილის ფიცს დებს და ლუციფერს „სინათლის მატარებლად“ ადიდებს.

- **კაბალა** ღმერთთან მისტიკურ წვდომას გვპირდება, თუმცა ის დახვეწილად ცვლის იაჰვეს კოსმიური ენერგიის რუკებითა და ნუმეროლოგიით.
- **იეზუიტური მისტიციზმი** , თავისი დამახინჯებული ფორმებით, ხშირად ურევს კათოლიკურ ხატოვანებას სულიერ მანიპულირებასთან და მსოფლიო სისტემების კონტროლთან.
- **ჰოლივუდი, მოდა, ფინანსები და პოლიტიკა** - ყველა ეს სფერო შეიცავს კოდირებულ შეტყობინებებს, სიმბოლოებსა და **საზოგადოებრივ რიტუალებს, რომლებიც სინამდვილეში ლუციფერისადმი თაყვანისცემას წარმოადგენს** .

არ არის აუცილებელი ცნობილი ადამიანი იყო, რომ გავლენა იქონიო. ეს სისტემები **აბინძურებს ერებს** შემდეგი გზებით:

- მედია პროგრამირება
- საგანმანათლებლო სისტემები
- რელიგიური კომპრომისი
- ფინანსური დამოკიდებულება
- რიტუალები, რომლებიც შენიღბულია, როგორც „ინიციაციები“, „პირობები“ ან „ბრენდული გარიგებები“

რეალური ისტორია – „ლოჟამ ჩემი წარმომავლობა გაანადგურა“

სოლომონი (სახელი შეცვლილია), წარმატებული ბიზნესმაგნატი დიდი ბრიტანეთიდან, მასონურ ლოჟას შეუერთდა ქსელური ურთიერთობების დასამყარებლად.

ის სწრაფად დაწინაურდა, სიმდიდრე და პრესტიჟი მოიპოვა. თუმცა, მას ასევე დაეწყო საშინელი კოშმარები - მანტიებში ჩაცმული კაცები იძახებდნენ მას, სისხლიან ფიცს აძლევდნენ, ბნელი ცხოველები მისდევდნენ. მისმა ქალიშვილმა თავის დაჭრა დაიწყო და ამტკიცებდა, რომ "თანდასწრებამ" აიძულა ამის გაკეთება.

ერთ ღამეს მან თავის ოთახში დაინახა კაცი - ნახევრად ადამიანი, ნახევრად ტურა - რომელმაც უთხრა: "შენ ჩემი ხარ. ფასი გადახდილია". მან ხსნის სამინისტროს მიმართა. **შვიდი თვე დასჭირდა უარყოფას, მარხვას, ღებინების რიტუალებს და ყველა ოკულტური კავშირის შეცვლას** - სანამ მშვიდობა დამყარდებოდა.

მოგვიანებით მან აღმოაჩინა: **მისი ბაბუა 33-ე ხარისხის მასონი იყო. მან მემკვიდრეობა მხოლოდ გაუცნობიერებლად განაგრძო.**

გლობალური მასშტაბი

- **აფრიკა** – საიდუმლო საზოგადოებები ტომის მმართველებს, მოსამართლეებს, პასტორებს შორის — რომლებიც ძალაუფლების სანაცვლოდ სისხლიან ფიცს დებდნენ ერთგულების ფიცს.

- **ევროპა** – მალტის რაინდები, ილუმინატების ლოჟები და ელიტური ეზოთერული უნივერსიტეტები.

- **ჩრდილოეთ ამერიკა** – მასონური ფონდები დამფუძნებელი დოკუმენტების, სასამართლო სტრუქტურების და ეკლესიების უმეტესობის ქვეშაც კი.

- **აზია** – ფარული დრაკონის კულტები, წინაპრების ორდენები და პოლიტიკური ჯგუფები, რომლებიც ბუდიზმ-შამანიზმის ჰიბრიდებში არიან ფესვგადგმული.

- **ლათინური ამერიკა** - სინკრეტული კულტები, რომლებიც კათოლიკე წმინდანებს

ლუციფერიანულ სულებთან, როგორიცაა სანტა მუერტე ან ბაფომეტი, აერთიანებენ.

სამოქმედო გეგმა — ელიტური საკურთხევლებიდან გაქცევა

1. **უარი თქვით** მასონობასთან, აღმოსავლეთის ვარსკვლავთან, იეზუიტების ფიცთან, გნოსტიკურ წიგნებთან ან მისტიკურ სისტემებთან ნებისმიერ მონაწილეობაზე — თუნდაც ამ საკითხების „აკადემიურ“ შესწავლაზე.
2. **გაანადგურეთ** რეგალიები, ბეჭდები, ქინძისთავები, წიგნები, წინსაფრები, ფოტოები და სიმბოლოები.
3. **დაარღვიეთ სიტყვიერი წყევლა** — განსაკუთრებით სიკვდილის ფიცი და ინიციაციის აღთქმა. გამოიყენეთ ესაიას 28:18 („შენი აღთქმა სიკვდილთან გაუქმდება...“).
4. **იმარხულეთ 3 დღე** ეზეკიელის 8-ე, ესაიას 47-ე და გამოცხადების 17-ე თავების კითხვისას.
5. **საკურთხევლის შეცვლა** : ხელახლა მიუძღვენით თავი მხოლოდ ქრისტეს საკურთხეველს (რომაელთა 12:1–2). ზიარება. თაყვანისცემა. ცხება.

ერთდროულად ვერ იქნები ზეციური და ლუციფერის სასამართლოებში. აირჩიე შენი საკურთხეველი.

ჯგუფური განაცხადი

- დაადგინეთ თქვენს რეგიონში გავრცელებული ელიტური ორგანიზაციები და პირდაპირ ილოცეთ მათი სულიერი გავლენის წინააღმდეგ.
- გამართეთ სესია, სადაც წევრებს შეეძლებათ კონფიდენციალურად აღიარონ, იყვნენ თუ არა მათი ოჯახები ჩართულნი მასონობაში ან მსგავს სექტებში.

- მოიტანეთ ზეთი და ზიარება — უხელმძღვანელეთ მასობრივად უარის თქმას ფარულად დადებულ ფიცებზე, რიტუალებსა და ბეჭდებზე.
- დაარღვიეთ სიამაყე — შეახსენეთ ჯგუფს: **არანაირი წვდომა არ ღირს თქვენი სულის ფასად.**

ძირითადი ინფორმაცია

საიდუმლო საზოგადოებები სინათლეს გვპირდებიან. მაგრამ მხოლოდ იესოა სამყაროს სინათლე. ყველა სხვა საკურთხეველი სისხლს მოითხოვს - მაგრამ ვერ ხსნის.

რეფლექსიის ჟურნალი

- ჩემი სისხლის ხაზიდან ვინმე იყო ჩართული საიდუმლო საზოგადოებებში ან „ორდენებში"?
- წავიკითხე თუ მქონია აკადემიური ტექსტების სახით შენიღბული ოკულტური წიგნები?
- რა სიმბოლოები (პენტაგრამები, ყოვლისმხედველი თვალები, მზეები, გველები, პირამიდები) იმალება ჩემს ტანსაცმელში, ხელოვნებაში ან სამკაულებში?

დანებების ლოცვა

მამაო, მე უარს ვამბობ ყოველ საიდუმლო საზოგადოებაზე, ლოჟაზე, ფიცზე, რიტუალსა თუ საკურთხეველზე, რომელიც არ არის დაფუძნებული იესო ქრისტეზე. ვარღვევ ჩემი მამების აღთქმებს, ჩემს სისხლის ხაზს და საკუთარ პირს. უარვყოფ მასონობას, კაბალას, მისტიციზმს და ძალაუფლებისთვის დადებულ ყოველ ფარულ შეთანხმებას. ვანადგურებ ყოველ სიმბოლოს, ყოველ ბეჭედს და ყოველ ტყუილს, რომელიც სინათლეს გვპირდებოდა, მაგრამ მონობას აძლევდა. იესო, მე კვლავ განგსჯი ჩემს ერთადერთ მბრძანებლად. გაანათე შენი სინათლე ყველა საიდუმლო ადგილას. შენი სახელით თავისუფლად დავდივარ. ამინ.

დღე 38: საშვილოსნოს აღთქმები და წყლის სამეფოები — როდესაც ბედისწერა შებილწულია დაბადებამდე

„*ბოროტნი საშოდანვე გაუცხოებულნი არიან; დაბადებისთანავე გზას აცდენენ და ტყუილს ლაპარაკობენ*“ — ფსალმუნი 58:3

„*სანამ საშოში შეგიქმნიდი, გიცნობდი, სანამ დაიბადებოდი, განგაწმინდე ...*“ — იერემია 1:5

რა მოხდება, თუ თქვენს მიერ წარმოებული ბრძოლები თქვენი არჩევანით კი არა, თქვენი კონცეფციით დაიწყო?

რა მოხდება, თუ შენს სახელს ბნელ ადგილებში წარმოთქვამენ, სანამ ჯერ კიდევ საშვილოსნოში იყავი?

რა მოხდება, თუ **შენი ვინაობა გაცვალეს** , შენი **ბედი გაყიდეს** და შენი **სული მონიშნეს** — სანამ პირველ ამოსუნთქვას ჩაისუნთქავდი?

წყალქვეშა ინიციაციის , **საზღვაო სულების შესახებ შეთანხმებებისა** და **ოკულტური საშვილოსნოს შესახებ პრეტენზიების** რეალობა , რომლებიც **თაობებს აკავშირებს** , განსაკუთრებით იმ რეგიონებში, სადაც ღრმა წინაპრებისა და სანაპირო რიტუალებია.

წყლის სამეფო - სატანის ტახტი ქვემოთ

უხილავ სამყაროში სატანა **მხოლოდ ჰაერზე მეტს მართავს** . ის ასევე მართავს **საზღვაო სამყაროს** - სულების, სამსხვერპლოებისა და რიტუალების უზარმაზარ დემონურ ქსელს ოკეანეების, მდინარეებისა და ტბების ქვეშ.

ზღვის სულები (რომლებსაც ხშირად *მამი ვატას* , სანაპიროს დედოფალს , სულიერ ცოლებს/ქმრებს და ა.შ. უწოდებენ) პასუხისმგებელნი არიან:

- ნაადრევი სიკვდილი
- უნაყოფობა და აბორტები
- სექსუალური მონობა და სიზმრები
- ფსიქიკური ტანჯვა
- ახალშობილებში არსებული დაავადებები
- ბიზნესის აღმავლობისა და კრახის ნიმუშები

მაგრამ როგორ მოიპოვებენ ეს სულები **იურიდიულ საფუძველს** ?
საშვილოსნოში.
უხილავი ინიციაციები დაბადებამდე

- **წინაპრების მიძღვნა** - ბავშვი, რომელიც „აღთქმულია" ღვთაებისთვის, თუ ჯანმრთელი დაიბადება.
- **ოკულტი ქურუმები** ორსულობის დროს საშვილოსნოს ეხებიან.
- ოჯახის მიერ მინიჭებული **აღთქმის სახელები** — საზღვაო დედოფლების ან სულების უნებლიეთ პატივსაცემად.
- **დაბადების რიტუალები**, რომლებიც სრულდებოდა მდინარის წყლით, თილისმებით ან სალოცავებიდან აღებული ბალახებით.
- **ჭიპლარის დაკრძალვა** შელოცვებით.
- **ორსულობა ოკულტურ გარემოში** (მაგ., მასონობის ლოჟები, ახალი ეპოქის ცენტრები, პოლიგამიური კულტები).

ზოგიერთი ბავშვი უკვე მონად იბადება. სწორედ ამიტომ ისინი დაბადებისას ხმამაღლა კივიან — მათი სული სიბნელეს გრძნობს.

რეალური ისტორია - „ჩემი ბავშვი მდინარის საკუთრება იყო“

სიერა-ლეონელი ჯესიკა 5 წლის განმავლობაში ცდილობდა დაორსულებას. საბოლოოდ, ის დაორსულდა მას შემდეგ, რაც „წინასწარმეტყველმა“ მას საპონი და საშვილოსნოზე ზეთი მისცა. ბავშვი ძლიერი დაიბადა, თუმცა 3 თვის ასაკში გაუჩერებლად ტიროდა, ყოველთვის ღამით. მას წყალი სძულდა, აბაზანის დროს კიოდა და მდინარესთან ახლოს მიყვანისას უკონტროლოდ კანკალებდა.

ერთ დღეს მის შვილს კონვულსია დაემართა და 4 წუთით გარდაიცვალა. ის გამოცოცხლდა და **9 თვის ასაკში სრული სიტყვებით დაიწყო ლაპარაკი** : „მე აქ არ ვარ. მე დედოფალს ვეკუთვნი“.

შეშინებული ჯესიკა ხსნას ეძებდა. ბავშვი მხოლოდ 14-დღიანი მარხვისა და უარყოფის ლოცვის შემდეგ გაათავისუფლეს - მის ქმარს ტანჯვის შეწყვეტამდე მის სოფელში დამალული ოჯახის კერპი უნდა გაენადგურებინა.

ბავშვები ცარიელად არ იბადებიან. ისინი იბადებიან ბრძოლებში, რომლებიც ჩვენ მათი სახელით უნდა ვიბრძოლოთ.

���������� �����������

- **აფრიკა** – მდინარის სამსხვერპლოები, მამი ვატას მიძღვნა, პლაცენტის რიტუალები.
- **აზია** – წყლის სულებს, რომლებსაც ბუდისტურ ან ანიმისტურ შობადობის დროს იძახებდნენ.
- **ევროპა** – დრუიდების მეან-გინეკოლოგების შეთანხმებები, წინაპრების წყლის რიტუალები , მასონური მიძღვნები.
- **ლათინური ამერიკა** – სანტერიის სახელის

დარქმევა, მდინარეების სულები (მაგ., ოშუნი), დაბადება ასტროლოგიური რუკების მიხედვით.

- **ჩრდილოეთ ამერიკა** – ახალი ეპოქის მშობიარობის რიტუალები, ჰიპნო-მშობიარობა სულიერ გიდებთან ერთად, მედიუმების მიერ „კურთხევის ცერემონიები“.

საშვილოსნოს მიერ ინიცირებული ბონდაჟის ნიშნები

- თაობებს შორის განმეორებადი აბორტის ნიმუშები
- ღამის შიშები ჩვილებსა და ბავშვებში
- აუხსნელი უნაყოფობა სამედიცინო ნებართვის მიუხედავად
- მუდმივი წყლის სიზმრები (ოკეანეები, წყალდიდობები, ცურვა, ქალთევზები)
- წყლის ან დახრჩობის ირაციონალური შიში
- „მოთხოვნილების“ შეგრძნება — თითქოს დაბადებიდან რაღაც გიყურებს

სამოქმედო გეგმა — საშვილოსნოს შეთანხმების დარღვევა

1. **სთხოვეთ სულიწმინდას**, გაგიმხილოთ, თქვენ (ან თქვენი შვილი) საშვილოსნოს რიტუალებით იყავით თუ არა ინიციირებული.
2. **უარი თქვით** ორსულობის დროს დადებულ ნებისმიერ აღთქმაზე - შეგნებულად თუ შეუგნებლად.
3. **ილოცეთ თქვენივე დაბადების ისტორიაზე** — მაშინაც კი, თუ დედა არ არის ხელმისაწვდომი, ილაპარაკეთ როგორც თქვენი ცხოვრების კანონიერი სულიერი კარიბჭე.
4. **იმარხულეთ ესაიას 49-ე თავისა და 139-ე ფსალმუნის მიხედვით** – თქვენი ღვთაებრივი

ჩანაფიქრის დასაბრუნებლად.

5. **ორსულობის შემთხვევაში** : იცხვეთ ზეთი მუცელზე და ყოველდღიურად ესაუბრეთ თქვენს ჯერ არ დაბადებულ ბავშვს.

„თქვენ უფლისთვის ხართ გამოყოფილი. წყლის, სისხლისა თუ სიბნელის სული ვერ დაგიპყრობთ. თქვენ იესო ქრისტეს ეკუთვნით - სხეულით, სულით და სულით."

ჯგუფური განაცხადი

- სთხოვეთ მონაწილეებს, ჩაწერონ რა იციან მათი დაბადების ისტორიის შესახებ — მათ შორის რიტუალების, ბებიაქალების ან სახელის დარქმევის მოვლენების შესახებ.
- წაახალისეთ მშობლები, რომ შვილები ხელახლა მიუძღვნან „ქრისტეზე ორიენტირებულ სახელდებისა და აღთქმის მსახურებას".
- ილოცეთ წყლის აღთქმების დარღვევის შესახებ *ესაიას 28:18-ის* , *კოლასელთა 2:14-ისა* და *გამოცხადების 12:11-ის გამოყენებით* .

ძირითადი ინფორმაცია

საშვილოსნო კარიბჭეა — და ის, რაც მასში გადის, ხშირად სულიერი ბარგით შედის. მაგრამ საშვილოსნოს არც ერთი საკურთხეველი არ არის ჯვარზე დიდი.

რეფლექსიის ჟურნალი

- ჩემს ჩასახვასა და დაბადებასთან დაკავშირებული იყო თუ არა რაიმე ნივთი, ზეთი, თილისმა ან სახელი?
- განვიცდი თუ არა ბავშვობაში დაწყებულ სულიერ შეტევებს?
- ხომ არ გადავეცი უნებლიეთ ჩემს შვილებს საზღვაო შეთანხმებები?

განთავისუფლების ლოცვა

ზეციერო მამაო, შენ მიცნობდი ჩემს ჩამოყალიბებამდე. დღეს მე ვარღვევ ყველა ფარულ აღთქმას, წყლის რიტუალს და დემონურ მიძღვნას, რომელიც შესრულდა ჩემს დაბადებამდე ან მის დროს. უარვყოფ ზღვის სულების, ნაცნობი სულების ან თაობათა საშვილოსნოს სამსხვერპლოების ყველა მტკიცებას. იესოს სისხლმა გადაწეროს ჩემი დაბადების ისტორია და ჩემი შვილების ისტორია. მე სულისგან ვარ დაბადებული - და არა წყლის სამსხვერპლოებიდან. იესოს სახელით. ამინ.

დღე 39: წყლით მონათვლა მონობაში — როგორ აღებენ კარებს ჩვილები, ინიციალები და უხილავი აღთქმები

„აღვარეს უდანაშაულო სისხლი, თავიანთი ვაჟებისა და ასულების სისხლი, რომლებიც ქანაანის კერპებს შესწირეს და მათი სისხლით შებილწეს ქვეყანა." - ფსალმუნი 106:38

„შეიძლება ნადავლის წართმევა მეომრებს, ან ტყვეების ხსნა სასტიკისგან?" მაგრამ აი, რას ამბობს უფალი: „დიახ, ტყვეებს წაართმევენ მეომრებს და ნადავლი დაუბრუნდებათ სასტიკებს..." - ესაია 49:24–25

ბევრი ბედი არა მხოლოდ **ზრდასრულ ასაკში შეფერხდა** - არამედ **ჩვილობაშივე მიიტაცეს** .

ეს, ერთი შეხედვით, უმანკო სახელის დარქმევის ცერემონია...

ეს შემთხვევითი ჩაძირვა მდინარის წყალში „ ბავშვის დასალოცად"...

მონეტა ხელში... ენის ქვეშ გაკეთებული ჭრილი... ზეთი „სულიერი ბებიისგან"... დაბადებისას მიცემული ინიციალებიც კი...

შესაძლოა, ყველა მათგანი კულტურულად გამოიყურებოდეს. ტრადიციული. უვნებელი.

მაგრამ სიბნელის სამეფო **ტრადიციებშია დამალული და ბევრი ბავშვი ფარულად** იქნა ინიცირებული , სანამ ოდესმე შეძლებდნენ „იესოს" თქმას.

რეალური ისტორია - „მე მდინარემ დამარქვეს სახელი"

ჰაიტიში, ბიჭი, სახელად მალიკი , მდინარეებისა და ქარიშხლების უცნაური შიშით გაიზარდა. ბავშვობაში ბებიამ ის ნაკადულთან წაიყვანა, რათა დასაცავად „სულებს“ გაცნობოდა. მან ხმები 7 წლის ასაკში გაიგო. 10 წლის ასაკში მას ღამით სტუმრობდნენ. 14 წლის ასაკში მან თვითმკვლელობა სცადა, რადგან ყოველთვის გვერდით „დასწრება“ გრძნობდა.

ხსნის შეხვედრაზე დემონები ძალადობრივად გამოჩნდნენ და ყვიროდნენ: „მდინარესთან შევედით! სახელით მოგვმართეს!“ მისი სახელი, „ მალიკი “, სულიერი სახელის დარქმევის ტრადიციის ნაწილი იყო, რათა „მდინარის დედოფლის პატივსაცემად“ ეწოდებინათ. სანამ მას ქრისტეში სახელი არ გადაარქვეს, ტანჯვა გაგრძელდა. ახლა ის წინაპრებისადმი მიძღვნილ მსახურებაში მყოფ ახალგაზრდებს შორის ხსნის მსახურებას ახორციელებს.

როგორ ხდება ეს — ფარული ხაფანგები

1. **ინიციალები, როგორც აღთქმები.**
   ზოგიერთი ინიციალი, განსაკუთრებით ის, რაც წინაპრების სახელებს, ოჯახის ღმერთებს ან წყლის ღვთაებებს უკავშირდება (მაგ., „MM“ = მამი/მარინე; „OL“ = ოია/ორიშას შტო), დემონური ხელმოწერების ფუნქციას ასრულებს.
2. **ჩვილების მდინარეებში/ნაკადულებში ჩაძირვა.**
   კეთდება „დაცვის“ ან „განწმენდის“ მიზნით, ეს ხშირად **ზღვის სპირტებში ნათლობაა** .
3. **საიდუმლო სახელის მინიჭების ცერემონიები,**
   როდესაც საკურთხევლის ან სალოცავის წინ ჩურჩულით ან წარმოითქმის სხვა სახელი (საზოგადოებრივი სახელისგან განსხვავებული).
4. **დაბადების ნიშნის რიტუალები**
   - ზეთის, ფერფლის ან სისხლის შუბლზე ან კიდურებზე დადება ბავშვის სულის „მონიშვნის“

მიზნით.

5. **წყლით კვებადი ჭიპლარის დაკრძალვა** ჭიპლარს მდინარეებში, ნაკადულებში ყრიდნენ ან წყლის შელოცვებით მარხავდნენ — ბავშვს წყლის სამსხვერპლოებზე აბამდნენ.

თუ შენმა მშობლებმა არ დაგიდეს ქრისტესთან აღთქმა, დიდი შანსია, რომ სხვამ მოგიპოვოს უფლება.

საშვილოსნოს ოკულტური კავშირის გლობალური პრაქტიკა

- **აფრიკა** - ჩვილებისთვის მდინარის ღვთაებების სახელების დარქმევა, თოკების დამარხვა საზღვაო სამსხვერპლოებთან.
- **კარიბის ზღვის აუზის ქვეყნები/ლათინური ამერიკა** – სანტერიის ნათლობის რიტუალები, იორუბას სტილის კურთხევა მწვანილებითა და მდინარის პროდუქტებით.
- **აზია** – ინდუისტური რიტუალები განგის წყალთან დაკავშირებით, ასტროლოგიურად გამოთვლილი სახელწოდებები, რომლებიც ელემენტარულ სულებთან არის დაკავშირებული.
- **ევროპა** – დრუიდური ან ეზოთერული სახელდების ტრადიციები, რომლებიც ტყის/წყლის მცველებს მოიხსენიებენ.
- **ჩრდილოეთ ამერიკა** – მკვიდრთა რიტუალური მიძღვნა, თანამედროვე ვიკას ბავშვების კურთხევა, ახალი ეპოქის სახელის დარქმევის ცერემონიები, რომლებიც „უძველეს მეგზურებს“ იძახებენ.

როგორ გავიგო?

- აუხსნელი ადრეული ბავშვობის ტანჯვა, დაავადებები ან „წარმოსახვითი მეგობრები“

- მდინარეების, ქალთევზების სიზმრები, წყლის მიერ დადევნებული
- ეკლესიებისადმი ზიზღი, მაგრამ მისტიკური საგნებისადმი გატაცება
- დაბადებიდან „მიყვებიან“ ან აკვირდებიან, ღრმა განცდა
- ბავშვობასთან დაკავშირებული მეორე სახელის ან უცნობი ცერემონიის აღმოჩენა

მოქმედების გეგმა - ჩვილობის გამოსყიდვა

1. **ჰკითხეთ სულიწმინდას** : რა მოხდა, როდესაც დავიბადე? რომელმა სულიერმა ხელებმა შემეხო?
2. **უარი თქვით ყველა ფარულ მიძღვნაზე** , თუნდაც ეს უმეცრებით იყოს გაკეთებული: „მე უარვყოფ ნებისმიერ აღთქმას, რომელიც ჩემი სახელით არის დადებული და რომელიც უფალ იესო ქრისტესთან არ არის“.
3. **გაწყვიტეთ კავშირები წინაპრების სახელებთან, ინიციალებთან და ჟეტონებთან** .
4. ქრისტეში ვინაობის გამოსაცხადებლად **გამოიყენეთ ესაიას 49:24–26, კოლასელთა 2:14 და 2 კორინთელთა 5:17** .
5. საჭიროების შემთხვევაში, **ჩაატარეთ ხელახალი მიძღვნის ცერემონია** — ხელახლა წარუდგინეთ თავი (ან თქვენი შვილები) ღმერთს და, თუ ამისკენ ისწრაფვით, გამოაცხადეთ ახალი სახელები.

������� ���������

- მოიწვიეთ მონაწილეები, შეისწავლონ მათი სახელების ისტორია.
- თუ ამას იხელმძღვანელებთ, შექმენით სივრცე

სულიერი სახელის შეცვლისთვის — მიეცით ადამიანებს საშუალება, მოიხსენიონ ისეთი სახელები, როგორიცაა „დავითი“, „ესთერი“ ან სულით ხელმძღვანელობით მოქმედი იდენტობები.

- უხელმძღვანელეთ ჯგუფს სიმბოლური მიძღვნის *ხელახალი ნათლობისას* — არა წყალში ჩაძირვაში, არამედ ცხებაში და ქრისტესთან სიტყვაზე დაფუძნებულ აღთქმაში.
- სთხოვეთ მშობლებს, ლოცვაში დაარღვიონ შვილებთან დაკავშირებული აღთქმები: „თქვენ იესოს ეკუთვნით - არცერთ სულს, მდინარეს ან წინაპრების კავშირს არ აქვს რაიმე იურიდიული საფუძველი“.

ძირითადი ინფორმაცია

შენი დასაწყისი მნიშვნელოვანია. თუმცა, ის არ უნდა განსაზღვრავდეს შენს დასასრულს. იესოს სისხლის მდინარით შეიძლება ყველა მდინარის მოთხოვნის დანგრევა.

რეფლექსიის ჟურნალი

- რა სახელები ან ინიციალები მომცეს და რას ნიშნავენ ისინი?
- დაბადებისას ტარდებოდა თუ არა საიდუმლო ან კულტურული რიტუალები, რომლებზეც უარი უნდა მეთქვა?
- ჭეშმარიტად მივუძღვენი თუ არა ჩემი ცხოვრება - ჩემი სხეული, სული, სახელი და ვინაობა - უფალ იესო ქრისტეს?

გამოსყიდვის ლოცვა

მამაო ღმერთო, მე შენს წინაშე იესოს სახელით მოვდივარ. მე უარს ვამბობ ყოველ აღთქმაზე, მიძღვნასა და რიტუალზე, რომელიც ჩემი

დაბადებისას შესრულდა. მე უარვყოფ ყოველგვარ სახელის დარქმევას, წყლის ინიციაციას და წინაპრების პრეტენზიას. იქნება ეს ინიციალები, სახელის დარქმევა თუ დაფარული სამსხვერპლოები - მე ვაუქმებ ჩემს სიცოცხლეზე ყველა დემონურ უფლებას. ახლა ვაცხადებ, რომ მე სრულად შენი ვარ. ჩემი სახელი ჩაწერილია სიცოცხლის წიგნში. ჩემი წარსული დაფარულია იესოს სისხლით და ჩემი ვინაობა დაბეჭდილია სულიწმინდით. ამინ.

დღე 40: მშობიარობიდან მშობიარობამდე — შენი ტკივილი შენი განკარგულებაა

„ *აგრამ ხალხი, რომელიც იცნობს თავის ღმერთს, ძლიერი იქნება და საქმეს გააკეთებს.*“ - დანიელი 11:32

„*მაშინ უფალმა აღადგინა მსაჯულები, რომლებმაც იხსნეს ისინი ამ მძარცველების ხელიდან.*“ - მსაჯულები 2:16

თქვენ არ გათავისუფლდით ეკლესიაში მშვიდად ჯდომისთვის.

თქვენ არ გათავისუფლდით მხოლოდ გადარჩენისთვის. თქვენ გათავისუფლდით **სხვების გადასარჩენად** .

იგივე იესომ, რომელმაც მარკოზის სახარების მე-5 თავში დემონით შეპყრობილი განკურნა, ის დეკაპოლისში გაგზავნა, რათა ეს ამბავი მოეყოლა. არანაირი სემინარია. არანაირი ხელდასხმა. მხოლოდ **დამწვარი ჩვენება** და ცეცხლმოკიდებული პირი.

შენ ხარ ის კაცი. ის ქალი. ის ოჯახი. ის ერი.

ტკივილი, რომელსაც გადაიტანე, ახლა შენი იარაღია.

ტანჯვა, რომელსაც გადაურჩი, შენი საყვირია. ის, რაც სიბნელეში გკავებდა, ახლა **შენი ბატონობის სცენად იქცევა.**

რეალური ისტორია - საზღვაო პატარძლიდან ხსნის მსახურამდე

კამერუნელი რებეკა საზღვაო სულის ყოფილი პატარძალი იყო. ის 8 წლის ასაკში სანაპიროზე სახელის

დარქმევის ცერემონიაზე ინიციაციას გაუწიეს. 16 წლის ასაკში ის სიზმრებში სექსით იყო დაკავებული, თვალებით აკონტროლებდა მამაკაცებს და ჯადოქრობის გზით არაერთი განქორწინების მიზეზი გახდა. მას „ლამაზმან წყევლას“ უწოდებდნენ.

როდესაც უნივერსიტეტში სახარებას წააწყდა, მისი დემონები გაცოფდნენ. ექვსი თვე დასჭირდა მარხვას, განთავისუფლებას და ღრმა მოწაფეობას, სანამ ის გათავისუფლდებოდა.

დღეს ის აფრიკის მასშტაბით ქალებისთვის განთავისუფლების კონფერენციებს მართავს. მისი მორჩილების წყალობით ათასობით ადამიანი გათავისუფლდა.

რა მოხდებოდა, თუ ის ჩუმად დარჩებოდა?

სამოციქულო აღზევება — გლობალური მხსნელები იბადებიან

- **აფრიკაში** ყოფილი ჯადოქრები ახლა ეკლესიებს აშენებენ.
- **აზიაში** ყოფილი ბუდისტები ქრისტეს საიდუმლო სახლებში ქადაგებენ.
- **ლათინურ ამერიკაში** ყოფილი სანტერიის მღვდლები ახლა საკურთხევლებს ამსხვრევენ.
- **ევროპაში** ყოფილი ოკულტისტები ონლაინ რეჟიმში ბიბლიის განმარტებით შესწავლებს ატარებენ.
- **ჩრდილოეთ ამერიკაში** , „ახალი ეპოქის“ მოტყუებისგან გადარჩენილები ყოველკვირეულად ლიდერობენ განთავისუფლების Zoom-ის საშუალებით.

ისინი არიან **ნაკლებად სავარაუდოები** , დამსხვრეულები, სიბნელის ყოფილი მონები, რომლებიც

ახლა სინათლეში მიდიან - და **თქვენც ერთ-ერთი მათგანი ხართ** .

საბოლოო სამოქმედო გეგმა - გადადგი ნაბიჯი შენს ზარში

1. **დაწერეთ თქვენი ჩვენება** — მაშინაც კი, თუ ფიქრობთ, რომ ის დრამატული არ არის. ვიღაცას თქვენი თავისუფლების ისტორია სჭირდება.
2. **დაიწყეთ მცირედით** — ილოცეთ მეგობრისთვის. ჩაატარეთ ბიბლიის შესწავლა. გაუზიარეთ სხვებს თქვენი გამოხსნის პროცესი.
3. **არასდროს შეწყვიტოთ სწავლა** — მხსნელები სიტყვაში რჩებიან, მონანიებას ინარჩუნებენ და გონიერები რჩებიან.
4. **დაფარეთ თქვენი ოჯახი** — ყოველდღიურად განაცხადეთ, რომ სიბნელე თქვენთან და თქვენს შვილებთან ერთად მთავრდება.
5. **გამოაცხადეთ სულიერი ომის ზონები** — თქვენი სამუშაო ადგილი, თქვენი სახლი, თქვენი ქუჩა. იყავით კარიბჭის მცველი.

ჯგუფური ექსპლუატაციაში გაშვება

დღეს მხოლოდ წირვა-ლოცვა არ არის — ეს **დანიშვნის ცერემონიაა** .

- სცხეთ ერთმანეთს ზეთი თავებით და თქვით:

„შენ გადარჩენისთვის ხარ გადარჩენილი. აღსდექი, ღვთის მსაჯულო."

- ხმამაღლა განაცხადეთ ჯგუფურად:

„ჩვენ აღარ ვართ გადარჩენილები. ჩვენ მეომრები ვართ. ჩვენ ვატარებთ სინათლეს და სიბნელე კანკალებს."

- დანიშნეთ ლოცვის წყვილები ან პასუხისმგებლობის პარტნიორები, რათა გააგრძელოთ გაბედულებისა და გავლენის ზრდა.

ძირითადი ინფორმაცია

სიბნელის სამეფოს წინააღმდეგ ყველაზე დიდი შურისძიება მხოლოდ თავისუფლება არ არის.

ეს გამრავლებაა.

საბოლოო რეფლექსიის ჟურნალი

- რა მომენტი იყო, როდესაც მივხვდი, რომ სიბნელიდან სინათლეში გადავედი?
- ვის უნდა ჩემი ისტორიის მოსმენა?
- საიდან შემიძლია დავიწყო ამ კვირაში განზრახ სინათლის მოფენა?
- მზად ვარ, დამიცინო, არასწორად გამიგონ და წინააღმდეგობა გამიწიონ — სხვების გათავისუფლების მიზნით?

ლოცვა დანიშვნის შესახებ

მამაო ღმერთო, გმადლობ 40 დღის ცეცხლის, თავისუფლებისა და ჭეშმარიტებისთვის. შენ არ გადამარჩინე მხოლოდ იმისთვის, რომ თავშესაფარი მქონოდა - შენ გადამარჩინე სხვების გადასარჩენად. დღეს მე ვიღებ ამ მოსახამს. ჩემი მოწმობა მახვილია. ჩემი ნაიარევები იარაღია. ჩემი ლოცვები ჩაქუჩებია. ჩემი მორჩილება თაყვანისცემაა. ახლა მე იესოს სახელით დავდივარ - როგორც ცეცხლის დანთება , მხსნელი, სინათლის მატარებელი. მე შენი ვარ. სიბნელეს ადგილი არ აქვს ჩემში და არც ჩემს გარშემო. მე ჩემს ადგილს ვიკავებ. იესოს სახელით. ამინ.

360°-იანი ყოველდღიური დეკლარაცია ხსნისა და ბატონობის შესახებ – ნაწილი 1

„არც ერთი იარაღი, შენს წინააღმდეგ შექმნილს, არ ექნება წარმატება და ყოველ ენას, რომელიც შენს წინააღმდეგ აღდგება სამსჯავროზე, შენ დასჯი. ეს არის უფლის მსახურთა მემკვიდრეობა...“ — ესაია 54:17

დღეს და ყოველდღე, მე სრულად ვიკავებ ჩემს პოზიციას ქრისტეში - სულით, სამშვინველითა და სხეულით.

მე ვხურავ ყველა კარს - ნაცნობს და უცნობს - სიბნელის სამეფოსკენ.

მე ვწყვეტ ყოველგვარ კონტაქტს, კონტრაქტს, შეთანხმებას ან ზიარებას ბოროტ სამსხვერპლოებთან, წინაპრების სულებთან, სულიერ მეუღლეებთან, ოკულტურ საზოგადოებებთან, ჯადოქრობასა და დემონურ ალიანსებთან - იესოს სისხლით!

ვაცხადებ, რომ არ ვარ გასაყიდი. არ ვარ ხელმისაწვდომი. არ ვარ რეკრუტირებადი. არ ვარ ხელახლა დანიშნული.

ყოველი სატანური გამოძახილი, სულიერი მეთვალყურეობა თუ ბოროტი მოწოდება — ცეცხლით გაიფანტოს იესოს სახელით!

მე ვუკავშირდები ქრისტეს გონებას, მამის ნებას და სულიწმინდის ხმას.

მე დავდივარ სინათლეში, ჭეშმარიტებაში, ძალაში, სიწმინდესა და მიზანში.

მე ვხურავ ყველა მესამე თვალს, ფსიქიკურ კარიბჭეს და უწმინდურს პორტალს, რომელიც იხსნება სიზმრების, ტრავმის, სექსის, რიტუალების, მედიის ან ცრუ სწავლებების მეშვეობით.

დაე, ღვთის ცეცხლმა შთანთქოს ჩემს სულში არსებული ყველა უკანონო დეპოზიტი, იესოს სახელით.

მე ვესაუბრები ჰაერს, ხმელეთს, ზღვას, ვარსკვლავებსა და ცას - თქვენ არ იმოქმედებთ ჩემს წინააღმდეგ.

ყოველი დაფარული სამსხვერპლო, აგენტი, მეთვალყურე ან ჩურჩულით მოლაპარაკე დემონი, რომელიც ჩემი ცხოვრების, ოჯახის, მოწოდების ან ტერიტორიის წინააღმდეგაა მიმართული - განიარაღდეს და გაჩუმდეს იესოს სისხლით!

ღვთის სიტყვით ვივსები გონებაში.

ვაცხადებ, რომ ჩემი ოცნებები წმინდაა. ჩემი აზრები დაცულია. ჩემი ძილი წმინდაა. ჩემი სხეული ცეცხლის ტაძარია.

ამ მომენტიდან მოყოლებული, მე 360-გრადუსიანი განთავისუფლებით დავდივარ - არაფერი დაფარული, არაფერი გამორჩენილი.

ყოველი ხანგრძლივი მონობა იშლება. ყოველი თაობის უღელი იმსხვრევა. ყოველი მოუნანიებელი ცოდვა გამოაშკარავდება და განიწმინდება.

ვაცხადებ:

- **სიბნელეს ჩემზე არანაირი ბატონობა არ აქვს.**
- **ჩემი სახლი ხანძრის ზონაა.**
- **ჩემი კარიბჭეები დიდებითაა დალუქული.**
- **მე მორჩილებით ვცხოვრობ და ძალაუფლებით დავდივარ.**

მე აღვდგები, როგორც ჩემი თაობის მხსნელი.

უკან არ მოვიხედავ. უკან არ დავიხევ. მე ვარ სინათლე. მე ვარ ცეცხლი. მე ვარ თავისუფალი. იესოს ძლევამოსილი სახელით. ამინ!

360°-იანი ყოველდღიური დეკლარაცია ხსნისა და ბატონობის შესახებ – მე-2 ნაწილი

? **აცვა** ჯადოქრობისგან, ჯადოქრობისგან, ნეკრომანტებისგან, მედიუმებისა და დემონური არხებისგან

საკუთარი თავის და სხვების **ხსნა მათი გავლენის ან მონობის ქვეშ**

განწმენდა და დაფარვა იესოს სისხლით

ქრისტეში **სიმტკიცის, იდენტობისა და თავისუფლების აღდგენა**

დაცვა და თავისუფლება ჯადოქრობის, მედიუმების, ნეკრომანტებისა და სულიერი მონობისგან

(**იესოს სისხლითა და ჩვენი მოწმობის სიტყვით**)

„და სძლიეს მას კრავის სისხლით და თავიანთი მოწმობის სიტყვით..."

- გამოცხადება 12:11

„უფალი... ცრუწინასწარმეტყველთა ნიშნებს ამახინჯებს და მკითხავებს აბნევს... ადასტურებს თავისი მსახურის სიტყვას და ასრულებს თავისი მაცნეების რჩევას"

- ესაია 44:25–26

„უფლის სულია ჩემზე... რათა გამოვაცხადო თავისუფლება ტყვეებს და გათავისუფლება შებოჭილებს..."

— ლუკა 4:18

გახსნის ლოცვა:

მამაო ღმერთო, დღეს თამამად მოვდივარ იესოს სისხლით. ვაღიარებ შენი სახელის ძალას და ვაცხადებ, რომ მხოლოდ შენ ხარ ჩემი მხსნელი და დამცველი. მე შენი მსახური და მოწმე ვდგავარ და შენს სიტყვას გაბედულად და ავტორიტეტულად ვაცხადებ დღეს.

������� �� ����� �������������

1. ჯადოქრობის, მედიუმების, ნეკრომანტებისა და სულიერი გავლენისგან განთავისუფლება:

- მე **ვარღვევ და უარს ვამბობ** ყოველგვარ წყევლაზე, შელოცვაზე, მკითხაობაზე, შელოცვაზე, მანიპულაციაზე, მონიტორინგზე, ასტრალურ პროექციაზე ან სულის კავშირზე - წარმოთქმულზე თუ განხორციელებულზე - ჯადოქრობის, ნეკრომანტიის, მედიუმების ან სულიერი არხების მეშვეობით.
- მე **ვაცხადებ** , რომ **იესოს სისხლი** წინააღმდეგია ყველა უწმინდური სულისა, რომელიც ცდილობს ჩემი ან ჩემი ოჯახის შებოჭვას, ყურადღების გადატანას, მოტყუებას ან მანიპულირებას.
- მე ვუბრძანებ, რომ **ყველა სულიერი ჩარევა, ფლობა, ჩაგვრა ან სულის მონობა** ახლავე დაირღვეს იესო ქრისტეს სახელით მოვლენილი ხელისუფლების მიერ.
- მე ვლაპარაკობ **ხსნაზე ჩემთვის და ყველა ადამიანისთვის, შეგნებულად თუ შეუგნებლად, ჯადოქრობის ან ცრუ სინათლის გავლენის ქვეშ** . გამოდით ახლავე! იყავით თავისუფალი, იესოს სახელით!
- მე მოვუწოდებ ღვთის ცეცხლს, რომ **დაწვას ყოველი სულიერი უღელი, სატანური კონტრაქტი და სამსხვერპლო,** რომელიც სულით

არის აღმართული ჩვენი ბედის დასამონებლად ან ხაფანგში მოსაქცევად.

„არ არის იაკობის შელოცვა, არც ისრაელის მკითხაობა" - *რიცხვნი 23:23*

2. საკუთარი თავის, ბავშვებისა და ოჯახის განწმენდა და დაცვა:

- მე ვთხოვ იესოს სისხლს ჩემი **გონებისთვის, სულისთვის, სულისთვის, სხეულისთვის, ემოციებისთვის, ოჯახისთვის, შვილებისთვის და სამსახურისთვის.**
- ვაცხადებ: მე და ჩემი სახლი **სულიწმიდით ვართ დაბეჭდილნი და ქრისტესთან ერთად დაფარულნი ღმერთში.**
- ჩვენს წინააღმდეგ შექმნილ არცერთ იარაღს არ ექნება წარმატება. ყოველი ენა, რომელიც ჩვენს წინააღმდეგ ბოროტებას ლაპარაკობს, **განისჯება და გაჩუმდება** იესოს სახელით.
- მე უარს ვამბობ და ვდევნი **შიშის, ტანჯვის, დაბნეულობის, ცდუნების ან კონტროლის ყოველგვარ სულს** .

„მე ვარ უფალი, რომელიც ვაფუჭებ ცრუთა ნიშნებს..." — *ესაია 44:25*

3. ვინაობის, მიზნისა და საღი აზროვნების აღდგენა:

- მე ვიბრუნებ ჩემი სულისა და იდენტობის ყველა ნაწილს, რომელიც **გავცვალე, ხაფანგში ჩავვარდი ან მოპარული ვიყავი** მოტყუებით ან სულიერი კომპრომისით.
- ვაცხადებ: მე მაქვს **ქრისტეს გონება** და დავდივარ ნათლად, სიბრძნითა და ავტორიტეტით.
- ვაცხადებ: გავთავისუფლდი **ყოველგვარი თაობის**

წყევლისა და ოჯახური ჯადოქრობისგან და უფალთან აღთქმით დავდივარ.

„ღმერთმა არ მომცა შიშის სული, არამედ ძალის, სიყვარულისა და საღი აზროვნების“ *- 2 ტიმოთე 1:7*

4. **ყოველდღიური გაშუქება და გამარჯვება ქრისტეში:**

- ვაცხადებ: დღეს მე ღვთაებრივი **მფარველობით, გამჭრიახობითა და მშვიდობით დავდივარ** .
- იესოს სისხლი ჩემთვის **უკეთეს რამეებზე მეტყველებს - დაცვაზე, განკურნებაზე, ავტორიტეტსა და თავისუფლებაზე.**
- ამ დღისთვის დასახული ყველა ბოროტი დავალება გაუქმებულია. მე გამარჯვებითა და ტრიუმფით დავდივარ ქრისტე იესოში.

„ათასი დაეცემა ჩემს გვერდით და ათი ათასი - ჩემს მარჯვნივ, მაგრამ არ მომიახლოვდება...“ — *ფსალმუნი 91:7*

საბოლოო დეკლარაცია და ჩვენება:

„მე ვძლევ სიბნელის, ჯადოქრობის, ნეკრომანტიის, ჯადოქრობის, ფსიქიკური მანიპულირების, სულის ჩარევისა და ბოროტი სულიერი გადაცემის ყველა ფორმას — არა ჩემი ძალით, არამედ **იესოს სისხლით და ჩემი მოწმობის სიტყვით** .“

„ვაცხადებ: **გადავრჩი. ჩემი სახლი გადარჩენილია.** ყოველი დაფარული უღელი დაიმსხვრა. ყოველი ხაფანგი გამოაშკარავდა. ყოველი ცრუ შუქი ჩაქრა. თავისუფლებაში დავდივარ. ჭეშმარიტებაში დავდივარ. სულიწმიდის ძალით დავდივარ.“

„უფალი ადასტურებს თავისი მსახურის სიტყვას და ასრულებს თავისი მაცნის რჩევას. ასე იქნება დღეს და ამიერიდან ყოველ დღე.“

იესოს ძლევამოსილი სახელით, **ამინ.**

წმინდა წერილებიდან ცნობები:

- ესაია 44:24-26
- გამოცხადება 12:11
- ესაია 54:17
- ფსალმუნი 91
- რიცხვნი 23:23
- ლუკა 4:18
- ეფესელთა 6:10-18
- კოლასელთა 3:3
- 2 ტიმოთე 1:7

360°-იანი ყოველდღიური დეკლარაცია ხსნისა და ბატონობის შესახებ - ნაწილი 3

„?*ფალი მეომარია: უფალი არის მისი სახელი.“* — გამოსვლა 15:3

„მათ სძლიეს იგი კრავის სისხლით და თავიანთი მოწმობის სიტყვით...“ — გამოცხადება 12:11

დღეს მე აღვდგები და ვიკავებ ჩემს ადგილს ქრისტეში — ვზივარ ზეციურ ადგილებში, ყველა სამთავროზე, ძალაუფლებაზე, ტახტზე, სამფლობელოზე და ყოველ სახელზე მაღლა.

მე უარს ვამბობ

მე უარს ვამბობ ყველა ცნობილ და უცნობ აღთქმაზე, ფიცსა თუ ინიციაციაზე:

- მასონობა (1-დან 33-ე ხარისხამდე)
- კაბალა და ებრაული მისტიციზმი
- აღმოსავლეთის ვარსკვლავი და როზიკროიცერები
- იეზუიტების ორდენები და ილუმინატები
- სატანური საძმოები და ლუციფერიანული სექტები
- საზღვაო სულები და წყალქვეშა შეთანხმებები
- კუნდალინის გველები, ჩაკრების გასწორება და მესამე თვალის გააქტიურება
- ახალი ეპოქის მოტყუება, რეიკი, ქრისტიანული იოგა და ასტრალური მოგზაურობა
- ჯადოქრობა, მაგია, ნეკრომანტია და ასტრალური კონტრაქტები
- ოკულტური სულის კავშირები სექსიდან,

- რიტუალებიდან და საიდუმლო შეთანხმებებიდან
- მასონური ფიცი ჩემი სისხლის ხაზისა და წინაპრების სამღვდელოების შესახებ

მე ვწყვეტ ყველა სულიერ ჭიპლარს:

- უძველესი სისხლის სამსხვერპლოები
- ცრუ წინასწარმეტყველური ცეცხლი
- სულიერი მეუღლეები და ოცნების დამპყრობლები
- წმინდა გეომეტრია, სინათლის კოდები და უნივერსალური სამართლის დოქტრინები
- ცრუქრისტეები , ნაცნობი სულები და ყალბი წმინდა სულები

დაე, იესოს სისხლმა ილაპარაკოს ჩემი სახელით. დაე, ყველა კონტრაქტი დაირღვეს. დაე, ყველა საკურთხეველი დაიმსხვრეს. დაე, ყველა დემონური იდენტობა წაიშალოს - ახლავე!

ვაცხადებ

ვაცხადებ:

- ჩემი სხეული სულიწმიდის ცოცხალი ტაძარია.
- ჩემი გონება დაცულია ხსნის მუზარადით.
- ჩემი სული ყოველდღიურად წმინდავდება სიტყვის განბანით.
- ჩემი სისხლი გოლგოთათი განიწმინდება.
- ჩემი ოცნებები სინათლეშია ჩაფლული.
- ჩემი სახელი ჩაწერილია კრავის სიცოცხლის წიგნში — არა რაიმე ოკულტურ რეესტრში, სამყოფელში, ჟურნალში, გრაგნილში ან ბეჭედში!

მე ვბრძანებ

მე ვბრძანებ:

- სიბნელის ყველა აგენტი - დამკვირვებლები,

მონიტორები, ასტრალური პროექტორები - დაბრმავდება და გაიფანტება.

- ყველა კავშირი ქვესკნელთან, საზღვაო სამყაროსთან და ასტრალურ სიბრტყესთან — გაწყდეს!
- ყოველი ბნელი ნიშანი, იმპლანტი, რიტუალური ჭრილობა თუ სულიერი დაღი — განიწმინდოს ცეცხლით!
- ყველა ნაცნობი სული ტყუილს ჩურჩულებს - გაჩუმდი ახლავე!

მე ვშორდები

ვშორდები:

- ყველა დემონური ვადები, სულის ციხეები და სულების გალიები
- საიდუმლო საზოგადოების ყველა რეიტინგი და ხარისხი
- ყველა ყალბი მოსასხამი, ტახტი თუ გვირგვინი, რაც კი მიტარებია
- ყველა იდენტობა, რომელიც ღმერთის მიერ არ არის შექმნილი
- ყველა ალიანსი, მეგობრობა ან ურთიერთობა, რომელსაც ბნელი სისტემები აძლიერებენ

მე ვაარსებ

მე ვადგენ:

- დიდების კედელი ჩემსა და ჩემი ოჯახის გარშემო
- წმინდა ანგელოზები ყველა კარიბჭესთან, პორტალთან, ფანჯარასა და ბილიკზე
- სიწმინდე ჩემს მედიაში, მუსიკაში, მოგონებებსა და გონებაში
- სიმართლე ჩემს მეგობრობაში, მსახურებაში, ქორწინებასა და მისიაში

- უწყვეტი ზიარება სულიწმინდასთან

მე ვაგზავნი

მთლიანად ვემორჩილები იესო ქრისტეს —

დაკლულ კრავს, მეფობს მეფეს , მღრღნის ლომს.

მე ვირჩევ სინათლეს. მე ვირჩევ ჭეშმარიტებას. მე ვირჩევ მორჩილებას.

მე არ ვეკუთვნი ამ სამყაროს ბნელ სამეფოებს.

მე ვეკუთვნი ჩვენი ღმერთისა და მისი ქრისტეს სამეფოს.

მტერს ვაფრთხილებ

ამ განცხადებით ვაცნობებ:

- ყველა მაღალი რანგის სამთავრო
- ქალაქების, სისხლის ხაზებისა და ერების მმართველი ყოველი სული
- ყველა ასტრალური მოგზაური, ჯადოქარი, ჯადოქარი თუ დაცემული ვარსკვლავი...

მე ხელშეუხებელი საკუთრება ვარ.

ჩემი სახელი თქვენს არქივებში არ არის ნაპოვნი. ჩემი სული არ იყიდება. ჩემი ოცნებები მბრძანებლობის ქვეშაა. ჩემი სხეული თქვენი ტაძარი არ არის. ჩემი მომავალი თქვენი სათამაშო მოედანი არ არის. მე მონობაში არ დავბრუნდები. მე წინაპრების ციკლებს არ გავიმეორებ. მე უცხო ცეცხლს არ ვატარებ. მე გველების განსასვენებელი არ ვიქნები.

�� �������

ამ განცხადებას ვადასტურებ შემდეგით:

- იესოს სისხლი
- სულიწმინდის ცეცხლი
- სიტყვის ავტორიტეტი

- ქრისტეს სხეულის ერთიანობა
- ჩემი ჩვენების ხმა

იესოს სახელით, ამინ და ამინ

დასკვნა: გადარჩენიდან შვილობამდე — თავისუფლების შენარჩუნება, თავისუფლად ცხოვრება, სხვების გათავისუფლება

„*აშ, მტკიცედ იდექით თავისუფლებაში, რომლითაც ქრისტემ გაგვათავისუფლა და ნუღარ შეეხვევით მონობის უღელს.*“ — გალატელთა 5:1

„*მან გამოიყვანა ისინი სიბნელიდან და სიკვდილის ჩრდილიდან და დაამსხვრია მათი ჯაჭვები.*“ — ფსალმუნი 107:14

ეს 40 დღე არასდროს ყოფილა მხოლოდ ცოდნა. ისინი ეხებოდა **ომს** , **გამოღვიძებას** და **ბატონობას** .

თქვენ ნახეთ, როგორ მოქმედებს ბნელი სამეფო - დახვეწილად, თაობათაშორის, ზოგჯერ კი ღიად. თქვენ იმოგზაურეთ წინაპრების კარიბჭეებში, სიზმრების სამყაროებში, ოკულტურ პაქტებში, გლობალურ რიტუალებსა და სულიერ ტანჯვაში. თქვენ შეხვდით წარმოუდგენელი ტკივილის ჩვენებებს - მაგრამ ასევე **რადიკალურ ხსნას** . თქვენ დაამსხვრიეთ საკურთხევლები, უარყავით ტყუილი და შეხვდით ისეთ რამეებს, რისი დასახელებისაც ბევრ ამბიონს ეშინია.

მაგრამ ეს დასასრული არ არის.

ახლა იწყება ნამდვილი მოგზაურობა: **თავისუფლების შენარჩუნება. სულიწმინდაში ცხოვრება. სხვებისთვის გამოსავლის სწავლება.**

ადვილია 40-დღიანი ცეცხლის გავლა და ეგვიპტეში დაბრუნება. ადვილია სამსხვერპლოების დანგრევა მხოლოდ იმისთვის, რომ მარტოობაში, ვნებაში ან სულიერ დაღლილობაში ხელახლა ააშენო ისინი.

ნუ.

თქვენ აღარ ხართ **ველოსიპედის მონა**. თქვენ ხართ კედელზე მდგარი **დარაჯი**. თქვენი ოჯახის **კარიბჭის მცველი**. თქვენი ქალაქის **მეომარი**. **ხმა** ერებისთვის.

7 საბოლოო ბრალდება მათთვის, ვინც ბატონობაში ივლის

1. **დაიცავით თქვენი კარიბჭეები.**
   ნუ გააღებთ სულიერ კარებს კომპრომისით, აჯანყებით, ურთიერთობებით ან ცნობისმოყვარეობით.
   „*ნუ მისცემთ ადგილს ეშმაკს.*" - ეფესელთა 4:27
2. **დისციპლინირებული მადა.**
   მარხვა თქვენი ყოველთვიური რიტმის ნაწილი უნდა იყოს. ის აღადგენს სულს და მორჩილებაში ინარჩუნებს თქვენს ხორცს.
3. **სიწმინდისადმი ერთგულება**
   ემოციური, სექსუალური, ვერბალური, ვიზუალური. უწმინდურება ნომერ პირველი კარიბჭეა, რომელსაც დემონები უკან დასაბრუნებლად იყენებენ.
4. **სიტყვის დაუფლება**
   . წმინდა წერილი არჩევითი არ არის. ის თქვენი ხმალია, ფარი და ყოველდღიური პური. „*ქრისტეს სიტყვა უხვად დამკვიდრდეს თქვენში...*" (კოლ. 3:16)
5. **იპოვეთ თქვენი ტომი.**
   ხსნა არასდროს ყოფილა განკუთვნილი მარტო სიარულისთვის. ააშენეთ, ემსახურეთ და განკურნეთ სულით სავსე საზოგადოებაში.
6. **მიიღეთ ტანჯვა.**
   დიახ, ტანჯვა. ყველა ტანჯვა დემონური არ არის.

ზოგი განწმენდაა. გაიარეთ იგი. დიდება წინ გელით. *„ცოტა ხნის ტანჯვის შემდეგ... ის გაგაძლიერებთ, დაგამკვიდრებთ და განგამტკიცებთ."* — 1 პეტრე 5:10

7. **ასწავლეთ სხვებს**
   უსასყიდლოდ, რაც მიიღეთ - ახლა უსასყიდლოდ გაეცით. დაეხმარეთ სხვებს, რომ გათავისუფლდნენ. დაიწყეთ თქვენი სახლით, თქვენი წრით, თქვენი ეკლესიით.

მიწოდებიდან მოწაფეობამდე

ეს ლოცვა გლობალური ძახილია — არა მხოლოდ განკურნებისთვის, არამედ არმიის აღსადგენად.

დროა **მწყემსებისა** , რომლებსაც ომის სუნი ესმით.

დროა **წინასწარმეტყველებისა** , რომლებიც გველებს არ აფრთხობენ.

დროა **დედებისა და მამებისა,** რომლებიც თაობათა შორის დადებულ შეთანხმებებს არღვევენ და ჭეშმარიტების სამსხვერპლოებს აშენებენ.

დროა , **რომ ერები** გაფრთხილებულნი იყვნენ და ეკლესია აღარ იყოს ჩუმად.

შენ ხარ განსხვავება

მნიშვნელოვანია, სად წახვალ აქედან. მნიშვნელოვანია, რას წაიღებ. სიბნელე, საიდანაც გამოგიყვანეს, სწორედ ის ტერიტორიაა, რომელზეც ახლა შენი ძალაუფლება გაქვს.

ხსნა შენი დაბადებიდანვე იყო. ბატონობა შენი მოსასხამია.

ახლა შედი მასში.

დასკვნითი ლოცვა

უფალო იესო, მადლობა, რომ ამ 40 დღის განმავლობაში ჩემთან ერთად დადიოდი. მადლობა, რომ სიბნელე გამოავლინე, ჯაჭვები დაამსხვრიე და უფრო მაღალ ადგილას მომიწვიე. უკან დაბრუნებაზე უარს ვამბობ. ყველა შეთანხმებას შიშით, ეჭვითა და

წარუმატებლობით ვარღვევ. სამეფოს დავალებას გაბედულად ვიღებ. გამომიყენე სხვების გასათავისუფლებლად. ყოველდღიურად აღმავსე სულიწმინდით. დაე, ჩემი ცხოვრება სინათლის იარაღად იქცეს - ჩემს ოჯახში, ჩემს ერში, ქრისტეს სხეულში. არ გავჩუმდები. არ დამარცხდები. არ დანებდები. სიბნელიდან ბატონობისკენ მივდივარ. სამუდამოდ. იესოს სახელით. ამინ.

როგორ დავიბადოთ ხელახლა და დავიწყოთ ახალი ცხოვრება ქრისტესთან ერთად

? ესაძლოა, ადრეც გიცხოვრიათ იესოსთან ერთად, ან იქნებ ახლახან შეხვდით მას ამ 40 დღის განმავლობაში. მაგრამ ახლა, თქვენში რაღაც ფეთქავს.

თქვენ მზად ხართ არა მხოლოდ რელიგიისთვის.

თქვენ მზად ხართ **ურთიერთობისთვის** .

თქვენ მზად ხართ თქვათ: „იესო, მჭირდები“.

აი, სიმართლე:

„რადგან ყველამ შესცოდა; ყველანი ვერ მივაღწევთ ღვთის დიდების საზომს... მაგრამ ღმერთი, თავისი მადლით, თავისუფლად გვაქცევს თავის წინაშე მართლებად“

— რომაელთა 3:23–24 (NLT)

ხსნას ვერ დაიმსახურებ.

საკუთარი თავის გამოსწორებას ვერ შეძლებ. მაგრამ იესომ უკვე გადაიხადა სრული ფასი — და ის გელოდებათ, რომ სახლში დაგიბრუნოთ.

როგორ დავიბადოთ ხელახლა

������� �������� ������� შენი ცხოვრების იესოსთვის მიძღვნას — მისი პატიების მიღებას, იმის დაჯერებას, რომ ის მოკვდა და აღდგა და მის მიღებას, როგორც შენს უფალსა და მხსნელს.

ეს მარტივია. ეს ძლიერია. ის ყველაფერს ცვლის.

ხმამაღლა ილოცეთ:

„���� ����, �� ����, რომ შენ ხარ ღვთის ძე.

მე მჯერა, რომ შენ მოკვდი ჩემი ცოდვებისთვის და აღსდექი.

ვალიარებ, რომ შევცოდე და მჭირდება შენი პატიება.

დღეს მე ვნანობ და ვბრუნდები ძველი გზებიდან.

გეპატიჟები ჩემს ცხოვრებაში, რომ იყო ჩემი უფალი და მხსნელი.

განმიწმინდე. აავსე შენი სულით.

ვაცხადებ, რომ ხელახლა დავიბადე, მიტევებული და თავისუფალი ვარ.

ამ დღიდან მე შენ გამოგყვები -

და შენს კვალს მივყვები.

გმადლობ, რომ გადამარჩინე. იესოს სახელით, ამინ."

შემდეგი ნაბიჯები ხსნის შემდეგ

1. **უთხარით ვინმეს** – გაუზიარეთ თქვენი გადაწყვეტილება მორწმუნეს, რომელსაც ენდობით.
2. **იპოვეთ ბიბლიაზე დაფუძნებული ეკლესია** – შემოუერთდით საზოგადოებას, რომელიც ასწავლის ღვთის სიტყვას და ცხოვრობს მისით. ეწვიეთ God's Eagle Ministries-ის ონლაინ გვერდებს https://www.otakada.org [1]ან https://chat.whatsapp.com/H67spSun32DDTma8TLh0ov- ის საშუალებით.[2]
3. **მოინათლეთ** - გადადგით შემდეგი ნაბიჯი საჯაროდ თქვენი რწმენის გამოსაცხადებლად.
4. **ყოველდღიურად წაიკითხეთ ბიბლია** - დაიწყეთ იოანეს სახარებით.

---

1. https://www.otakada.org

2. https://chat.whatsapp.com/H67spSun32DDTma8TLh0ov

5. **ყოველდღე ილოცეთ** - ესაუბრეთ ღმერთს, როგორც მეგობარს და მამას.
6. **დარჩით კავშირზე** – გარშემორტყმული იყავით ადამიანებით, რომლებიც ახალ ნაბიჯებს გიწყობენ ხელს.
7. **დაიწყეთ მოწაფეობის პროცესი საზოგადოებაში** - განავითარეთ ინდივიდუალური ურთიერთობა იესო ქრისტესთან ამ ბმულების საშუალებით

40-დღიანი მოწაფეობა 1 - https://www.otakada.org/get-free-40-days-online-discipleship-course-in-a-journey-with-jesus/

40 მოწაფეობა 2 - https://www.otakada.org/get-free-40-days-dna-of-discipleship-journey-with-jesus-series-2/

ჩემი ხსნის მომენტი

არიღი : ____________________

ხელმოწერა : __________________

„თუ ვინმე ქრისტეშია, ის ახალი ქმნილებაა; ძველი გავიდა და ახალი გახდა!“

\- 2 კორინთელთა 5:17

ქრისტეში ახალი ცხოვრების მოწმობა

ხსნის დეკლარაცია - ხელახლა დაბადება მადლით

� ს ადასტურებს, რომ

____

(����� ������)

საჯაროდ გამოაცხადა **რწმენა იესო ქრისტეს,**

როგორც უფლისა და მხსნელის მიმართ და მიიღო ხსნის უფასო ნიჭი მისი სიკვდილისა და აღდგომის მეშვეობით.

„თუ ღიად აღიარებ, რომ იესო უფალია და გულით გწამს, რომ ღმერთმა აღადგინა იგი მკვდრეთით, გადარჩები“

— რომაელთა 10:9 (NLT)

ამ დღეს ზეცა ხარობს და ახალი მოგზაურობა იწყება.

გადაწყვეტილების მიღების თარიღი :

____

ხელმოწერა : ____________________________________

ხსნის დეკლარაცია

„���� �� ���� �������������� იესო ქრისტეს ვწირავ.

მე მჯერა, რომ ის ჩემი ცოდვებისთვის მოკვდა და აღდგა. მე მას ჩემს უფალსა და მხსნელად ვიღებ. მე

პატიებული ვარ, ხელახლა დავიბადე და განახლებული ვარ. ამ მომენტიდან მოყოლებული, მის კვალს მივყვები."

კეთილი იყოს თქვენი მობრძანება ღვთის ოჯახში!

◇◇◇◇ ◇◇◇◇◇◇ ◇◇◇◇◇◇◇◇◇ კრავის სიცოცხლის წიგნში.

შენი ისტორია ახლა იწყება — და ის მარადიულია.

დაუკავშირდით ღვთის არწივის მსახურებას

- ვებსაიტი: www.otakada.org[1]
- სერია „სიმდიდრე წუხილს მიღმა“: www.wealthbeyondworryseries.com[2]
- ელ. ფოსტა: ambassador@otakada.org

- **მხარი დაუჭირეთ ამ სამუშაოს:**

ხარი დაუჭირეთ სამეფოს პროექტებს, მისიებს და უფასო გლობალურ რესურსებს შეთანხმებით გათვალისწინებული შემოწირულობების მეშვეობით.

შემოწირულობის შესაწირად დაასკანირეთ QR კოდი

https://tithe.ly/give?c=308311

თქვენი კეთილშობილება გვეხმარება მეტი სულის მოძიებაში, რესურსების თარგმნაში, მისიონერების მხარდაჭერასა და მოწაფეობის სისტემების შექმნაში მთელ მსოფლიოში. გმადლობთ!

1. https://www.otakada.org

2. https://www.wealthbeyondworryseries.com

Give in the Spirit of Luke 6:38

3. �������������� ����� WhatsApp Covenant-ის საზოგადოებაში

მიიღეთ განახლებები, რელიგიური შინაარსი და დაუკავშირდით შეთანხმების მიმდევარ მორწმუნეებს მთელ მსოფლიოში.

დასასკანირებლად დაარეგისტრირეთ

https://chat.whatsapp.com/H67spSun32DDTma8TLh0ov

რეკომენდებული წიგნები და რესურსები

- *სიბნელის ძალაუფლებისგან განთავისუფლებული* (**რბილყდიანი**) – შეიძინეთ აქ [1]| ელექტრონული წიგნი [2]Amazon-ზე[3]

- **საუკეთესო მიმოხილვები ამერიკის შეერთებული შტატებიდან:**
    - **Kindle-ის მომხმარებელი** : „ყველა დროის საუკეთესო

1. https://shop.ingramspark.com/b/084?params=oeYbAkVTC5ao8PfdVdzwko7wi6IQimgJY2779NaqG4e
2. https://www.amazon.com/Delivered-Power-Darkness-AFRICAN-DELIVERED-ebook/dp/B0CC5MM4MV
3. https://www.amazon.com/Delivered-Power-Darkness-AFRICAN-DELIVERED-ebook/dp/B0CC5MM4MV

ქრისტიანული საკითხავი!“ (5 ვარსკვლავი)

������ ����� �� �������������. მე ძალიან დალოცვილი ვარ და ყველას ვურჩევდი ამ წიგნის წაკითხვას... რადგან ცოდვის საზღაური სიკვდილია, ღვთის ნიჭი კი - მარადიული სიცოცხლე. შალომ! შალომ!

- **და გსტერი** : „ეს ძალიან საინტერესო და საკმაოდ უცნაური წიგნია.“ (5 ვარსკვლავი)

თუ წიგნში ნათქვამი სიმართლეა, მაშინ ჩვენ ნამდვილად ჩამოვრჩებით იმასთან შედარებით, რისი გაკეთებაც მტერს შეუძლია! ... აუცილებელია ყველასთვის, ვისაც სურს სულიერი ომის შესახებ ინფორმაციის მიღება.

- **Visa** : „მიყვარს ეს წიგნი“ (5 ვარსკვლავი)

ეს თვალისმომჭრელია... ნამდვილი აღსარება... ბოლო დროს ყველგან ვეძებდი მის საყიდლად. ძალიან მიხარია, რომ Amazon-ზე ვიყიდე.

- **FrankJM** : „საკმაოდ განსხვავებული“ (4 ვარსკვლავი)

ეს წიგნი მახსენებს, თუ რამდენად რეალურია სულიერი ომი. ის ასევე მახსენებს „ღვთის სრული საჭურვლის“ ჩაცმის მიზეზს.

- **ჯენჯენი** : „ყველამ, ვისაც სამოთხეში მოხვედრა სურს, წაიკითხეთ ეს!“ (5 ვარსკვლავი)

ამ წიგნმა ჩემი ცხოვრება ძალიან შეცვალა. ჯონ რამირესის ჩვენებასთან ერთად, ის თქვენს რწმენას სხვანაირად შეხედავს. 6-ჯერ წავიკითხე!

- *ყოფილი სატანისტი: ჯეიმსის გაცვლა* (რბილყდიანი) — შეიძინეთ აქ [4]| ელექტრონული წიგნი [5]Amazon-ზე[6]

---

4. https://shop.ingramspark.com/b/

084?params=I2HNGtbqJRbal8OxU3RMTApQsLLxcUCTC8zUdzDy0W1

5. https://www.amazon.com/JAMESES-Exchange-Testimony-High-Ranking-Encounters-ebook/dp/B0DJP14JLH

6. https://www.amazon.com/JAMESES-Exchange-Testimony-High-Ranking-Encounters-ebook/dp/B0DJP14JLH

- ***აფრიკელი ყოფილი სატანისტის ჩვენება*** *- პასტორი ჯონას ლუკუნტუ მპალა* (რბილყდიანი) — შეიძინეთ აქ [7]| ელექტრონული წიგნი [8]Amazon-ზე[9]

- *დიდი ექსპლოიტები 14* (რბილყდიანი) — შეიძინეთ აქ [10]| ელექტრონული წიგნი [11]Amazon-ზე[12]

7. https://shop.ingramspark.com/b/084?params=0Aj9Sze4cYoLM5OqWrD20kgknXQQqO5AZYXcWtoMqWN
8. https://www.amazon.com/TESTIMONY-African-EX-SATANIST-Pastor-Jonas-ebook/dp/B0DJDLFKNR
9. https://www.amazon.com/TESTIMONY-African-EX-SATANIST-Pastor-Jonas-ebook/dp/B0DJDLFKNR
10. https://shop.ingramspark.com/b/084?params=772LXinQn9nCWcgq572PDsqPjkTJmpgSqrp88b0qzKb
11. https://www.amazon.com/Greater-Exploits-MYSTERIOUS-Strategies-Countermeasures-ebook/dp/B0CGHYPZ8V
12. https://www.amazon.com/Greater-Exploits-MYSTERIOUS-Strategies-Countermeasures-ebook/dp/B0CGHYPZ8V

- ჯონ რამირესის „ეშმაკის ქვაბიდან" — ხელმისაწვდომია Amazon-ზე[13]
- „ის ტყვეების გასათავისუფლებლად მოვიდა", რებეკა ბრაუნი — იპოვეთ Amazon-ზე[14]

ავტორის მიერ გამოცემული სხვა წიგნები - 500-ზე მეტი სათაური

საყვარელი, რჩეული და მთლიანი : 30-დღიანი მოგზაურობა უარყოფიდან **აღდგენამდე**, თარგმნილი მსოფლიოს 40 ენაზე

https://www.amazon.com/Loved-Chosen-Whole-Rejection-Restoration-ebook/dp/B0F9VSD8WL
https://shop.ingramspark.com/b/084?params=xga0WR16muFUwCoeMUBHQ6HwYjddLGpugQHb3DVa5hE

---

13. https://www.amazon.com/Out-Devils-Cauldron-John-Ramirez/dp/0985604306
14. https://www.amazon.com/He-Came-Set-Captives-Free/dp/0883683239

Loved, Chosen
and Whole
A 30-Day Journey
from Rejection to
Restoration

მის კვალდაკვალ — 40-დღიანი WWJD გამოწვევა: იესოს მსგავსად ცხოვრება რეალურ ისტორიებში მსოფლიოს სხვადასხვა კუთხიდან

https://www.amazon.com/His-Steps-Challenge-Real-Life-Stories-ebook/dp/B0FCYTL5MG

https://shop.ingramspark.com/b/084?params=DuNTWS59IbkvSKtGFbCbEFdv3Zg0FaITUEvlK49yLzB

იესო კართან:
40 გულისამაჩუყებელი ისტორია და ზეცის საბოლოო
გაფრთხილება დღევანდელი ეკლესიებისთვის
https://www.amazon.com/dp/B0FDX31L9F
https://shop.ingramspark.com/b/
084?params=TpdA5j8WPvw83glJ12N1B3nf8LQte2a1lIEy32bHcGg

⍟⍟⍟⍟⍟⍟ ⍟⍟⍟⍟⍟⍟⍟: ⍟⍟⍟⍟⍟ რჯულის 28-ე თავის კურთხევით სიარულის 40 დღე

- https://www.amazon.com/dp/B0FFJCLDB5

რეალური ადამიანების ისტორიები, ნამდვილი მორჩილება და რეალური

https://shop.ingramspark.com/b/084?params=bH3pzfz1zdCOLpbs7tZYJNYgGcYfU32VMz3J3a4e2Qt

ტრანსფორმაცია 20-ზე მეტ ენაზე

მისი გაცნობა და მისი გაცნობა:
40 დღე განკურნების, გაგებისა და ხანგრძლივი სიყვარულისთვის

HTTPS://WWW.AMAZON.com/KNOWING-HER-HIM-Healing-Understanding-ebook/dp/B0FGC4V3D9[15]
https://shop.ingramspark.com/b/084?params=vC6KCLoI7Nnum24BVmBtSme9i6k59p3oynaZOY4B9Rd

სრული, არა კონკურენცია:

---
15. https://www.amazon.com/KNOWING-HER-HIM-Healing-Understanding-ebook/dp/B0FGC4V3D9

40-დღიანი მოგზაურობა მიზნის, ერთიანობისა და თანამშრომლობისკენ

HTTPS://SHOP.INGRAMSPARK.com/b/084?params=5E4v1tHgeTqOOuEtfTYUzZDzLyXLee30cqYo0Ov9941[16]

https://www.amazon.com/COMPLETE-NOT-COMPETE-Journey-Collaboration-ebook/dp/B0FGGL1XSQ/

◊◊◊◊◊◊◊◊◊ ◊◊◊◊◊◊◊◊◊◊ კოდი - 40 ყოველდღიური გასაღები ღვთის სიტყვითა და

---
16. https://shop.ingramspark.com/b/084?params=5E4v1tHgeTqOOuEtfTYUzZDzLyXLee30cqYo0Ov9941

შემოქმედებით განკურნების გასააქტიურებლად. მცენარეების, ლოცვისა და წინასწარმეტყველური მოქმედების სამკურნალო ძალის გასახსნელად.

https://shop.ingramspark.com/b/084?params=xkZMrYcEHnrJDhe1wuHHYixZDViiArCeJ6PbNMTbTux
https://www.amazon.com/dp/B0FHJT42TK

◊◊◊◊ ◊◊◊◊◊◊◊◊ ◊◊◊◊◊ შეგიძლიათ ავტორის გვერდზე https://www.amazon.com/stores/Ambassador-Monday-O.-Ogbe/author/B07MSBPFNX

დანართი (1-6): თავისუფლებისა და უფრო ღრმა ხსნის შენარჩუნების რესურსები

დანართი 1: ლოცვა ეკლესიაში ფარული ჯადოქრობის, ოკულტური პრაქტიკის ან უცნაური საკურთხევლის აღმოსაჩენად

„*ადამის ძეო, ხედავ, რას სჩადიან ისინი სიბნელეში...?“* — ეზეკიელი 8:12

„და ნუ იქნებით სიბნელის უნაყოფო საქმეებთან ზიარებული, არამედ ამხილეთ ისინი.“ — ეფესელთა 5:11

ლოცვა გამჭრიახობისა და გამოვლენისთვის:

უფალო იესო, გამიხილე თვალები, რომ დავინახო ის, რასაც შენ ხედავ. გამოაშკარავე ყოველი უცხო ცეცხლი, ყოველი საიდუმლო საკურთხეველი, ყოველი ოკულტური ოპერაცია, რომელიც ამბიონების, სკამების ან პრაქტიკის მიღმა იმალება. მოხსენი ფარდები. გამოავლინე თაყვანისცემის სახით შენიღბული კერპთაყვანისმცემლობა, წინასწარმეტყველების სახით შენიღბული მანიპულაცია და მადლის სახით შენიღბული გარყვნილება. განწმინდე ჩემი ადგილობრივი კრება. თუ კომპრომეტირებული სამძოს ნაწილი ვარ, მიმიყვანე უსაფრთხო ადგილას. აღმართე სუფთა საკურთხევლები. სუფთა ხელები. წმინდა გულები. იესოს სახელით. ამინ.

დანართი 2: მედიის უარყოფისა და წმენდის პროტოკოლი

„ ? *ოროტებას თვალწინ არ დავიდგამ...“* — ფსალმუნი 101:3

ნაბიჯები თქვენი მედია ცხოვრების გასაწმენდად:

1. **აუდიტი** : ფილმები, მუსიკა, თამაშები, წიგნები, პლატფორმები.
2. **იკითხეთ:** ადიდებს ეს ღმერთს? ხსნის თუ არა კარს სიბნელისკენ (მაგ., საშინელებათა, ვნების, ჯადოქრობის, ძალადობრივი ან ახალი ეპოქის თემებისკენ)?
3. **უარის თქმა** :

„მე უარს ვამბობ ყველა დემონურ პორტალზე, რომელიც გაიხსნა უღვთო მედიის მეშვეობით. ვწყვეტ ჩემს სულს ყველა სულიერ კავშირს ცნობილ ადამიანებთან, შემქმნელებთან, პერსონაჟებთან და მტრის მიერ ძალაუფლებულ სიუჟეტურ ხაზებთან.“

1. **წაშლა და განადგურება** : კონტენტის ფიზიკურად და ციფრულად წაშლა.
2. **ჩაანაცვლეთ** ღვთისმოსავი ალტერნატივებით - თაყვანისცემით, სწავლებებით, მოწმობებით, ჯანსაღი ფილმებით.

დანართი 3: მასონობა, კაბალა, კუნდალინი, ჯადოქრობა, ოკულტური უარყოფის დამწერლობა

„*უ გექნებათ საერთო სიბნელის უნაყოფო საქმეებთან...*“ — ეფესელთა 5:11

ხმამაღლა თქვი:

იესო ქრისტეს სახელით, მე უარს ვამბობ ყოველგვარ ფიცზე, რიტუალზე, სიმბოლოსა და ინიციაციაზე ნებისმიერ საიდუმლო საზოგადოებაში ან ოკულტურ ორდენში - შეგნებულად თუ შეუგნებლად. მე უარვყოფ ყველა კავშირს:

- **მასონობა** - ყველა ხარისხი, სიმბოლო, სისხლიანი ფიცი, წყევლა და კერპთაყვანისმცემლობა.
- **კაბალა** - ებრაული მისტიკა, ზოჰარის კითხვები, სიცოცხლის ხის მოწოდებები ან ანგელოზთა მაგია.
- **კუნდალინი** - მესამე თვალის გახსნა, იოგას გამოღვიძება, გველის ცეცხლი და ჩაკრების გასწორება.
- **ჯადოქრობა და ახალი ეპოქა** - ასტროლოგია, ტარო, კრისტალები, მთვარის რიტუალები, სულის მოგზაურობა, რეიკი, თეთრი ან შავი მაგია.
- **როზენკროიცერები , ილუმინატები, თავის ქალა და ძვლები, იეზუიტების ფიცი, დრუიდების ორდენები, სატანიზმი, სპირიტიზმი, სანტერია, ვუდუ, ვიკა, თელემა, გნოსტიციზმი, ეგვიპტური**

მისტერიები, ბაბილონური რიტუალები.

ვაუქმებ ყველა აღთქმას, რომელიც ჩემი სახელით იყო დადებული. ვწყვეტ ყველა კავშირს ჩემს სისხლის ხაზში, ჩემს სიზმრებში ან სულიერ კავშირებში. მთელ ჩემს არსებას ვაბარებ უფალ იესო ქრისტეს - სულს, სამშვინველს და სხეულს. დაე, სამუდამოდ დაიხუროს ყველა დემონური კარიბჭე კრავის სისხლით. დაე, განიწმინდოს ჩემი სახელი ყოველი ბნელი ნიშნისგან. ამინ.

დანართი 4: საცხებელი ზეთის გააქტიურების სახელმძღვანელო

„ინმე თქვენგანი იტანჯება? ილოცოს. ვინმე ავადაა თქვენგანი? მოუხმონ უხუცესებს... ზეთი სცხონ მას უფლის სახელით.“ — იაკობი 5:13–14

როგორ გამოვიყენოთ საცხებელი ზეთი ხსნისა და ბატონობისთვის:

- **შუბლი** : გონების განახლება.
- **ყურები** : ღვთის ხმის გარჩევა.
- **მუცელი** : ემოციებისა და სულის სამყოფლის განმენდა.
- **ფეხები** : ღვთაებრივი ბედისწერისკენ სიარული.
- **კარები/ფანჯრები** : სულიერი კარიბჭეების დახურვა და სახლების განწმენდა.

ცხების ცხების გამოცხადება:

„მე ვწმენდ ამ სივრცეს და ჭურჭელს სულიწმინდის ზეთით. არცერთ დემონს არ აქვს აქ კანონიერი წვდომა. დაე, უფლის დიდება დაივანოს ამ ადგილას“.

დანართი 5: მესამე თვალისა და ოკულტური წყაროებიდან ზებუნებრივი ხედვის უარყოფა

ხმამაღლა თქვი:

„იესო ქრისტეს სახელით, მე უარს ვამბობ ჩემი მესამე თვალის ყოველგვარ გახსნაზე — იქნება ეს ტრავმის, იოგას, ასტრალური მოგზაურობის, ფსიქოდელიური საშუალებების თუ სულიერი მანიპულაციების გზით.

გთხოვ, უფალო, დახურო ყველა უკანონო პორტალი და დალუქო ისინი იესოს სისხლით. მე ვათავისუფლებ ყოველ ხილვას, გამჭრიახობას ან ზებუნებრივ უნარს, რომელიც არ მოდის სულიწმინდისგან. დაე, ყველა დემონური დამკვირვებელი, ასტრალური პროექტორი ან არსება, რომელიც მიყურებს, დაბრმავდეს და შეიკრას იესოს სახელით. მე ვირჩევ სიწმინდეს ძალაუფლებაზე, ინტიმურობას გამჭრიახობაზე. ამინ."

დანართი 6: ვიდეო რესურსები სულიერი ზრდისთვის საჭირო ჩვენებებით

1) დაიწყეთ 1.5 წუთიდან - https://www.youtube.com/watch?v=CbFRdraValc

2) https://youtu.be/b6WBHAcwN0k?si=ZUPHzhDVnn1PPIEG
3) https://youtu.be/XvcqdbEIO1M?si=GBlXg-cO-7f09cR[1]
4) https://youtu.be/jSm4r5oEKjE?si=1Z0CPgA33S0Mfvyt
5) https://youtu.be/B2VYQ2-5CQ8?si=9MPNQuA2f2rNtNMH
6) https://youtu.be/MxY2gJzYO-U?si=tr6EMQ6kcKyjkYRs
7) https://youtu.be/ZW0dJAsfJD8?si=Dz0b44I53W_Fz73A
8) https://youtu.be/q6_xMzsj_WA?si=ZTotYKo6Xax9nCWK
9) https://youtu.be/c2ioRBNriG8?si=JDwXwxhe3jZlej1U
10) https://youtu.be/8PqGMMtbAyo?si=UqK_S_hiyJ7rEGz1
11) https://youtu.be/rJXu4RkqvHQ?si=yaRAA_6KIxjm0eOX
12) https://youtu.be/nS_Insp7i_Y?si=ASKLVs6iYdZToLKH
13) https://youtu.be/-EU83j_eXac?si=-jG4StQOw7S0aNaL
14) https://youtu.be/_r4Jyzs2EDk?si=tldAtKOB_3-J_j_C
15) https://youtu.be/KiiUPLaV7xQ?si=I4x7aVmbgbrtXF_S
16) https://youtu.be/68m037cPEu0?si=XpuyyEzGfK1qWYRt
17) https://youtu.be/z4zlp9_aRQg?si=DR3lDYTt632E96a6
18) https://youtube.com/shorts/H_90n-QZU5Q?si=uLPScVXm81DqU6ds

---

1. https://youtu.be/XvcqdbEIO1M?si=GBlXg-c-O-7f09cR

ამით თამაში არ შეიძლება

?სნა გართობა არ არის. ეს ომია.

მონანიების გარეშე უარის თქმა უბრალოდ ხმაურია. ცნობისმოყვარეობა არ არის იგივე, რაც მოწოდება. არის რაღაცეები, რისგანაც შემთხვევით არ გამოხვალ.

ასე რომ, გამოთვალეთ ფასი. იარეთ სიწმინდით. დაიცავით თქვენი კარიბჭეები.

რადგან დემონები ხმაურს არ სცემენ პატივს — მხოლოდ ავტორიტეტს.

www.ingramcontent.com/pod-product-compliance
Lightning Source LLC
Chambersburg PA
CBHW050337010526
44119CB00049B/591
* 9 7 8 1 0 8 8 1 8 8 2 7 9 *